世界哲學家叢書

老 子

劉笑敢——著

傅偉勳、韋政通——主編

東大圖書公司

懷念傅偉勳先生

For Charles Wei-hsun Fu

《世界哲學家叢書》總序

　　本叢書的出版計畫原先出於三民書局董事長劉振強先生多年來的構想，曾先向政通提出，並希望我們兩人共同負責主編工作。一九八四年二月底，偉勳應邀訪問香港中文大學哲學系，三月中旬順道來臺，即與政通拜訪劉先生，在三民書局二樓辦公室商談有關叢書出版的初步計畫。我們十分贊同劉先生的構想，認為此套叢書（預計百冊以上）如能順利完成，當是學術文化出版事業的一大創舉與突破，也就當場答應劉先生的誠懇邀請，共同擔任叢書主編。兩人私下也為叢書的計畫討論多次，擬定了「撰稿細則」，以求各書可循的統一規格，尤其在內容上特別要求各書必須包括(1)原哲學思想家的生平；(2)時代背景與社會環境；(3)思想傳承與改造；(4)思想特徵及其獨創性；(5)歷史地位；(6)對後世的影響（包括歷代對他的評價），以及(7)思想的現代意義。

　　作為叢書主編，我們都了解到，以目前極有限的財源、人力與時間，要去完成多達三、四百冊的大規模而齊全的叢書，根本是不可能的事。光就人力一點來說，少數教授學者由於個人的某些困難（如筆債太多之類），不克參加；因此我們曾對較有餘力的簽約作者，暗示過繼續邀請他們多撰一兩本書的可能性。遺憾的是，此刻在政治上整個中國仍然處於「一分為二」的艱苦狀態，加上馬列教

條的種種限制，我們不可能邀請大陸學者參與撰寫工作。不過到目前為止，我們已經獲得八十位以上海內外的學者精英全力支持，包括臺灣、香港、新加坡、澳洲、美國、西德與加拿大七個地區；難得的是，更包括了日本與大韓民國好多位名流學者加入叢書作者的陣容，增加不少叢書的國際光彩。韓國的國際退溪學會也在定期月刊《退溪學界消息》鄭重推薦叢書兩次，我們藉此機會表示謝意。

原則上，本叢書應該包括古今中外所有著名的哲學思想家，但是除了財源問題之外也有人才不足的實際困難。就西方哲學來說，一大半作者的專長與興趣都集中在現代哲學部門，反映著我們在近代哲學的專門人才不太充足。再就東方哲學而言，印度哲學部門很難找到適當的專家與作者；至於貫穿整個亞洲思想文化的佛教部門，在中、韓兩國的佛教思想家方面雖有十位左右的作者參加，日本佛教與印度佛教方面卻仍近乎空白。人才與作者最多的是在儒家思想家這個部門，包括中、韓、日三國的儒學發展在內，最能令人滿意。總之，我們尋找叢書作者所遭遇到的這些困難，對於我們有一學術研究的重要啟示（或不如說是警號）：我們在印度思想、日本佛教以及西方哲學方面至今仍無高度的研究成果，我們必須早日設法彌補這些方面的人才缺失，以便提高我們的學術水平。相比之下，鄰邦日本一百多年來已造就了東西方哲學幾乎每一部門的專家學者，足資借鏡，有待我們迎頭趕上。

以儒、道、佛三家為主的中國哲學，可以說是傳統中國思想與文化的本有根基，有待我們經過一番批判的繼承與創造的發展，重新提高它在世界哲學應有的地位。為了解決此一時代課題，我們實有必要重新比較中國哲學與（包括西方與日、韓、印等東方國家在內的）外國哲學的優劣長短，從中設法開闢一條合乎未來中國所需

求的哲學理路。我們衷心盼望，本叢書將有助於讀者對此時代課題的深切關注與反思，且有助於中外哲學之間更進一步的交流與會通。

最後，我們應該強調，中國目前雖仍處於「一分為二」的政治局面，但是海峽兩岸的每一知識分子都應具有「文化中國」的共識共認，為了祖國傳統思想與文化的繼往開來承擔一份責任，這也是我們主編《世界哲學家叢書》的一大旨趣。

傅偉勳　韋政通

一九八六年五月四日

第四版新題

　　本書寫於九十年代初，二三十年來，隨著各地文教事業的大發展和出土簡帛的大發現，《老子》研究出現了爆發式的蓬勃發展，新書、新文、新見令人目不暇給。拙著新版有必要向讀者扼要介紹這一階段的新發現以及筆者的新思考。舊書再版不易擴充，這裡就以簡要提示的方式作一些扼要說明，作為對原作的補充和更新。

㈠出土簡帛的啟示

　　自本書出版後，地下出土簡帛文獻開始了井噴式的湧現，其中有關《老子》的文本有以下三種：《馬王堆帛書甲、乙本》，《郭店竹簡本（三組）》，以及北大藏《老子》竹簡本。其中以《郭店竹簡本》抄寫年代最早，引起爭議最多。

　　1.1　郭店竹簡本，這是統稱，其實包括三組不同字體、不同形制的竹簡，顯然不是出於一人之手。整理者將其分別命名為甲乙丙三組，三組內容重複不多，總和相當於通行本五分之二的內容。考古界鑑定這些竹簡抄寫於公元前二七八年以前。這與本書的考證大體一致。本書根據《老子》的句式和韻式特點論證《老子》之主體或雛形應當形成於《詩經》體尚有較大影響的時代。

1.2 郭店簡出土，很多人認為傳統的《老子》文本可能早出的理論得到了某種印證，但反對者認為這不足以說明《老子》早出。其中一派認為郭店簡就是歷史上最早的《老子》。筆者不贊成這種說法，原因之一，因為郭店簡的抄寫、入葬、發現是一系列偶然事件，將這偶然事件斷定為歷史上最早版本的發現沒有任何實質性根據，過於大膽武斷。

1.3 郭店簡不是最早的《老子》祖本的一個最重要的證據是：甲組與丙組中有明顯重複的六十四章的內容。有人為了斷言郭店簡就是最早的《老子》，就說其中一個版本是對另一個版本的註釋。這是無法證明的。甲組原文是「是故聖人能輔萬物之自然，而弗能為」。丙組原文是「是以能輔萬物之自然，而弗敢為」。這種文句的不同是文本演化過程中的常見現象（詳見筆者《老子古今——五種對勘與析評引論（附老子五種逐字對照通檢）‧導論一》），無法證明一個是另一個的註釋文句。

1.4 關於老子年代問題，多有討論和質疑。其中一個論點是司馬遷自己都不知道老子的年代。此論不確。白奚、陳鼓應已經指出，這種看法是錯誤的。他們發現，司馬遷對列傳的排序原則是依據第一傳主的年代順序。〈老莊申韓列傳〉排在第三，前面是〈伯夷列傳〉和〈管晏列傳〉，後面是〈司馬穰苴列傳〉和〈孫子吳起列傳〉。由此可以清楚地看出，司馬遷確實認為老子是春秋末年之人，與孔子的年代相近，這一立場是明確的。說司馬遷觀點游移不定是粗淺的判斷，請參看本書所附〈代年表：〈老子列傳〉導讀〉。

1.5 不少學者認為《老子》是很多人的集體創作。有朋友說《老子》就是滾雪球一樣滾出來的，還有一位德國學者認為《老子》就像網路上你一言我一語地匯集起來的。這些說法都是脫離歷史可

能性的。如果是滾雪球，必定有一個最初的核心球，沒有最初的球就不可能滾出一個大雪球。那個最初的核心球仍然應該有創作者。假定《老子》類似於網路寄語的匯集更是時代的錯置。古代簡帛手書筆寫，流傳不便，根本沒有公共言論的平臺，連牆報、黑板報都沒有，怎麼會有個人可以隨意發表言論的群體空間？（本節內容可參見拙文〈「老子」研究札記六題〉，《中國文化》2020 年秋季號）

1.6　因為年代久遠，資料匱乏，我們很難確切斷定《老子》形成的年代。但我們至少可以相信《老子》成書早於《莊子》。《莊子》內、外、雜三部分提到老聃四十六次，外雜篇提到老子二十二次，共計六十八次，有些段落老子、老聃並用。可見當時的作者認為老子就是老聃。承認《老子》早於《莊子》，研究道家思想就沒有大的障礙。

1.7　有人強調《莊子》內篇沒有直接引用《老子》文句，因此，不能斷定《老子》早於《莊子》內篇。這種觀點背後有兩個理論前提：(1)歷史上存在過的古書必定被同時代或稍後的人引用過，(2)引用或評論過此書的作品必定會流傳至今日，否則我們就可以否定相關記載，否定它在歷史上較早存在的可能性。這種推論的兩個大前提都是站不住腳的。《漢書‧藝文志》中記載的大量古籍都失傳了，這不能證明《漢書‧藝文志》的記載就是無中生有。近年來，大量古籍竹簡出土，其中大部分是傳世古籍從來沒有記載或引用過的。這說明古代典籍沒有被引用過評論過的典籍所在多有，不能僅僅根據沒有人引用就斷定它們一定不存在。（參見筆者 "Reflections on Textual Analysis in the Post-Graham Era", in *Having a Word with Angus Graham*, Carine Defoort and Roger T. Ames (eds.), Albany, NY: SUNY, 2018）

二、關於《老子》文本的演變

2.1　眾多簡帛本《老子》的出土，加上唐代發現校閱的項羽妾家本（即今所見傅奕所作《道德經古本篇》），再加上眾多傳世本的相互比較和分析，我意外發現了一些文本演變中的規律性變化。比如在長期的文本流傳、加工過程中，一方面是文本的歧變，另一方面是文本的趨同。歧變和趨同的發生是不同版本之間的變化，由此也產生了同一文本內部文字、句義、句式的變化。

2.2　「文本歧變」是不同文本之間在歷史流逝過程中自然而然地出現的不同版本之間的差異，比如郭店竹簡本不同於帛書本，帛書甲本也不同於帛書乙本，王弼本不同於河上公本等等。「文本趨同」是指不同版本之間的差異越來越小，換言之，也就是各個版本的文句越來越趨於一致。顯然，漢魏以後《老子》各本之間的差異比先秦、漢初各個版本少得多了。這一方面是版本之間的趨同，是外部趨同；同時，這也是《老子》「本身」文句的趨同，即內部趨同，或曰是共同文本或普通文本的思想和語言風格的趨同。這應該是文本經典化以後的必然趨勢。

2.3　在《老子》文本演變的歷史長河中，我們發現存在一種「文本改善」的現象，即在一般情況下，不同抄寫者、註釋者會有意識地努力將現有的某個版本「改善」到那個想像中的「應該的」「老子」的文本。所以，本來是不同時代、不同地域的抄寫者、編校者、註釋者各自作自己的事，各自按照自己的理解對「原有」文本進行加工，完全沒有主編或任何協調者的角色，但結果卻產生的驚人的「共同趨勢」。這種分散的各自獨立的加工一方面是「歧變」

的原因，一方面也是不約而同的「改善」的努力。當然，對於每一種「改善」的努力和結果會有不同的評價。

2.4　就筆者對現有古本和通行本的考察來看，文本改善的努力引出了兩個結果，即「語言趨同」和「思想聚焦」。這二者是一致的，一個側重於語言表達形式的一致性，一個側重於思想內容的深化和強化。主觀意圖可能是「改善」，其客觀效果卻可能利弊相參。語言趨同包括句式的整齊化，比如，明顯的（三句以上）的四字句段落在帛書本裡只在十九章中出現，到了王弼本，則多出八章，增加了百分之四十二。此外，還有章節之間的重複逐漸增加，排比句式逐步強化等。思想聚焦則主要表現在核心概念的增加和強化。比如，「無為」一語在竹簡本出現六章七次，在帛書本裡出現七章九次，在傅奕本裡是九章十一次，到了通行的王弼本與河上本則是十章十二次，逐步增加的趨勢非常明顯，比例高達百分之七十。

2.5　以上發現得益於簡帛文獻的出土，是千載難逢的機遇。社會生理學家戴俄芒 (Jared Diamond) 曾經指出，「波利尼西亞人的歷史構成了一個天然實驗，使我們得以研究人類的適應性」，以及「環境如何影響人類社會」。研究人類對環境的適應性以及自然環境如何影響人類的社會生活，這需要長期的、大規模的觀察，而這種觀察對象和觀察條件是無法設計和創造的，即無法人為地設計實施一個實驗。戴俄芒教授在波利尼西亞地區不同島嶼上發現了環境對人類社會生活影響的大量實例，從中發現地理環境對人類生存和生活方式的決定性影響。能夠發現這種「天然實驗」的「數據」真的是非常幸運的。老子簡帛本的出土也為我們研究版本 (version) 和文本 (text) 的演變提供了一個跨越兩千年的「天然實驗」的「數據」，這是非常值得慶幸和珍惜的。（本節內容可參見筆者《老子古今——五

種對勘與析評引論（附老子五種逐字對照通檢）‧導論一》）

三、老子之自然：被遺忘的獨特性

3.1　關於《老子》或道家之自然，已經有許多很好的論文發表。但筆者感到現有研究成果大體上還是圍繞著自然的「造詞義」和「語詞義」展開的，這裏還缺少一個思考維度，即「體系義」。體系義相對於造詞義和語詞義而言，重點在於揭示自然一詞所體現的《老子》之哲學體系中的根本性或主題性意蘊。比如在「生命誠可貴，愛情價更高，若為自由死，二者皆可拋」一詩中，無論你怎樣開掘「自由」二字的造詞義和語詞義，都無法理解這首詩的主題。要理解這首詩的主題思想，必須從全詩中生命、愛情、自由之間的關係來把握，這就相當於我們所說的體系義。在這首詩中，自由的體系義就是自由最寶貴，甚至高於生命和愛情。這一點僅從自由的造詞義和語詞義是推不出來的。而《老子》的自然在五千言中的體系義會更複雜一些。根據對《老子》原文的反覆推敲，筆者發現老子哲學的體系義包括三層或四層主要含義，即最高義、整體義和價值義（從價值義中還可以推出自覺義）。

3.2　先來看最高義。二十五章「人法地，地法天，天法道，道法自然。」這裡人、地、天是現實世界中最大最高的概念，道是理論世界最高最根本的存在，《老子》合稱之為「四大」。「四大」層層上升，逐級遞進，取法於更大更高的概念，最後就是「自然」，這樣自然就被推到了最高、最重要的位置。五十一章「道之尊，德之貴，夫莫之命而常自然」中的自然是道和德所體現的特點，也體現了最高的含義。

3.3　再看整體義。上面二十五章人、地、天、道都是整體性概念，四者都要取法於自然，說明自然不是任何具體物的自然，而是整體狀態的自然。十七章「成功遂事，百姓皆謂我自然。」這裡的自然顯然著眼於全體百姓之整體的狀態，而不是個體或部分的狀態。六十四章說「是故聖人能輔萬物之自然，而弗能為」（郭店甲本），這裡的著眼點顯然也在於萬物整體之狀態，而不是某個體、某些物的狀態。

3.4　再來看價值義。「人法地，地法天，天法道，道法自然」，這裡的人、地、天、道即「四大」，代表了所有的現實存在的實體（人、地、天）和哲學意義上的實體（道），顯而易見，這裡的「自然」在四大實體之上、之外。那麼，這裡在四大之外又值得取法和仿效的非實體是什麼呢？只能是概念、理想、原則、狀態之類，概括地說就是一種最高的價值，是值得追求的非物質性的最高對象。「道之尊，德之貴」也是自然的，說明這是最高的道和德所體現的價值。二十三章中聖人「希言自然」，也說明自然是一種值得推崇的價值。

3.5　最後看自覺義。如果自然是一種價值，那就意味著它是值得追求、應該追求的，這種追求必是自覺的行為，所以老子之自然的價值義中隱含著「自覺義」。我們可以特意把自覺義單獨列出來，藉以提醒人們不要將《老子》之後和現代日常語言中自然是無意識活動的觀念帶入老子思想。這是出於強調和糾正誤解的實際效果的考慮。顯然，「法自然」、「輔萬物之自然」、「希言自然」、「百姓皆謂我自然」中的「自然」都是要有意去追求和實現的目標或價值。不幸的是，老子之自然的獨特意義很快就丟失了，強調自覺義就是要進一步突出老子之自然在思想上和歷史上的獨特意義。

　　3.6　老子之後，《莊子》等書都開始逐漸重視和使用自然一詞，但各種用法多在"自＋然"的意義上使用之，由此產生很多不同甚至相反的理解和使用。老子之自然的最高、整體、價值之義卻被遺忘了、丟失了。這裡稍稍舉例說明這種丟失和歧變的情況。《莊子・應帝王》有云：「汝遊心於淡，合氣於漠，順物自然而無容私焉，而天下治矣。」〈德充符〉則說：「吾所謂無情者，言人之不以好惡內傷其身，常因自然而不益生也。」這裡說的自然是只能「因」之、「順」之的，說明它是外在的、客觀的，不能改變的。自然不再是《老子》中要取法和努力實現的價值。這裡的老子之自然被引向了客觀化、外在化。

　　3.7　《荀子・正名》開始將自然引入人之本性：「生之所以然者謂之性，性之和所生，精合感應，不事而自然謂之性。」〈性惡〉篇也說：「若夫目好色，耳好聽，口好味……是皆生於人之情性者也；感而自然，不待事而後生之者也。」這都是將自然歸之於人之性，而人之性都屬於人之個體的內在屬性，自然就變成內在於個體的本性。自此以後，自然與性結合越來越密切，可以相互解釋，這在《春秋繁露》、《呂氏春秋》等書中都歷歷可見。以「性」界定「自然」在嚴遵《老子指歸》、王弼與河上公的《老子注》、郭象的《莊子注》中都成了慣例。荀子「不事而自然謂之性」的說法代表了老子之後的自然的用法，這時的自然已經無關人事。這是老子之自然的內在化、個體化，變成本性自然。

　　3.8　後人也逐漸將自然變成一種描述社會趨勢和處理社會政治問題的方法。比如《韓非子・難勢》說：「勢治者，則不可亂；而勢亂者，則不可治也。此自然之勢也，非人之所得設也。」這裡的自然之勢是人的社會行為造成的結果，但是對特定個人來說，則有

一定客觀性意義。《淮南子·覽冥》也說：「故以智為治者，難以持國，唯通於太和而持自然之應者，為能有之。」「持自然之應」的說法已經將自然從價值目標轉換為社會行為的方法。〈修務〉篇則說道：「若吾所謂『無為』者，私志不得入公道，嗜欲不得枉正術，循理而舉事，因資而立功，推自然之勢，而曲故不得容者，事成而身弗伐，功立而名弗有……。」這裡「推自然之勢」顯然將自然的趨勢當作了一種可以利用的力量，是社會治理的一種方法。這裡的自然走向了生活化、政治化，也有了方法的意味。

3.9　以上簡要舉例說明老子之後，自然的用法出現了百花齊放的現象，自然詞義發生了難以統計和分析的多樣化。以上舉例僅涉及三個方面的自然。一，客觀外在的不可改變的自然；二，成為人之本性的內在自然；三，作為社會或政治行為原則和方法的自然。實際上，在先秦、兩漢到魏晉的時代，自然還有很多不同的意義和用法，這裡就不討論了。總之，我們不應該按照後來的自然的含義來解釋老子之自然。

3.10　近代更以自然翻譯 nature 之自然界的含義，讓很多人自覺或不自覺地將老子之自然與自然界相混淆。本書舊版第三章腳註❹提到「自然」一語何時開始明確指代大自然還有待進一步的考察。現在我們可以說，「自然作為 nature（自然界）的翻譯語出現在中文語境的時段，從《清議報》到教科書以及辭典的翻譯來看，可以界定在世紀之交的 1899–1908。」（陳力衛教授語）

3.11　通過對古代文獻及自然詞義和用法的歷史演變的考察，我們可以看到，在《老子》之後，自然開始從最高義蛻變為普通義、普遍義，從整體義蛻變為個體義、本性義，從價值義蛻變為客觀義、方法義。看到這一過程，有利於我們理解老子思想的獨特性，有利

於我們進一步思考如何理解老子的哲學，以及老子哲學是否可以為現代世界提供有價值的思想資源。

3.12　依筆者思考，老子的自然追求的是人類文明社會中的自然而然的秩序，這種秩序可以縮寫為「人文自然」，表達一種理想的自然而然的和諧氛圍，也就是人類群體社會中沒有衝突、壓迫、分裂等現象的理想狀態。這種狀態在短時間、小範圍內比較容易實現，在大範圍、長時段也不是沒有可能實現的，至少是值得追求的。我們今天研究《老子》，就應該恢復《老子》之自然原有的最高價值之義，作為引導人類社會理想秩序的新觀念、新方向。（本節內容可參見拙文〈「自然」的蛻變：從「老子」到「論衡」〉，載於《哲學研究》2020 年第 10 期）

四、中哲研究的兩種定向

4.1　一九七八年，我剛考上北京大學讀碩士。恩師張岱年給我們講話，其中說到，北大中國哲學研究有兩個特點。一是重訓詁考據，二是重理論分析。這兩句話給我留下的印象十分深刻，一直影響至今。我作莊子研究和老子研究時都是先做考據，再做理論體系的分析和建構。這種做法隱含著我作研究的一貫追求，即努力探求古代文本可能的準確的含義，同時努力探尋古代文本在現代社會的可能的意義。回想起來，這也是我後來分析「反向格義」，提出「兩種定向」的淵源。

4.2　每個人的研究都有一定的取向，或方向、目標。在各種取向中，有兩種最基本、最重要的取向往往被忽略，卻非常值得注意和區別。一種取向是客觀的、歷史的、文本的研究取向，另一種是

個人的、現實的、未來的理論取向。這兩種取向無論是自覺的還是不自覺的都是存在的，這裡要強調的是自覺意識，即自覺地向著客觀地理解古代思想的方向努力，或自覺地為現代社會提供新的思想資源而工作。兩種取向的研究和作品都有可能成功，也都有可能失敗。但是，如果完全不分兩種取向，就會造成對歷史的探索和新思想的創造相互混淆、干擾，自覺或不自覺地借題發揮，以至於在忠實於歷史文本和現代創造兩個方面互相纏繞混淆，兩頭不到岸。

4.3　兩種定向或取向是針對中國哲學史、思想史發展中的特有傳統而言的。中國古代哲學思想發展的一個突出特點就是借助經典註釋與詮釋的形式建構新的思想體系。如王弼借《老子注》成為玄學開創者，郭象靠《莊子注》創造獨化論，朱熹靠《四書章句集注》成功編撰了理學的權威教材。這種傳統有「借題發揮」的傾向，或者是借古人之杯酒，澆自己心中之塊壘，這樣做自有其理由和價值，但不能適應現代學術重視客觀性、實證性研究的一面，也不能適應在面對社會現實的基礎上進行嚴肅的理論創造或建構的一面。兩種定向應該各有明確的不同的目的、標準和要求。兩者是否可以結合，如何結合，還需要進一步的探索和討論。

4.4　關於兩種取向的理論，最常見的質疑是沒有人可以達到唯一的絕對的真相，無論你如何追求客觀真相，最終你的發現和解釋也不過是一種個人的「詮釋」。這可能是事實。但以此為理由而放棄探求歷史之可能的真相，則對理解和發展中國哲學與文化是有害的。能否達到真相、能認識多少真相是一個客觀性的問題，是能不能實現的問題，是能力和結果的問題，而兩種定向則是關於研究者的自覺選擇的問題，是一個「應然」的向度。正如，我們不能保證每一個人都是有良知的人，這不等於我們不能或不應該提倡每個人都要

努力做一個有良知的人。追求真相是人類的普遍天性，人類不能生活在沒有真相的世界之中，對於學術研究來說，求真、求實更是一個不可或缺的基本要求，儘管很難斷定誰是否達到了最後的真相。

4.5　當年本書的寫作遵循的也是兩種定向的原則。前兩章是關於《老子》年代的考證，主要依據的就是對《詩經》和《楚辭》中的韻文格式、句式特點以及修辭手法的詳細的分析、統計和比較。這些全面的客觀資料的統計和比較說明，《老子》的韻文風格明顯與《詩經》一致，明顯不同於《楚辭》，這有利於我們考慮《老子》的年代問題。本書後四章討論老子的四個最重要的思想概念，即自然、無為、正反與道。每一章的主要部分是對原文文句、概念和相關思想的分析，最後則討論這些概念與現代社會的關係。這是一個嘗試，是否成功，如何改進發展，值得進一步的討論，也歡迎讀者評論賜教。（本節內容可參見拙作《詮釋與定向——中國哲學研究方法之探究》，商務印書館（北京））

劉　笑　敢

二〇二〇年十一月於香港

修訂二版序

　　一九九七年初版序言中提到，本書的研究得益於當時最重要的四種版本的對照研究。當時認為這樣作是理所當然的，所以沒有特別強調其意義和成果。本書出版後，我仍繼續研究《老子》，發表了一二十篇論文，並且在近日內剛剛完成歷時近十年的《老子古今——五種對勘與析評引論（附老子五種逐字對照通檢）》一書。一九九八年發表的郭店竹簡《老子》帶動了《老子》研究的一個新熱潮，我的興趣很自然地就在四種版本比較的基礎上，加上了竹簡本的研究。本書的基礎使我很容易進入對五種具代表性的版本進行比較與對勘的工作，五種版本即竹簡和帛書這兩種新發現的《老子》古本、以傅奕本為代表的傳世古本，以及現今流傳的王弼本和河上本。比較的結果發現，《老子》在兩千年的演變中，表現出了語言趨同現象和思想聚焦現象。今本《老子》和古本《老子》的不同，便是同一文本長期加工、演變的結果。

　　這些年也有一些新的收穫。為了避免對《老子》之自然的各種誤解，並強調《老子》的核心思想和價值，我提出了人文自然的概念，討論了這一概念與正義原則等現代價值的關係。此外，我考察了《老子》古本與今本中邦字和國字的用法之不同，提出對小邦寡民的新解說；根據竹簡本和通行本的不同，我重點考察了早期儒家

與道家的關係問題；我也對老子思想和霍布斯、馬斯洛以及魁奈等人的異同或聯繫進行了考察，對《老子》中的雌性比喻與女性主義的關係作了進一步的分析。這些新的觀點大多在本書中有所涉及或初露端倪。可以說，我的所有新作都是本書的延伸和發展，新研究的基本觀點和方法都已經體現在本書中。我的新書並不能取代本書，因為本書是最基本的系統化研究，而新書是按照八十一章的順序展開的。很多新的收穫不可能、也不必要都添補到本書中來，所以此次修訂只作了一些細節的校正和補充，沒有很多增添。

《老子》的思想對現代社會和現代人生有難以估量的價值和意義，我期待藉著本書的修訂，有更多的機會和大家交流這方面的心得與收穫！

劉 笑 敢

二○○五年一月一日

於香港中文大學

自 序

　　幾年前，當傅偉勳先生約我為《世界哲學家叢書》寫《老子》一稿時我欣然同意。當時我的《莊子哲學及其演變》剛剛出版不太久，接著作老子的研究是順理成章的。我在北大教書時，關於老子有一個練習本的教學大綱，那個大綱是在閱讀國內所有有關著作的基礎上加上自己的心得而寫成的，教學效果也很好，稍為擴充就可以成一本十幾萬字的書。所以，當我一開始答應傅先生時沒有感到任何壓力。但是問題很快就來了。

㈠年代考證問題

　　在國內時，學術界一致認為老子早於莊子，因此我在研究《莊子》的時候沒有認真考慮老子的年代問題。一九八八年到了美國，幾次演講後總有人問我為什麼認為老子早於莊子，臺灣來的學者問我為什麼不理會錢穆先生莊子早於老子的說法，美國學者則以葛瑞翰 (A. C. Graham) 的假說為圭臬問我有什麼「新證據」說老子早於莊子。這就刺激我開始思考《老子》的年代問題。讀《老子》原文時，直觀的感覺是《老子》文字簡奧，文風古樸，與戰國中期的《孟子》、《莊子》、《荀子》較為暢曉的語言風格明顯不同，然而這種感

覺是不能作為依據的,有沒有比較客觀的標準來確認《老子》「可能的」年代呢?經過長期思考,我想到或許可以將《老子》中的韻文部分和《詩經》、《楚辭》作一比較,但不知這條路是否走得通。有一天,在普林斯頓大學的校園中碰到了詩詞專家高友工教授,我順便向他講了我的想法和疑慮,沒想到他相當肯定地說:「值得試一試。」

試的結果,我發現《老子》中的韻文有百分之九十四使用了回環往復的修辭手法,《詩經》中也有百分之九十的有韻詩使用了回環往復的修辭手法,《楚辭》中基本不用這種手法。

就韻式來說,《詩經》中句句入韻的佔百分之二十七,偶句入韻的佔百分之二十五,混合韻或其他韻式的佔百分之四十八;《老子》中句句入韻的佔百分之四十七,偶句入韻的只有百分之十八,混合的或其他韻式的佔百分之三十五,顯然,在《老子》和《詩經》中都有很多的句句韻,但並沒有一個統一的韻式,而《楚辭》則形成了相當整齊的偶句韻。在疊句與疊韻、交韻、富韻等方面《老子》也明顯地相同於《詩經》而不同於《楚辭》。最近我的學生楊梅枝又發現《老子》中有六種合韻現象是《老子》與《詩經》共有而《楚辭》完全沒有的。

就句式來說,《詩經》比較嚴格的四言詩約佔總數的百分之五十,以四言為主間以雜言的有百分之四十六,《老子》中以四字句為主的也佔百分之五十,而《楚辭》則以六言和七言為主,四言詩只佔百分之十四,這少量的四言詩與《詩經》也有明顯的不同。

以上發現,如果單就一項來說,或許不足以證明《老子》和《詩經》的關係,若從全體上看,這些發現都相當一致地說明《老子》的寫作風格受了《詩經》的影響,而沒有受到《楚辭》的影響。如

果我們承認《老子》的寫作風格是自然一貫的，並不是刻意模仿的，那麼我們就應該承認《老子》「有可能」是《詩經》風格尚有相當影響的時代的作品。我們只說「有可能」，這是謹慎的說法，然而這已經足夠了，因為反對者只是說《老子》不可能是早於《莊子》的作品。

認為《老子》晚於《莊子》的最大理由是《莊子》以前的書沒有引用過《老子》，對此已有學者進行過辯駁。我們所要說的是，《莊子》以前引用《老子》的書很少，這一現象是提出疑問的很好理由，卻決不足以作為假定《老子》晚於《莊子》的根據。

本書前兩章討論的就是《老子》的年代問題。按照原來的寫作計劃，還應該有一章全面回顧和評析關於《老子》考證的歷史，另有一章或兩章討論先秦文獻中有關老子的史料，以及從先秦篇題的命名來看《老子》的年代。因為主要部分已經完成，字數已經超出叢書要求，交稿時間已到，所以僅以目前的《老子》與《詩經》、《楚辭》的比較為年代新考的內容，其他討論只好俟諸來日。

(二)理論研究問題

另一個問題是關於理論研究方法的。我剛到北大讀研究生時，張岱年先生就對我們介紹說，北大中國哲學史研究的特點有二，一是重訓詁考據，二是重理論分析。我理解「重訓詁考據」就是要把理論研究奠基在文獻基礎上，反對隨意發揮，「重理論分析」就是要有哲學思考，不能以排比史料為主。那時我們的口號是「還歷史以本來面目」，這固然是針對「文化大革命」中四人幫顛倒黑白、「批林批孔批周公」而說的，但也反映了大陸學術界以「客觀性」為一個重要研究原則，用傳統的語言來說，這就是以「我注六經」為基

本態度，然而，李澤厚的著作影響越來越大，他宣稱自己的路線是
「六經注我」。我敬重張岱年先生的全面嚴謹，也喜歡李澤厚的敏銳
活潑，但大體上並不能脫離文獻基礎作超越性的發揮。

　　我開始學習中國哲學史的時候 (1978)，大家對流行的「幾大塊」
的模式已經厭煩。「幾大塊」的模式就是按照自然觀、認識論、辯證
法、歷史觀等幾個方面去找每個思想家的材料，然後分門別類歸入
自然觀、認識論、辯證法、歷史觀，這就算完成了對一個思想體系
的解剖。這種作法剛開始自有其功蹟，不能全部否定，但久而久之
成了公式，就有千篇一律的味道，似乎是把多姿多彩的中國哲學史
全部切割分類，塞到了貼有標籤的中藥鋪的櫃子裡。

　　突破的主要方向是概念或範疇的分析，這有「正統」的根據，
列寧說過哲學史就是範疇史。同時，張岱年先生在二十八歲完成的
《中國哲學大綱》終於在他七十幾歲的時候正式出版，在此之前幾
次印行都中途而輟，僅在六十年代以「宇同」的筆名少量印刷，內
部發行。此書副題是「中國哲學問題史」，但大都以概念為線索，因
此對推動中國哲學史上的概念範疇研究極有推動力。不久，在上海
華東師範大學任教的馮契教授主編了《中國哲學的邏輯發展》，以概
念為線索，以正、反、合的三段式為骨架整理中國哲學史，這也是
突破「幾大塊」模式的嘗試。總之，對概念範疇的研究歷久不衰，
現在仍不斷有專著問世。

　　我在這種背景下開始研究《莊子》，自然會注意概念的分析，然
而我發現中國哲學的特點不是概念、判斷、推理式的論證，大多是
類比、聯想、格言式的論說，《莊子》更通過寓言來表達他的哲學觀
點，因此概念的分析就顯然不足以表達《莊子》的哲學體系，比如
《莊子》的〈逍遙遊〉表達了莊子對精神自由的嚮往和追求，但「逍

遙」和「遊」似乎並不能稱為莊子的哲學概念，為此我試圖提出一個術語成為哲學概念的幾個標準（參見本書第三章第一節中「哲學概念的特點」），同時在寫完「範疇篇」以後又寫了「學說篇」和「通論篇」，以求全面把握莊子哲學的特點。我認為莊子哲學是從安命論出發的，然而僅僅「知其不可奈何而安之若命」並不能成為莊子，莊子的主要特點是精神的逍遙，他把安命與逍遙聯繫起來，主張在安命的基礎上追求逍遙的境界，而真知論（懷疑主義與直覺主義）和齊物論是他從安命到逍遙的方法論橋梁。（參見拙作《莊子哲學及其演變》）

　　當我開始研究老子的思想時，自然不滿意於「幾大塊」的方式，而希望按照我研究《莊子》的方式對老子思想也作一番「有機重構」的工作。所謂「有機」是要避免從現代哲學的理論框架或問題意識出發切割古人的思想，主張盡可能接近老子思想的本來面目，所謂「重構」就是要在深入分析老子思想的各個部分之後，把這些部分再按照老子思想的「內在邏輯」重新建構起來，使之還原成一個有機的整體。我的具體作法是通過涵泳原文，體會《老子》全書中有哪些最重要的概念、觀念、傾向，思考其中哪個是最重要的，與其他部分是什麼關係，從整體上講各部分之間又是什麼關係。這樣抓住了老子思想中的主要內容以及這些內容之間的相互關係，老子思想體系的結構也就清楚了。

　　我發現老子哲學所要表達的最重要的中心觀念是「自然」，「自然」不能歸結為現代哲學的任何一個分支，它不屬於宇宙論、本體論，也不屬於知識論、道德論，但它卻是老子所推崇的最重要的價值，無為則是實現這種價值的原則性方法。老子之道當然是極重要的概念，但老子強調「道法自然」，說明道本身還不是老子哲學的最

後歸宿，自然才是老子哲學所要傳達的最後的訊息 (message)。為什麼要自然無為呢？除了有道的形而上的依據外，老子還有大量的經驗性論證，這就是「柔弱勝剛強」、「無為而無不為」的辯證法。總之，老子哲學中最重要的概念和理論是自然、無為、道，以及辯證法。自然是中心價值，無為是原則性方法，道與辯證法分別為自然和無為提供了超越的和經驗的論證。

對老子哲學體系的有機重構已經花費了很大精力，但更困擾我的還是前面提到的「我注六經」和「六經注我」的關係問題。叢書體例要求討論古代思想的現代意義，我也關心傳統文化的現代轉化問題，這就要求從現代社會的背景和需要出發對老子哲學作新的解釋，而我的訓練主要是「我注六經」，不是「六經注我」，在「我注六經」的基礎上如何銜接「六經注我」的內容？一般的作法似乎是在形式上「注經」，實質上「注我」，這與我的治學路徑不合，於是我嘗試把二者分清，但又銜接起來。具體作法是，在本書的自然、無為、辯證法、道與德四章中，每章的前兩節都是力求客觀地、由淺入深地剖析老子哲學的各個側面，每章的最後一節都是嘗試有關內容的現代應用或現代轉化問題。

用現代的術語來說，每章的前兩節是解釋工作 (explanation)，每章的最後一節是詮釋工作 (interpretation)。相比較之下，解釋工作比較深入，詮釋工作就僅僅是探索的開始，是就有關內容或作重新定義（自然的現代標準），或作現代意義的發揮（無為），或引申老子思想的基本精神（辯證法與文明發展的反思），或從宗教與科學的角度思考老子哲學的積極意義（道兼融科學與宗教的神韻）。這樣作完全是以對老子的歷史還原式的分析與重構為基礎，不是以現代詮釋和應用為重心。細心的讀者會發現，每章的第三節合起來不能構

成一個系統，也就是說我沒有提出一個現代老子的哲學體系，因為
這不是我的工作重心所在，而且我認為這也不是很必要的，能把老
子哲學的精神或精華運用到現代社會就夠了，不必嘗試構造一個現
代老子的哲學體系。

　　我的工作在某些哲學界的朋友看來可能不夠「哲學」，但在歷史
界的朋友看來可能又不夠「歷史」。哲學史是哲學與歷史的結合，究
竟該如何作，似乎並沒有一個統一的或固定的標準，這是中國哲學
史或中國古代哲學研究中的方法論問題。我目前的作法主要是「概
念的深層剖析」和「體系的有機重構」，在逼近歷史本來面目的同時，
探求古代思想的現代應用和意義，本書就是這種方法的一個試驗品。

　　《老子》有多種版本，本書不專以一本為依據，而是反覆參照
不同版本，最常翻檢的是河上本、王弼本、傅奕本和帛書本，幾乎
每一段重要的原文都查對不同版本的異同，擇善而從，這對解決《老
子》中一些難解的段落很有幫助。為了便於翻檢，我請楊梅枝小姐
幫我編成了《老子河上本、王弼本、傅奕本、帛書本對照及索引》
的初稿，此稿為我的研究提供了極大便利，梅枝小姐功莫大焉。為
本書付出時間和關懷的還有很多人，當然包括我的家人。一切關心
過、幫助過我的人都在我心中留下了永遠的溫暖，永遠的馨香。

　　本書盡可能按照叢書的要求深入淺出，但筆者的態度完全是在
寫一本新的研究著作，可以說每一章都是千慮之一得，然而，本書
雖思考良久，但完稿倉促，加之學養不足，疏漏之處在所難免，如
蒙師友方家同好賜正則不勝欣慰。

劉 笑 敢

一九九六年十二月十一日

老 子

目次

導言
問題與方法

　　《老子》五千言究竟要告訴我們什麼？老子在兩千年前到底看到了什麼？想到了什麼？想要告訴我們什麼？

　　老子所說的自然和無為到底是什麼意思？它們在老子思想中到底佔有什麼地位？自然與無為難道沒有區別，或不需要區別嗎？自然和無為在今天還有價值嗎？

　　老子所說的「道」又是什麼意思？它和西方哲學的形而上學到底有什麼相同和不同？它在老子的思想中到底處於什麼地位？它和上帝又有什麼相同和不同？它是反科學的嗎？它在今天完全過時了嗎？在今天有什麼概念可以代替道嗎？反過來道又可以代替別的什麼概念嗎？

　　老子思想是粗糙簡單的還是博大精深的？它有沒有一個大體完整的結構或體系？如果有的話又是什麼樣的？我們能否重新發現和模擬它的體系結構？

　　《老子》這部書到底是什麼時期的，或者說，我們把它當作什麼時期的著作更為可靠或有更客觀的根據？是春秋末年的，還是戰國早期的，還是戰國後期的？為什麼那麼多歐美和日本的學者認為《老子》晚於《莊子》？我們有沒有可能發現一些比較客觀的根據來斷定《老子》的大致年代？

　　……

　　問題太多了。這些都是筆者近幾年來所反覆思考的問題。本書就是對這些問題的初步回答。一本小書寫了好幾年，除了因為俗務纏身，實在也是因為這些問題太難找到讓自己滿意的答案。

老子的思想體系

　　首先談一下老子思想的體系問題。應該如何分析把握老子思想的體系呢？經過多年反覆思考推敲，筆者認為老子哲學大體由四個主要部分構成，即以自然為代表的中心價值、以無為為標誌的基本方法、對自然無為的形而上的論證，以及對自然無為的形而下的論證。也就是說，老子哲學以自然為中心價值，以無為為實現中心價值的原則性方法，以道與德為自然無為提供形而上的論證，以奇正相依、正反互轉的辯證法為自然無為提供經驗性的支持。這樣，老子哲學中的形而上學、辯證法與自然無為就構成了一個有機的整體。而按照傳統的形而上學、認識論、辯證法、方法論、歷史觀的剖析方法，道家思想中佔中心地位的自然和無為卻找不到恰當的位置，於是道貫通形而上和形而下的意義也就失去了價值意向。

　　顯然，筆者對老子思想體系的這種「有機重構」與多年來的以「道」為中心的剖析方法有所不同。不過，這並不意味著筆者要貶低老子之道或老子的形而上學。事實上，關於老子之道的一章是本書最後也最長的一章。從傳統的西方哲學或形而上學的角度出發，《老子》中的道無疑是最中心最基本的概念，但是，老子似乎並不像柏拉圖和亞里斯多德那樣從濃厚的純哲學的興趣出發。中國哲學家比西方哲學家更直接地關心社會與人生。就中國哲學的發展歷史來說，老子的道無疑是中國的形而上學的開端，不過，就老子思想體系本身來說，道的概念的重心或指向則是道家對人類社會的關懷、期望和理想，「道法自然」的說法就明確地表達了道家思想的價值取向。

　　應該說明，筆者所作的「有機重構」只是一個「可能的」重新
建構。說它是可能的，因為我們不能起老子於九泉之下問明他的思
想本來有什麼樣的結構，或者他是否認同我們對他的理解或解釋。
他的時代還沒有體系的概念，他未必想到過要建立一個完整的思想
體系結構。不過，一個成熟的思想家的思想必然有一些不同的方面，
而這些方面之間一定有某種關係，把這許多方面的關係描摹出來就
是這個思想家的思想體系的結構。因此老子是否嘗試建立一個體系
結構並不妨礙我們嘗試按照他的著作所反映的思想去為他的思想建
立一個結構模型，供我們更深入地探討他的思想時參考。

　　按照現代的美學理論，一部作品完成之時，該作品就不屬於作
者個人了，每個讀者都有權利對該作品作出自己的詮釋。不過，我
們還是強調盡可能體會《老子》的原文之義，從老子的可能的思想
出發去重構老子的思想體系。雖然我們無法百分之百地回到老子的
時代，還原老子的思想體系，但我們並不想放棄這種努力，因為這
是一種定向 (orientation)，即使達不到，也有重要的指導意義，如果
放棄這個目標，那就可能完全失去了標準和方向，成為漂泊的枯枝
敗葉。我的原則是要有追求真理的勇氣，但永遠也不自認為已經掌
握了真理。

　　當然，儘管我們力求客觀地從《老子》的原文出發重新建構老
子的思想體系，卻並不能保證我們的嘗試就是唯一正確的建構，其
他學者仍然可以對老子哲學的體系作出不同的新建構。也就是說，
所謂「有機重構」只提供一種新的研究方法或努力途徑，並不能保
證這種方法所產生的作品的優劣。作品的優劣是由多方面的因素決
定的，不完全是由一種方法本身決定的。

老子哲學的價值取向

　　本書把自然和無為分別作為老子哲學的中心價值和原則性方法與時賢高論有所不同，但這不是為了標新立異，而是深入研究老子哲學的需要。自然與無為是道家，特別是老子哲學的基本概念，不深入分析解釋自然與無為，就不可能深入理解和闡發道家思想。但是許多學者都不大重視這個問題，或者簡單地把自然與無為看做是一回事。筆者認為，自然與無為同屬道家的基本概念，其價值取向，其精神歸屬當然是完全一致的，但二者畢竟不是同一概念。

　　從形式上說，自然是一個普通的、意義相對確定的肯定式結構的詞，無為則是一個形式比較特殊、意義又比較模糊的否定式結構的詞。從內容說，自然一詞是對一種狀態的描述，可以用於很多不同的領域而不必然要求一個直接的對象，無為則指一種特殊的行為方式，只能用於有行為能力的行為主體，而且必然意味著一個行為的對象或場合。總之，自然與無為並不是可以時時相互替代的同一個概念。本書對老子之自然與無為的分析也可證明這一點。

　　自然和無為的概念既可以運用到本體論、認識論、人生論，以及政治、軍事等各個領域，但又不屬於某一個特定的領域，那麼它們到底是什麼樣的概念呢？它們涉及的是什麼範圍的問題呢？筆者認為，自然與無為涉及的是價值領域的問題。是以什麼為最高價值的問題。老子所追求、所推崇的最高價值就是自然，自然是老子哲學體系的中心價值，而無為則是老子提出的實現或追求這一價值的基本方法或行為原則。這兩者是老子所要強調的主要內容，是老子哲學所要傳達的主要信息。

價值的概念可以較好地較全面地反映自然這一概念的內容和特點。價值可以是各個領域中重要而有意義的事物，因而自然的概念可以出入於哲學、政治、社會、人生，乃至軍事等各個領域而毫無齟齬，從而作為實現這種價值的無為的方法也就獲得了廣泛的意義，也可以進入各個研究領域。這樣，從價值的角度研究自然，從方法論的角度研究無為，就擺脫了傳統的以一般現代哲學為工具和準繩去衡量自然無為的研究方法所遇到的困境。價值和方法論也是現代哲學的概念，也是從西方來的，但用於對自然無為的研究更為貼切。本書所說的價值只是重要、有意義、值得追求的意思，並沒有特定的西方價值理論作背景。

本書也盡可能嘗試對自然與無為作多層次的剖析。從單字的意含 (meaning)，到詞彙的意含，到文本中的意含，從具體意含，到一般意含，再到絕對意含，最後到現代意含和現代意義 (significance)，雖不能完全做到、做好，還是在朝著這個方向努力。這樣做是為了把探求古代典籍的深刻內容，並把對現代意義的探求和對經典的重新詮釋放在堅實的基礎之上。

現代意義的探求

遵照叢書體例的要求，本書特別重視老子的基本思想和概念的現代意義問題。本書關於老子思想詮釋的四章，每章都有專門的一節推論現代意義或現代轉化問題。本書嘗試從現代生活的事實出發重新解釋或定義自然與無為，就是為了探討古老的道家智慧在現代轉化的可能性。

關於道家的現代意義，陳鼓應經常講道家的批判精神，袁保新

講道家的文化治療學的意義，董光璧則把李約瑟、湯川秀樹、卡普拉等科學家作為「當代新道家」的代表人物❶，筆者完全肯定這些提法或探索，但也希望從道家的最基本最核心的概念入手具體探討道家思想在現代轉化的可能與途徑。雖然筆者認真地參考了前輩與時賢的大作，也盡可能進行了深入的思考，但不認為本書所論已經成熟，而僅是以此文向高明同好請教，並邀請更多的朋友來關心和討論這一問題。

　　希望現代社會仍然能夠從老子哲學中汲取靈感和智慧，這確實是筆者的願望，但筆者清楚地知道這並不容易被大家理解和接受，正如新儒家希望儒學在現代社會發揮作用一樣，也需要較長時間的探索和討論。雖然本書是筆者長期思考研究的結果，雖然筆者的態度是真誠與嚴肅的，但研究成果和研究水平仍然是需要不斷改進不斷提高的，我們需要更多公開而廣泛的討論來修正和推動這種研究，一個人閉門造車是很難真正成功的。筆者只希望本書能有拋磚引玉之效。

---

❶　陳鼓應的觀點在臺灣和大陸都很容易找到，如《老莊新論・自序》，頁4。袁保新文見國立中央大學 1994 年《人文學報》〈當代新道家?! ——當代新道家哲學研究之回顧與展望〉。董光璧說見其《當代新道家》。袁保新先生提出：我們應該如何解讀道家哲學的義理性格，使它與現代中國人的經驗結合，發揮解釋、批導的功能，而不讓新儒家獨領風騷？（前引文，頁57）希望本書可算是對袁氏之問的一種回應。

第一章
從《詩經》、《楚辭》看《老子》的年代

　　要研究或介紹老子其人或《老子》其書，就先要確定其年代。然而這卻不是一個容易回答的問題。因為有關老子年代和《老子》作者問題的討論已經有一千多年的歷史，進入二十世紀，討論已經擴大到日本、歐洲以及美洲的漢學界。關於老子或《老子》書的年代出現了許多不同的疑問和假設。

問題的歷史與現狀

　　關於老子或《老子》年代考證中的觀點，有人分為十六種❶，有人分為七類❷，也有人分為兩大派❸，這些分類都不是提綱挈領的全面概括。我們認為，關於《老子》年代的觀點大體可概括為早期說、中期說和晚期說三種。早期說認為《老子》出於春秋末年，這也就是出於《史記》的傳統的「老孔同期」說，或老子年長於孔子的說法。中期說認為《老子》作於戰國中期，老子或《老子》介於孔子之後莊子之前，可曰「孔莊之間」說。晚期說認為《老子》是戰國後期的作品，莊子在前，老子在後，可簡曰「莊前老後」說。我們的分類不把老子其人和《老子》其書分為兩個獨立的部分。如果認為《老子》完成於戰國時期但反映了春秋末年的老子的思想，我們則歸之於早期說。

　　從漢代以來，早期說一直是傳統的觀點，宋代以來，由於儒家正統地位的確立，部分學者對「老孔同期」說，特別是孔子曾向老子問禮的說法提出懷疑，此後，這種懷疑逐步發展，出現了中期說

❶　張揚明《老子考證》，頁 13–14。

❷　牟鐘鑒等《道教通論──兼論道家學說》，頁 125。

❸　古棣《老子通》下，頁 7。

對早期說的質疑和挑戰。

在二十世紀上半期，伴隨著古史辨運動的興起，老子討論出現高潮，中期說和晚期說等各種觀點競相發表，甚至出現了《老子》漢代說和歷史上根本沒有老子這個人物的觀點。在二十世紀後半期，中期說在中國大陸曾經是主要觀點，但近十幾年來，早期說在中國本土（大陸、香港、臺灣）大有回復的趨勢，而晚期說因始終提不出有力的證據而漸漸失去影響，然而有意思的是，晚期說卻在日本和歐美成為主流觀點❹。這種變化是耐人尋味的，也是我們還有必要進一步考證《老子》年代問題的主要原因。

關於老子和他的著作本來是沒有大疑問的。司馬遷的《史記‧老子韓非列傳》（以下簡稱〈老子列傳〉）是關於這個問題的最早的權威性記載。按照司馬遷有關老子傳記的「主體」部分，《老子》或《道德經》的作者就是老子，姓李，名耳，字聃，曾任周朝的守藏史，是負責管理國家文書檔案的官員，據說孔子曾向他請教過有關禮的問題。他看到周朝的衰敗而棄官歸隱。在出關時被強求寫書，於是寫下了上下兩篇有關道和德的學說，約有五千餘字。這些基本事實和我們今天所看到的《老子》是大體一致的，在唐宋以前也不成問題。但是，因為司馬遷在〈老子列傳〉中附記了另外兩種說法，於是一些人感到他的主傳不可靠。在儒道門戶對爭的時代，儒學的捍衛者更加懷疑和批評司馬遷的〈老子列傳〉，以後不同立場、不同觀點的人相互辯難，到本世紀二三十年代達到高潮，有關老子的問題就成了中國哲學史研究中的一個懸案和疑難。

關於《老子》考證的結論眾說紛紜，莫衷一是。客觀原因是有

❹　請參見筆者〈關於老子考證的歷史考查與分析〉，《中國文哲研究通訊》20號（第五卷第四期），1995，頁 77–94。

關《老子》的確切的歷史資料太少，為各種猜測留下了很大的餘地，以致在帛書本《老子》出土以後，關於《老子》年代的說法仍然上下相差二三百年。主觀原因是許多考證文章或者是不作深入的考查分析，僅僅根據感覺作大而化之的結論；或者是根據某些字句推斷全書的年代，沒有對《老子》的寫作風格作細緻而全面的考查，不能從整體上把握《老子》的時代特點。這就造成了異說蜂起，無所適從的局面，特別是《老子》晚於《莊子》的觀點更使我們對《老子》思想的解釋和研究遇到了根本性的困難。

本書的方法與結論

本書試圖為《老子》年代的考查提供一個比較客觀的線索，這就是詩歌形式發展的歷史所提供的啟示。大家都知道，《詩經》一變而為屈騷，再變而為漢賦，以後又有魏晉駢文，唐代律詩絕句，宋代詞曲小令，元代雜劇散曲。差不多每二三百年就會有一個較大的變化。正如詩歌史專家所說，詩是最注重形式美的，詩歌在歷史發展的過程中，一方面是不斷變化的，另一方面又有相對的穩定性❺。顯然，詩歌形式的時代的特點遠較散文鮮明而容易把握，因此詩歌的形式可以作為我們考查《老子》年代問題的一個新的依據或出發點。

關於《老子》的體裁特點，要同時看到兩個方面，第一，《老子》從總體來看並不是一般意義上的詩歌，第二，《老子》中融有相當多的韻文，這些韻文顯然受到了同時代的詩歌的影響。我們不能片面強調其中的有關方面而忽視另一個方面。把《老子》完全看作

❺　程毅中《不絕如縷的歌聲：中國詩體流變》，1989，頁 4。

詩歌顯然是不符合《老子》的實際情況的，但如果看不到《老子》中韻文部分受到同時代詩歌影響的一面，我們也就失去了考證《老子》年代的一個重要依據。

自宋代吳棫以來許多學者都涉獵過《老子》的古韻。如顧炎武、江永、江有誥、姚文田、鄧廷楨、畢沅、高本漢、羅振玉、朱謙之等。前人的研究多數是孤立地分析《老子》的聲韻問題，但是還沒有人對《老子》的韻文形式作深入而全面的研究。偶爾有人就用韻的特點指出《老子》與《詩經》或《楚辭》的一致性，但沒有人發現和明確指出過《老子》的韻文部分與《詩經》的內在多方面的相似性以及與《楚辭》的重要不同。而實際上這是考查《老子》年代問題的一個重要依據。

因為沒有人認真地從《老子》韻文特點的角度來考查《老子》的年代問題，儘管不少學者都注意到《老子》書有韻文的特點，但大家關於《老子》的年代問題的結論卻相當簡單和草率，因而看法也完全不同。比如，胡適說：「《老子》之書的韻語居多，若依韻語出現於散文之前的一個世界通則言之，則《老子》正應在《論語》之前。」❻錢穆卻相反，認為《老子》是「韻化之論文」，而「韻化之論文」不可能先於《論語》一類之對話❼。而顧頡剛則進一步說：「《老子》一書是用賦體寫出的，然而賦體固是戰國末的新興文體啊。」❽這些結論都是泛泛之談，沒有深入的考查和全面的分析比較，更沒有窮盡性的統計對照，因而根本不能回答《老子》的年代問題。

---

❻ 《古史辨》（四），頁 418。

❼ 錢穆〈再論老子成書年代〉，《莊老通辨》，頁 101–102。

❽ 〈從「呂氏春秋」推測老子成書年代〉，《古史辨》（四），頁 462–519。

　　瑞典語言學家高本漢 (B. Karlgren) 對《老子》的用韻作了比較深入的研究，但他關於《老子》年代的討論主要是針對西方漢學家蓋爾斯 (H. A. Giles) 的，辯論「是否現存的《老子》為《淮南子》和《鹽鐵論》『以後』的人所編纂的」，因此，他的結論在帛書本《老子》已經出土後的今天看來基本沒有什麼意義。他說《老子》的用韻，是一種不同於《詩經》的「自由韻系」，其用韻的自由，比之《詩經》要寬得多，可是在《書經》中已經窺見了這種比較自由的韻系。他還說，「現存《道德經》為周代的書，似得確實證明了。我可以很信任的承認：《道德經》的全部是符合於司馬遷所說老子五千餘言的書。」❾按照高本漢在這裡的說法，既然《老子》是司馬遷所說的書，它就應該是春秋末年的書。可是高本漢只說它是周代的書，似乎不排除《老子》作於戰國末期的可能性，他更明確地說過：「所名為《老子》的書，存在於西元前第三、第二世紀時，乃是絕對確實的。」這就又肯定了《老子》作於漢初的可能性。高本漢關於《老子》年代問題的看法是比較寬泛模糊的，對解決問題幫助不大。

　　相比較之下，馬敘倫的觀點比較明確。他說，《老子》簡明而近於詩歌式之文辭，大抵一方與《易》之爻辭、《詩》之雅頌為類；一方與《論語》為類。夫古無紙墨可以傳寫，契於簡冊，故文貴簡。又多以口傳，故章有韻。《老子》書文與此二條件皆相符合，則非戰國後期之作品易明也❿。上述學者的論述都涉及了《老子》的韻文特點，但觀點卻非常歧異，這一方面說明從《老子》的韻文的一般特點來考察《老子》的年代有相當的困難，另一方面也說明從這個

❾　〈老子韻考〉，《說文月刊》，1940，Vol. 1，頁 127–158。

❿　轉引自張揚明《老子考證》，頁 260。

角度探討《老子》的年代問題還需要深入細致的比較研究。

　　本章試圖通過《老子》中的韻文部分與《詩經》和《楚辭》的多方面特點的窮盡性的統計比較來考察《老子》的年代問題。具體作法是主要以《詩經》為參照系，從句式特點、修辭特點（主要是回環的手法）和韻式特點三個方面的比較來說明《老子》從總體上來講更接近於《詩經》而不是《楚辭》。這三個方面的比較是逐步深入的，也就是說，句式的比較是比較表面的，修辭的比較有所深入，最重要的深層的證據則在於押韻的比較，希望讀者對此有所注意，不要在句式的比較上花太多時間。

　　當然，《詩經》和《楚辭》也有一些共性，《老子》和《詩經》、《楚辭》也都有共性，但細致的考察則會顯示《詩經》與《楚辭》之間有一些不可忽視的根本性的不同，而《老子》與《詩經》的相似之處及其與《楚辭》的不同之處也是確切無疑的。這說明，《老子》是在《詩經》還有相當影響的情況下出現的，因而完全可能是春秋末年的作品，而不大可能是《楚辭》風格佔主流的戰國中期的產物。

　　當然，本章所發現的《老子》與《詩經》的明顯相似以及與《楚辭》的明顯不同，其「明顯」之處是經過全面的窮盡性統計、比較、分析的結果，而不是本來就那麼顯而易見的，這是長期以來並沒有人注意到這種「明顯」的基本原因，也是《老子》作者並非有意模仿《詩經》的明證。

　　關於《詩經》的年代，或曰西周初期到春秋中葉，或曰西元六世紀以前⓫，總之，不晚於春秋末年，因而《老子》與《詩經》的多方面的相似性說明《老子》完全可能是春秋末年《詩經》時代遺

⓫　金開誠《詩經》，頁 10。張松如主編《中國詩歌史》，頁 36。

風的產物,而不可能是戰國中期《楚辭》時代的作品。本書關於《詩經》的用韻特點主要依據王力的《詩經韻讀》,關於《老子》用韻的情況主要依據朱謙之的《老子韻例》及其引用的前人的成果,最後又根據王力對《詩經》和《楚辭》的韻讀把《老子》的韻部統一起來❷。本章用於比較的主要是《老子》中的韻文部分。根據前代學者的研究,《老子》中大多數的章節或絕大多數的章節都包含有押韻的文句,如江有誥找出五十二章,朱謙之找出七十多章,高本漢的說法是百分之七十五。這些學者找的是押韻的句子,而我認為,要做《老子》的韻文的比較,不能以句為標準,應該以「文」為單位,即能夠當作一首詩來看的才夠標準。而一首詩一般應該有三句以上,典型的應該是至少四句,其中至少有兩句或三句押韻。筆者在此的標準是至少有四句,其中至少有兩句或三句押韻才算作韻文。

根據這一標準,我發現《老子》中有五十一章中包含四句以上的韻文。這五十一章是第二、四、五、六、八、九、十、十二、十四、十五、十六、十七、十九、二十、二十一、二十二、二十四、二十五、二十六、二十七、二十八、二十九、三十、三十二、三十三、三十五、三十六、三十七、三十九、四十一、四十四、四十五、四十七、五十一、五十二、五十四、五十五、五十六、五十七、五十八、五十九、六十二、六十四、六十五、六十六、六十七、六十

---

❷ 參見朱謙之《老子校釋》及其附錄。最後由楊梅枝把《老子》韻部統一到王力的韻部分類體系中。楊梅枝是新加坡國立大學中文系的研究生,下面我會專門介紹她關於《老子》合韻研究的最新成果。本章考證的主要內容曾以〈「老子」早期說新證〉為題發表於《道家文化研究》第四輯,頁419-437。文章的簡要內容也曾收入我為自己的英文書 *Classifying the Zhuangzi Chapters* 所寫的後記,並曾由張洪明博士校閱。

八、六十九、七十三、七十八和七十九章。這五十一章中的四句以上的韻文就是我們用來和《詩經》作比較的基本依據。

第一節　句式的比較

《詩經》的一個顯著特點是篇幅短小的歌詠體和以四字句為主的而又靈活多變的句式，這裡有四個要點，即短小、歌詠體、四字句為主（並不一定是大多數）、靈活多變（還有很多其他句式）。這四個方面是密切結合為統一體的，不能孤立地把《詩經》的句式歸結為四字句，不能把四字句當作《詩經》的句式的全部特點。《詩經》的這種句式特點和《楚辭》及戰國中後期的敘事抒情的長篇或刻板的四字句短篇都不大相同。在這一方面，《老子》明顯地近於《詩經》而不同於《楚辭》。

《詩經》的句式

《詩經》以雙音節的四字句為主是人所共知的。《詩經》三百零五篇中，一百五十二篇是比較嚴格的四言詩，約佔總數的百分之五十；一百四十篇是以四言句為主，間以雜言的詩體，約佔總數的百分之四十六；只有十三篇是其他形式的雜言詩，只佔總數的百分之四。由於《詩經》是經過後人反覆編輯整理的，其中嚴格的四言詩的數字可能高於原來的實際數字，但不論怎樣，《詩經》時代的韻文是以四言為主，卻又不恪守四言的格式，這是一個無可爭辯的事實。《詩經》中雖然有大量的三言句、五言句、六言句和七言句，但是這些句式還遠沒有形成一種詩體。《詩經》嚴格的四言詩可以《詩

經》中眾人皆知的第一篇〈關雎〉為代表❸：

> 關關雎鳩，在河之洲。
> 窈窕淑女，君子好逑。

又如〈國風·鄭風·有女同車〉：

> 有女同車，顏如舜華。
> 將翱將翔，佩玉瓊琚。
> 彼美孟姜，洵美且都。

以四言為主間以雜言的詩可以〈周頌·敬之〉為代表：

> 敬之敬之，天維顯思，命不易哉。
> 無曰高高在上，陟降厥士，日監在茲。
> 維予小子，不聰敬止。
> 日就月將，學有緝熙于光明。
> 佛時仔肩，示我顯德行。

《詩經》中的四字句比比皆是，這裡就不必多舉例了。

---

❸　本章引《詩經》和《老子》時按行文內容安排格式，不強求格式一律，以便彰顯行文中所強調的不同要點。

《老子》的句式

　　由於《老子》畢竟不是嚴格意義上的詩，其中的韻文句式當然不可能是像《詩經》那樣多而整齊的四言句。在通行本中，如以朱謙之《老子校釋》為例，以四字句為主的大體上有二十七章，（第二、五、六、九、十、十四、十九、二十、二十一、二十四、二十六、二十八、二十九、三十、三十三、三十六、四十一、四十五、四十七、五十一、五十二、五十四、五十五、五十八、五十九、六十四和六十七章。）在帛書本中，以四字句為主的有大約二十三章❶。這兩個數字分別超過或接近我們所考查的五十一章的一半。這裡所說的以四言為主的標準有二，一是四言句佔將近半數以上，二是沒有整齊的其他句式出現。在朱謙之整理的通行本中，加上不押韻的部分，以四言為主的多達三十四章。通行本顯然是經過較多加工的，因而有更多整齊的四言句。但這種加工之所以可能是因為原有文句中實詞的骨架是四字句，一些不是四字句的只要刪減一兩個或兩三個虛詞就可以了，如果原文是成熟的五言詩或七言詩，那就很難加工成四言句了。

　　總之，上述統計說明《老子》中的以四言為主的詩句不一定是超過半數的大多數，但是卻是明顯的多數，即明顯地多於三言、五言、七言韻句。所以《老子》中的韻文和《詩經》的句式大體一樣，也是以四言為主而又不拘泥於四言的框架則是顯而易見的。

　　一般說來，帛書《老子》是最古老的版本，但不一定是最好的版本。帛書本虛詞較多，節奏較舒緩，而通行本虛詞較少，節奏比

❶　比通行本多第一章，少第二、二十、二十四、二十六、三十三章。

較緊湊，至於思想內容並沒有因為通行本刪消了一些虛詞而有大的出入。因此在一般研究中，不一定非要以帛書本為依據。不過，因為在帛書本中後人的加工比較少，更接近《老子》原有的古樸的風貌，在和《詩經》作比較時或許更為合理，更有說服力，因此本章的《老子》引文盡可能用帛書本，偶爾參照通行本。

《老子》中比較整齊的四言句可見於第四十五章：

　　大成如缺，其用不敝。
　　大盈如沖，其用不窮。
　　大直如屈，大巧如拙。
　　大辯如訥，其用不屈❶❺。

整齊的四言句也可見於第三十六章：

　　將欲翕之，必固張之；
　　將欲弱之，必固強之；
　　將欲去之，必固與之；
　　將欲奪之，必固予之；
　　是謂微明，柔弱勝強。

再如第五十一章也有大體整齊的四字句：

　　道生之德畜之，

---

❶❺　「其用不屈」句據《韓詩外傳》，說見《馬王堆漢墓帛書——老子》，頁49，注11。

> 長之育之，
> 亭之毒之，
> 養之覆之。
> 生而弗有，
> 為而弗恃，
> 長而弗宰，
> 是謂玄德。

以四字句為主，間以雜言的如第六章：

> 谷神不死，
> 是謂玄牝。
> 玄牝之門，
> 是謂天地之根。
> 綿綿啊其若存，
> 用之不勤。

這裡引用的是帛書乙本。在通行本中，第五句作「綿綿若存」，也是四字句。又如第五十八章：

> 其政閔閔，其民屯屯；
> 其政察察，其民缺缺。
> 禍，福之所倚；
> 福，禍之所伏。
> 孰知其極？

其無正也。

下文我們還要陸續引用《老子》原文，為節約篇幅，這裡就不繼續
引《老子》中的四言句了。

《楚辭》的句式

《老子》與《詩經》的四字句的基本節奏是×××× ，很少有
整齊的六言和七言句。而《楚辭》以六言或七言句為主，間以四言、
五言。其六言常常是上三下二，中間加上一個「兮」字；七言是上
三下三，中間加上一個「兮」字❶。如果我們用〇代表「兮」、
「之」、「而」等語氣詞，《楚辭》以六言和七言句結合而成的典型句
式的基本節奏就可以表示為：× × × 〇 × × 〇，× × × 〇 × × 。
　　如〈離騷〉：

> 帝高陽之苗裔兮，
> 朕皇考曰伯庸。
> 攝提貞於孟陬兮，
> 惟庚寅吾以降。❶

又如〈九章 · 惜往日〉：

> 惜往日之曾信兮，

---

❶　參見程毅中《不絕如縷的歌聲：中國詩體流變》，頁 35–36。
❶　本章《楚辭》引文均據王力《楚辭韻讀》。

受命詔以昭時。
奉先功以照下兮，
明法度之嫌疑。

又如〈遠遊〉：

悲時俗之迫厄兮，
願輕舉而遠遊。
質菲薄而無因兮，
焉托乘而上浮。

〈九歌・湘君〉的句式稍有不同，但基本節奏也是×××○××，
與《詩經》明顯不同。

君不行兮夷猶，
寒誰留兮中洲？
美要妙兮宜休，
沛吾乘兮桂舟。
令沅湘兮無波，
使江水兮安流。

在王力《楚辭韻讀》中所收入的二十八首《楚辭》中，只有四
首四言詩，即〈天問〉、〈九章・橘頌〉、〈招魂〉、〈大招〉。顯然這些
四言詩在數量上不佔多數，和《楚辭》中的五言、六言和七言詩句
相比較為呆板，較少變化，顯然風格上也不屬《楚辭》的主流。同

時，這些四言詩的特點與《詩經》雖有一定相似之處，但也有重要
而確實的不同之點。

第一，篇幅都很長，往往是數十句，甚至上百句一篇，這是《詩
經》所沒有的。第二，句式韻腳都比較整齊，基本上恪守著偶句入
韻的規律。這一點下文還要詳談。第三，這些四言詩在用韻方式上
也不具有下文將要討論的回環和密韻的特點。第四，沒有自由吟唱
的風格。總之，《楚辭》中的四言詩是明顯的文人作品，看起來是詩
人刻意寫作的四言詩，不是《詩經》時代的民歌風格。另外，《楚
辭》中的四言詩大量使用一種整齊的句型，這就是每兩句一韻，韻
腳在第二句的第三字上，第四字為一固定的虛詞，叫做虛字腳。如
果我們以一個「○」代表這個虛詞，在字的下面用「△」指示韻腳，
其句式則可以表示為：×× ××，×× ×○。

比如在〈天問〉中常常用「之」作虛字腳：

> 遂古之初，誰傳道之？
> 上下未形，何由考之？
> 冥昭瞢暗，誰能極之？
> 馮翼惟像，何以識之？

在〈九章·橘頌〉中，韻腳後面的虛詞全部是「兮」：

> 後皇嘉樹，橘徠服兮。
> 受命不遷，生南國兮。
> 深固難徙，更一志兮。
> 綠葉素榮，紛其可喜兮。

在〈招魂〉中，又一律用「些」字作虛字腳：

> 天地四方，多賊奸些。
> 像設君室，靜閑安些。
> 高堂邃宇，檻層軒些。
> 層臺累榭，臨高山些。

在〈大招〉中，又一律用「只」作虛字：

> 青春受謝，白日昭只。
> 春氣奮發，萬物遽只。
> 冥凌浹行，魂無逃只。
> 魂魄歸徠，無遠遙只。

　　儘管這些詩用了不同的虛字腳，其句式都是××　××，×××
○。事實上，在這樣大量而且反覆出現的句式中，如果去掉虛字腳，
剩下的七個字就已經具備了後代七言詩「×××× ×× ×」的節奏
雛形。這種四言句顯然不是《楚辭》句式的主流。這種句式在《詩
經》中雖然也有，卻數量不多，只是四言句中的不常見的一種句式，
但在《楚辭》的四言詩中則成了相當整齊的主要句式或唯一句式。
值得注意的是，這樣的句式在《老子》中和在《詩經》中一樣都只
是偶然出現的。關於《老子》中的虛字腳與《楚辭》的不同，下文
再專門討論。
　　總起來看，《詩經》以四言句為主，《楚辭》以六言、七言為主，
在這一點上，《老子》同於《詩經》而不同於《楚辭》。《楚辭》中少

量的四言詩與《詩經》也有相同之處，但不同之處也很明顯，比如
《楚辭》都是長篇，不再用分章疊句的方式❶，句式相對齊整，不
是吟唱體，而《詩經》中的四言詩則是便於歌詠的短篇，句式更靈
活多樣。所以，即使僅就四言句而言，《老子》也是接近於《詩經》
而不同於《楚辭》。通過這裡的分析可以看出，認為《老子》接近
《詩經》比認為《老子》接近《楚辭》有更多的證據。

第二節　修辭手法的比較

　　《詩經》的另一個特點是回環往復的修辭方式，這種方式在《楚
辭》中和以後的韻文中就比較少見了。在這一點上，《老子》也同於
《詩經》而異於《楚辭》。

回　環

　　按照王力的說法，「字句在詩篇中反覆出現，叫做回環。回環也
是一種形式美」❷。在下列引文中，「○」和「●」指示重複的字
句，「△」、「▲」指明韻腳。例如〈鄘風・相鼠〉：

　　相鼠有皮，
　　人而無儀。
　　人而無儀，
　　不死何為。（歌部）

---

❶　參見程毅中《不絕如縷的歌聲：中國詩體流變》，頁 34。

❷　《詩經韻讀》，頁 87。下引此書此節不再另注出處。

相鼠有齒，
人而無止。
人而無止，
不死何俟。（之部）

相鼠有體，
人而無禮。
人而無禮，
胡不遄死。（脂部）

又如〈齊風‧雞鳴〉：

雞既鳴矣，
朝既盈矣。
匪雞則鳴，
蒼蠅之聲。（耕部）

東方明矣，
朝既昌矣。
匪東方則明，
月出之光。（陽部）

在這些詩中，除韻腳字以外，幾乎所有的字都是重複出現的。這種
相同字句反覆回環的句式在《老子》也十分常見。如第五十四章：

修之身，其德乃真；（真部）

修之家，其德有餘；（魚部）

修之鄉，其德乃長；（陽部）

修之邦，其德乃豐；（東陽合韻）

修之天下，其德乃溥。（魚部）

以身觀身，以家觀家，

以邦觀邦，以天下觀天下。（魚部）

這裡除韻腳以外的字也幾乎全部重複使用過，這在後來的詩歌中是很少見的。又如第十四章：

視之而弗見，命之曰微。

聽之而弗聞，命之曰希。

搨之而弗得，命之曰夷。（脂微合韻）

這裡的句式也明顯是以大多數重複的字為骨架，而韻腳字必定變換。

頂　真

在《詩經》中還有一類頂真式的回環，即下一句的開頭重複上一句結尾的字詞或句子。如〈衛風·氓〉：

及爾偕老，老使我怨。

淇則有岸，隰則有泮。

......

信誓旦旦，不思其反。（元部）

反是不思，矣已焉哉。（之部）

詩中「老」「老」相接，「反」「反」相續，這是有意使用的修辭手法，造成詩句連綿緊湊的效果。又如〈魏風·汾沮洳〉：

彼汾沮如，言采其莫。

彼其之子，美無度；

美無度，殊異乎公路。（魚鐸通韻）

彼汾一方，言采其桑。

彼其之子，美如英；

美如英，殊異乎公行。（陽部）

彼汾一曲，言采其藚。

彼其之子，美如玉；

美如玉，殊異乎公族。（屋部）

詩中每段都重複第四句，即「美無度」、「美如英」、「美如玉」，造成

一種平緩舒展，回環往復的節奏美。這種修辭方式在《老子》中也
不難找到。如第三十七章：

　　……萬物將自化，

　　化而欲作，吾將鎮之以無名之樸。

　　鎮之以無名之樸，夫將不辱。（屋部）

　　不辱以靜，天地將自正。（耕部）

這裡有意地連續使用頂真的回環手法，藉以強調事物的連續或因果
關係。又如第六章：

　　谷神不死，

　　是謂玄牝。（脂部）

　　玄牝之門，

　　是謂天地之根。（文部）

章與章之間的回環

　　王力進而把回環分為一章之內的回環和章與章之間的回環。認
為章與章之間的回環更是《詩經》的特色。有的學者則把章與章之
間的回環稱作「連章疊句」⓴。《詩經》是民歌體，習慣上把一首詩

⓴　程毅中《不絕如縷的歌聲：中國詩體流變》，頁 21。

稱為一篇，把一首詩內的反覆吟唱的節或段稱為章。《老子》只有八
十一章，章內不再分段，因此《老子》中所謂章與章之間的回環似
乎不多。但如果我們考慮到在《詩經》中某些篇不過兩句或三句一
章，如〈齊風‧盧令〉兩句一章，〈王風‧采葛〉三句一章，則《老
子》中的許多兩句和三句之間的回環都可以看做是類似於《詩經》
的章與章之間的回環。為避免混淆，本章把《老子》中類似於《詩
經》的章與章之間的回環稱為段與段之間的回環。如上面所引《老
子》第十四章的例子可看做一段之內的回環，也可以看做段與段之
間的回環。下一例也可看做段與段之間的回環。《老子》第五十
二章：

　　塞其兌，
　　閉其門，
　　終身不勤。（文部）

　　啟其兌，
　　齊其事，
　　終身不棘。（之幽合韻）

在《詩經》的章與章之間的回環中，王力特別標出一類，在這類詩
中，各章除韻腳不同以外，其餘字句則完全相同或幾乎完全相同。
如〈鄘風‧牆有茨〉：

　　牆有茨，不可埽也；
　　中冓之言，不可道也。

所可道也，言之醜也。（幽部）

牆有茨，不可襄也；
中冓之言，不可詳也。
所可詳也，言之長也。（陽部）

牆有茨，不可束也；
中冓之言，不可讀也。
所可讀也，言之辱也。（屋部）

如果我們用「×」代表變化的字，這首詩的三段就可以合寫為下列
形式：

牆有茨，不可×也；
中冓之言，不可×也。
所可×也，言之×也。

這種回環重複的修辭手法在《楚辭》中顯然是沒有的。但是，在《老
子》中，除韻腳不同，其餘字句幾乎完全相同的段落卻不少，第二
十八章就更是典型的代表。

知其雄，守其雌，為天下谿。（支部）
為天下谿，恆德不離。
恆德不離，復歸於嬰兒。（支歌合韻）

知其白，守其辱，為天下谷。
為天下谷，恆德乃足。
恆德乃足，復歸於樸。（屋部）

知其雄，守其黑，為天下式。
為天下式，恆德不忒。
恆德不忒，復歸於無極。❷❶（職部）

顯然，這三段也可以合併寫成下列形式：

知其×，守其×，為天下×。
為天下×，恆德不×。
恆德不×，復歸於××。

這說明《老子》中也有典型的《詩經》式的回環。實際上，這一章
是《老子》中《詩經》風格的典型代表。它是以四字句為主的韻文，
句式並不死板，篇幅也不長；文中既有各段之內的反覆吟詠，又有
段與段之間的重複表現；既有字詞的重複，又有句子的頂真式回環；
在各段之間，除韻腳不同之外，其餘字句基本雷同；其押韻方式也
完全符合下將要討論的《詩經》的疊句和密韻的特點。值得注意
的是，這樣典型的《詩經》體韻文在《老子》五千言中與其他各章
自然相融，從來沒有人能指出它與《老子》其他篇章的文風有任何
不諧之處，這也可以進一步證明《老子》與《詩經》的風格是相當
一致的。

---

❷❶ 在通行本中，各段中的「恆德不離」、「恆德乃足」、「恆德不忒」不重複。

此外，前面所引的第五十四章中的一組句子可以縮寫成「修之
×，其德乃×」，《老子》第三十六章也有「將欲×之，必固×之」
的一組句子，第五十六章也有「不可得而×，亦不可得而×」的句
組。這都說明《老子》的回環的句式與《詩經》的相似不是個別的
或偶然的。

倒字換韻

王力還指出一種特殊的回環，這就是把四字句的前二字與後二
字對調，從而改變了韻腳。如〈齊風‧東方未明〉：

> 東方未明，顛倒衣裳。（陽部）
> 顛之倒之，自公召之。（宵部）
> 東方未晞，顛倒裳衣。（微部）
> 倒之顛之，自公令之。（真部）

第二行「顛之倒之」引出宵部韻，第四行對換為「倒之顛之」，從而
變成了真部韻。第一行「衣裳」為陽部韻，到第三行換成「裳衣」，
為微部韻。類似的情況可見於《老子》第二十一章：

> 道之為物，唯恍唯忽。（物部）
> 忽啊恍啊，中又有像啊。（陽部）
> 恍啊忽啊，中有物啊。（物部）

第一行以「忽」為韻腳是物部韻，第二行「忽」、「恍」對調，變為

陽部韻，第三行「忽」、「恍」二字再次對調，又變為物部韻。這種回環在《楚辭》中也很難找到。

　　總之，回環往復這種修辭手法是《詩經》的一大特色，卻不是《楚辭》的特點，在《楚辭》中我們找不到多少回環的句式，在《楚辭》中的四言句中也同樣找不到。這也再次說明《楚辭》中的少量四言詩與《詩經》的風格也是不同的。似乎到了戰國中期，回環的手法已經被放棄。到了後代，除少數民歌外，在文人的詩作中，重複已經成為禁忌，回環的手法就更少見了。

　　總起來看，在我們重點比較的《老子》五十一章中，有四十八章都有不同形式的回環，佔百分之九十四，比例是相當高的。值得注意的是，這一比例與《詩經》十分接近，在《詩經》中，使用回環的修辭手法的至少有二百七十一首，佔有韻詩的百分之九十。這種情況在《楚辭》及其他後代的詩歌中是根本沒有的。《老子》中回環手法的大量使用有力地說明了《老子》是《詩經》遺風的產物，而不像戰國中期《楚辭》時代的作品。

第三節　韻式的比較

　　《詩經》用韻有兩個最大的特點，一是韻式多種多樣為後來歷代所不及，二是韻密，其用韻之密度也是後代所沒有的❷。在這方面，《老子》也明顯地同於《詩經》而不同於《楚辭》。

　　在《詩經》中最常見的韻式可分為三種，即句句入韻、偶句入韻，以及這兩種韻式的混合或交替使用。在《詩經》三百零五篇中，有韻詩共二百九十六首，其中基本上句句入韻的有八十首，佔有韻

❷　王力《詩經韻讀》，頁 41。下引此書此節不再另注出處。

詩的百分之二十七；基本上偶句入韻的有七十四首，佔百分之二十
五❷；其餘的一百四十二首（百分之四十八）是這兩種混合的以及
少量與這兩種都不同的韻式。這說明在《詩經》的時代，還沒有一
種佔主導優勢的韻式出現，句句入韻和偶句入韻是常見的兩種韻式，
二者基本上是平分秋色，句句入韻的情況或許比偶句入韻的還多一
些，但二者都沒有成為一個時代的主要韻式，最多的還是不拘泥於
一種韻式的混合型。這種情況與《楚辭》明顯不同。在《楚辭》中，
幾乎每一首詩都是偶句韻或基本上以偶句韻為主的，除少數詩的某
些段落外，沒有一首詩是句句入韻的，偶句入韻已經很明顯地成了
有意遵守的基本的韻式。特別值得注意的是，在《楚辭》的少量四
言詩中，沒有例外地都是相當整齊的偶句韻，這再一次說明《楚辭》
中的四言詩是文人有意的模仿和寫作，與《詩經》自由的民歌風已
有明顯不同。

　　對《老子》進行同樣的統計有一定困難，因為《老子》的多數
章節不是嚴格意義上的詩歌，句式不很整齊，不少章節韻式不嚴格，
因而不易界定一段韻文到底是句句韻還是偶句韻。但是我們還是可
以作一個大概的統計，從中考察比較客觀的基本事實。根據筆者的
分類，在我們所重點考察的五十一章中的韻文裡，以句句入韻為主
的有二十四章，佔百分之四十七❷；比較整齊的偶句入韻的有九章，

---

❷　在四句三韻的段落中，我們把第一、三、四句押韻的看作是首句入韻的偶
　　句韻，把第二、三、四句押韻的看作是首句不入韻的句句韻。

❷　第一、五、六、二十一、二十八、三十六、四十五、四十七、五十一、五
　　十二、五十四、五十五、五十八、五十九（以四字句為主的）以及二、十
　　五、二十二、二十六、四十四、六十八、六十九、七十三、七十八、七十
　　九章。

佔百分之十八❷⁵，混合的或其他韻式的有十八章，佔百分之三十五❷⁶。《老子》中混合韻式比例最高，這一事實說明在《老子》寫作的時代，韻文還沒有形成一個統一的押韻規則，這符合《詩經》韻式多樣的特點；《老子》中句句韻比例較高，偶句韻比例最低，這也符合《詩經》用韻密度高的特點。在這兩個方面，《老子》與《楚辭》的偶句韻的模式是明顯不同的。下面我們就具體考察一下《老子》用韻的多樣性和密集化的特點。

句句入韻

在《詩經》中句句入韻的例子隨手可得，如〈齊風‧盧令〉、〈豳風‧九罭〉、〈周南‧卷耳〉、〈邶風‧終風〉、〈邶風‧簡兮〉等等，這裡無需引證。與《詩經》相似，《老子》中句句用韻的情況也很多。首先是一種多句一韻的，如第五十二章：

> 天下有始，
> 以為天下母。
> 既得其母，
> 以知其子。
> 既知其子，
> 復守其母。

---

❷⁵　第九、十、十九、六十四、六十七以及四、三十三、十七、五十六章。

❷⁶　第十四、二十九、三十、四十一以及八、十二、十六、二十、二十四、二十五、二十七、三十二、三十五、三十七、三十九、五十七、六十二、六十五章。

沒身不殆。（之部）
……
見小曰明，
守柔曰強。
用其光，
復歸其明。
無遺身秧，
是謂襲常。（陽部）

在這一章中，上段是七句一韻到底，下段也是七句一韻到底。在第
三十九章中，也有六句一韻的例子：

天得一以清，
地得一以寧，
神得一以靈，
谷得一以盈，
萬物得一以生❷，
侯王得一以為天下正。（耕部）

在第二十一章中，也是句句入韻，但是每兩句用一韻，每韻一換：

孔德之容，
　惟道是從。（東部）
道之物，

---

❷　帛書本無「萬物得一以生」一句。

唯恍唯忽。（物部）

忽啊恍啊，

　　中又有象啊。（陽部）

恍啊忽啊，

　　中有物啊。（物部）

窈啊冥啊，

　　其中有精啊。（耕部）

其精甚真，

　　其中有信。（真部）

　　無論是數句一韻或兩句一韻的句句韻在《楚辭》中都不常見。
《老子》第四十四章用韻尤有特點，既可以看作是句句韻，也可看
作是句中韻，無論怎樣，都是一韻一換韻，也是密韻的一個典型
例證：

名與身，

　　孰親？（真部）

身與貨，

　　孰多？（歌部）

得與亡，

　　孰病？（陽部）

是故甚愛，

　　必大費。（物部）

多藏，

　　必厚亡。（陽部）

故知足，
　　不辱，（屋部）
知止，
　　不殆，（之部）
可以長久。（之部）

這種用韻密集的例證在《楚辭》中也很難發現。此外，按照朱謙之的分析，第二十三章「希言自然」中的「言」與「然」是句中韻，屬元聲；第七十八章「正言若反」中的「言」與「反」為句中韻，也屬元聲；第四十四章「知足不辱，知止不殆」中的「足」、「辱」、「止」、「殆」也是句中成韻，分別屬屋部和之部韻。這也是《老子》韻式多樣與韻密的例證。同樣的情況也見於《詩經‧小雅‧賓之初筵》中「籥舞笙鼓」、「有壬有林」，其中「舞」、「鼓」為魚部韻，「壬」、「林」為侵部韻。

疊句與疊韻

王力特別提出《詩經》中的疊句和疊韻。疊句就是重疊相同的兩句，往往是一句承上，一句啟下。如〈召南‧江有氾〉：

江有氾，之子歸，不我以。
不我以，其後也悔。

江有渚，之子歸，不我與。
不我與，其後也處。

> 江有沱，之子歸，不我過。
> 不我過，其嘯也歌。

詩中所重複的「不我以」、「不我與」、「不我過」都是帶韻腳的全句。
疊韻則是所重複的字不完全相同，如〈小雅‧裳裳者華〉：

> 左之左之，君子宜之；
> 右之右之，君子有之；
> 維其有之，是以似之。

「維其有之」重複了「君子有之」一句帶韻腳的兩個字。疊句和疊
韻也是增加音樂美的方法❷。疊句疊韻與回環的不同之處在於回環
所重複的字句不一定總是韻腳，在詩句中的位置不一定相同。事實
上，上文討論回環時引用的第二十八章中，三組「為天下×」、「恆
德不×」的重複都是帶韻腳的句子，一句承上，一句啟下，也就是
典型的疊句。這裡我們再以第五十九章為例：

> 治人事天，
> 　莫若嗇。
> 夫唯嗇，
> 　是以早服。
> 早服，
> 　是謂重積德。
> 重積德，

---

❷　王力《詩經韻讀》，頁 81–82。

　　　　　則無不克。
　　無不克，
　　　　　則莫知其極。
　　莫知其極，
　　　　　可以有國。（職部）
　　有國之母，
　　　　　可以長久。（之部）

句中重複的「嗇」、「早服」、「重積德」、「無不克」、「莫知其極」都
帶著韻腳，所以既是回環也是疊句和疊韻。這也和《詩經》用韻的
特點相一致，是《楚辭》中所沒有的。
　　《老子》中還有一種疊字為韻的情況，如第一章：

　　道可道也，非常道也。（幽部）
　　名可名也，非常名也。（耕部）

又如第七十一章：

　　不知知，病矣。
　　是以聖人之不病也，
　　以其病病也，
　　是以不病。❷⁹（陽部）

一般人不以疊字為韻，實際上《詩經》也有疊字為韻的例子，如〈小
─────────────────────────────
❷⁹　此章不在本章重點考察的五十一章中。

雅・斯干〉：

> 大人佔之，
> 維雄維羆，（與「蛇」協）
> 男子之祥；
> 維虺維蛇，（歌部）
> 女子之祥。❸（陽部）

詩中第三、五兩句疊「祥」、「祥」二字為韻。在〈小雅・小宛〉中，則有「人」、「人」二字相疊為韻的例子：

> 宛彼鳴鳩，翰飛戾天。
> 我心憂傷，念昔先人。
> 明發不寐，有懷二人。（真部）

此外，〈周頌・執競〉中有「康」、「康」和「反」、「反」，〈商頌・長發〉中有「遲」、「遲」，〈豳風・七月〉中有「桑」、「桑」分別疊字為韻的情況，〈大雅・瞻卬〉中還有「城」、「城」相疊押韻的情況。這都說明疊字為韻在《詩經》時代是允許的，《老子》中疊字為韻也是那個時代的反映，到了《楚辭》的時代，疊字為韻就很少見了。

---

❸ 本章所引《詩經》韻部依據王力《詩經韻讀》，王所分韻部與江有誥、朱謙之對《老子》的韻部的分類並不完全一致。但這對我們在本章中所進行的韻式的比較沒有直接影響。

交　韻

　　《詩經》中還有一種交韻，就是兩韻交叉進行，單句與單句押韻，雙句與雙句押韻❸❶。如〈鄘風·鶉之奔奔〉：

　　　鵲之彊彊，（陽部）
　　　　　鶉之奔奔。（文部）
　　　人之無良，（陽部）
　　　　　我以為君。（文部）

詩中第一句「彊」與第三句「良」押韻，第二句「奔」與第四句「君」押韻，陽部與文部交叉相押。這種交韻在《老子》中也不難發現。如第六十九章：

　　　是謂行無行，（陽部）
　　　　　攘無臂；（支部）
　　　執無兵，（陽部）
　　　　　乃無敵。（支部）

這裡第一句與第三句「行」、「兵」同為陽部，第二句與第四句「臂」、「敵」同為支部。更為典型的交韻見於第三十九章：

　　　天毋已清，（耕部）

❸❶　王力《詩經韻讀》，頁 70。

　　　　　　　將恐裂；（月部）
　　　　　　　　▲
　　　　　地毋已寧，（耕部）
　　　　　　△
　　　　　　　將恐發；（月部）
　　　　　　　　▲
　　　　神毋已靈，（耕部）
　　　　　　△
　　　　　　　將恐歇；（月部）
　　　　　　　　▲
　　　谷毋已盈，（耕部）
　　　　　△
　　　　　　　將恐竭；（月部）
　　　　　　　　▲
　　　萬物毋以生，（耕部）
　　　　　　　△
　　　　　　　將恐滅。（月部）
　　　　　　　　▲

文中第一、三、五、七、九句的「清」、「寧」、「靈」、「盈」、「生」相押韻、第二、四、六、八、十句的「裂」、「發」、「歇」、「竭」、「滅」相押韻，耕部與月部交替進行。這是一種比較複雜的句句韻。據朱謙之的通行本，第三十章「師之所處，荊棘生焉；大軍之後，必有凶年。」和第十五章「孰能濁以止，靜之徐清？孰能安以久，動之徐生？」也是交韻的例子。文中「處」、「後」為魚韻；「焉」為元部，「年」為真部。「止」、「久」為之韻，「清」、「生」為耕部。此外，朱謙之還提出許多較為複雜的交韻的例證，這裡就不作詳細分析了。這些韻例在《楚辭》中也都是很難發現的。

偶句韻

　　《老子》中當然不乏比較整齊的偶句韻，如第十章：

　　載營魄抱一，能毋離乎？
　　　　　　　　　　△

搏氣至柔，能嬰兒乎？
修除玄監，能毋有疵乎？
愛民活國，能毋以為乎？
天門啟闔，能為雌乎？
明白四達，能毋以知乎？❷ （歌支合韻）

又如第九章：

揣而允之，不可長葆也。
金玉盈室，莫之能守也。
富貴而驕，自遺咎也。
功稱身退，天之道也。(幽部)

不過，偶句韻在《老子》中不是主要韻式，這和《楚辭》以偶句韻
為基本韻式的情況也是不同的。偶句韻是從《楚辭》開始變成後代
詩歌的常見韻式的。

富　韻

《詩經》中還有一種叫做虛字腳的情況。如果句尾都是同一個
虛字，本來已經可以押韻了，但同字押韻還不夠好，所以要在虛字
前再加一個韻字，這樣就構成了兩字的韻腳，所以叫做「富韻」。

---

❷ 此處第十章引文與後面第 121 頁引文略有不同。本章比較《老子》的韻文
特點時盡可能用帛書本，以求接近《老子》語言的古樸風格，以下各章討
論老子思想時多用王弼本，以求通暢。

《詩經》中的虛字腳非常多，如之、也、兮、矣、止、只、焉、哉、乎、與、思、忌、我、女（汝）等等都是虛字腳。讓我們先來看一下之字腳：

> 知子之來之，
> 　　　△
> 雜佩以贈之。（之蒸通韻）
> 　　　△
> 知子之順之，
> 　　　△
> 雜佩以問之。（文部）
> 　　　△
> 知子之好之，
> 　　　△
> 雜佩以報之。（幽部）（〈鄭風・女曰雞鳴〉）
> 　　　△

再看一下也字腳：

> 何其處也，必有與也。（魚部）
> 　　△　　　　△
> 何其久也，必有以也。（之部）（〈邶風・旄丘〉）
> 　　△　　　　△

又如〈鄘風・蝃蝀〉：

> 乃如之人也，
> 　　　△
> 懷昏姻也。
> 大無信也。
> 　　△
> 不知命也。（真部）
> 　　△

《老子》中也有之字腳，見於第十七章：

　　　大上下知有之，
　　　　　△
　　　其次親譽之，
　　　　　▲
　　　其次畏之，（之微合韻）
　　　　　△
　　　其下侮之。（侯魚合韻）
　　　　　▲

《老子》中也字腳比較多，如第三十三章：

　　　自知者，明也。
　　　　　　　△
　　　勝人者，有力也。
　　　自勝者，強也。（陽部）
　　　　　　　△
　　　知足者，富也。
　　　強行者，有志也。（職部）
　　　　　　　△
　　　不知其所者，久也。
　　　　　　　　　△
　　　死而不忘者，壽也。（之幽合韻）
　　　　　　　　　△

又如第三十五章：

　　　道之出言也，
　　　　　　　△
　　　淡啊其無味也，
　　　　　　　　▲
　　　視之不足見也，
　　　　　　　△
　　　聽之不足聞也，（元文合韻）
　　　　　　　△
　　　用之不可既也。（物部）
　　　　　　　▲

同樣的情況也見於第七十八章，另外《老子》也有乎字腳，見於前
面所引的第十章。

　　虛字腳也是《詩經》時代的特點。按照本章第一部分所介紹的，《楚辭》中的四首四言詩也有虛字腳，這顯然是模仿《詩經》而作的，同時《楚辭》中所用的虛字腳只有兮、些、只、之，卻比《詩經》多出一個「些」字腳，但沒有《詩經》與《老子》共有的「也」字腳。而《老子》中所有的之字腳、乎字腳和也字腳卻是《詩經》中都有的。就此看來，《老子》也是近於《詩經》而不同於《楚辭》。總之，《老子》的韻式完全符合《詩經》中用韻多樣化與密集式的特點，而不同於《楚辭》的整齊的偶句韻，因此我們有理由把《老子》看作春秋末年，《詩經》尚為韻文主流的時代的作品，而不應該把它看作是戰國中期或後期，《楚辭》為韻文主流的時代的作品。

合　韻

　　此外，從合韻的角度來看，《老子》也明顯地屬於《詩經》時代，而不是《楚辭》時代❸。所謂合韻是指押韻的字或元音相近，或韻尾相同，或元音相同而不屬於對轉的情況❹。古音韻學家認為，合韻是辨別文獻年代的根據之一。據考查，《詩經》中合韻有四十八種一百二十七次，《老子》中合韻二十五種四十九次，《楚辭》中合韻三十四種五十八次。考慮到《詩經》字數與《楚辭》相差不大，而《老子》字數僅有五千餘字，那麼《詩經》和《老子》中的合韻就遠遠高於《楚辭》，這應當是古代用韻較寬、較自由的反映。

　　進一步考查會發現，《老子》、《詩經》、《楚辭》共有的合韻現象

---

❸　關於合韻的內容是轉介紹楊梅枝小姐的成果。她目前正在新加坡國立大學中文系作碩士論文。

❹　《王力文集》（六），頁36。

有九種，這九種顯然是春秋時期和戰國時期共同的合韻現象，對我
們要考慮的《老子》年代問題沒有意義。《詩經》和《楚辭》共有、
《老子》沒有的合韻有九種，這九種也是《詩經》時代和《楚辭》
時代共同的合韻現象，對於我們考慮《老子》年代也沒有關係。最
值得注意的是《老子》和《詩經》共有而《楚辭》沒有的合韻有六
種，即之魚合韻、幽侯合韻、幽宵合韻、屋覺合韻、月質合韻、真
元合韻，而《老子》和《楚辭》共有而《詩經》沒有的合韻現象可
以說沒有 ❸。這是特別值得注意的一個現象。這說明《老子》與《詩
經》時代的用韻更為接近，與《楚辭》時代相差較遠，從合韻的角
度來看，我們也沒有理由假設《老子》是戰國中期的作品。

　　以上已對《老子》與《詩經》在句式、修辭、韻式以及合韻等
方面的相同之處以及與《楚辭》的不同之處作了比較。根據許多有
關詩歌史的著作，《詩經》與《楚辭》同為先秦詩歌，自然有某些共
同之處，但二者的不同之處也是明顯的。比如，《詩經》中的詩多數
能入唱，《楚辭》中除〈九歌〉外都已經是脫離了音樂的文學作品；
《詩經》多為兩字一頓的簡短的四音節詩句，《楚辭》多為六字以上
的舒緩的詩句；《詩經》多用日常用語，《楚辭》則尚雕琢藻飾；《詩
經》多用疊字回環，《楚辭》多用長句駢語；《詩經》多重調，反覆
詠嘆，《楚辭》則多鋪排直陳，絕無重調；《詩經》句法韻式多樣，
《楚辭》格式韻律相對固定；《詩經》多記事析理，《楚辭》則多言
志抒情；《詩經》多言人事，側重寫實，《楚辭》則多有神話，較為
浪漫；《詩經》多為平民文學，《楚辭》則為貴族文學 ❸。熟悉《老

---

❸　詳見楊梅枝論文，待發表。

❸　以上綜合各家之說。請參看湯漳平、陸永品《楚辭論析》，頁 36。張敬文
　　《中國詩歌史》，頁 116–117。秘哲《中國歷代詩詞史》，頁 22。詹同章

子》的人都不難發現，在所有這些方面，《老子》也都近於《詩經》而不同於《楚辭》。

在這一章，我們基本上只從文獻的角度對《老子》與《詩經》和《楚辭》進行了比較，沒有涉及地域問題，至於《詩經》和《楚辭》是否足以代表先秦時代韻文的主要風格，二者的不同是否有地域的阻隔，下一章我們還要作更進一步的探討。一些美國學者提出，《老子》與《詩經》的一致性還不足以證明《老子》是春秋末年的作品，因為戰國中期的人也可以模仿《詩經》風格。這個問題也留到下一章討論。關於老子的文化背景或民族背景學術界意見分歧也比較大，這個問題與我們正在討論的課題沒有十分密切的關係，因此暫不作討論 ❸。

總而言之，通過以上三個方面的全面而細致的剖析、統計和比較，《老子》韻文部分的幾個客觀性的特點充分彰顯出來了。從《老子》以四字句為主的韻文句式來看，從它大量回環往復的修辭手法來看，從它多變而密集的韻腳來看，《老子》顯然是在《詩經》的風格影響下的產物，而不可能是《楚辭》時代的產物。《老子》完全有可能是春秋末年的作品。司馬遷關於老子「著書上下篇，言道德之意五千餘言」的記載是不能輕易否定的。

《中國韻文之演變》，1984，頁 30。吉川幸次郎著，劉向仁譯《中國詩史》，頁 22–23。

❸　有興趣的讀者可以參看王博的《老子思想的史官特色》第四章。

第二章

《詩經》與《楚辭》之不同的年代意義

　　《詩經》和《楚辭》是先秦詩歌最有代表性的兩座詩歌的高峰，《老子》與《詩經》的相似性以及與《楚辭》的差異性說明《老子》更接近《詩經》的時代，因而有可能是春秋末年的作品。我們的論斷前提是《詩經》與《楚辭》分別代表了春秋末年以前和戰國時期的詩歌的主流特點，而且《老子》的作者不是有意模仿《詩經》的。這一章要對這一問題進行討論。

　　我們的方法是進一步考查《詩經》和《楚辭》以外的詩歌，說明《老子》與《詩經》的相似性的確是那個時代詩歌的共同性的反映，而不是地域的問題，而《老子》與《楚辭》的不同也並不是地域的不同。這些討論是為了回答一些朋友可能會有的疑問：《詩經》和《楚辭》似乎是不同地域的作品，能不能說《詩經》的風格只代表中原地區的詩歌特點，而《楚辭》也不足以代表一個時代的詩歌特點，因此說《老子》與《楚辭》的不同只是地域的不同，而不是時代的不同呢？

　　我們下面的例證可以同時回答兩個方面的問題。一方面說明《老子》不僅與《詩經》的風格相似，而且與《詩經》時代其他詩歌的風格也完全一致；同時，《老子》不僅與《楚辭》的韻文形式有重要區別，而且與戰國時期的其他韻文也有著重要區別。這也就同時說明了另一個方面的問題，即《詩經》和《楚辭》分別是自己時代的詩歌風格的總代表，而不僅是一個區域的詩歌代表。在這個論證過程中必然涉及南方文化與中原文化的關係問題，我們也將專門討論到二者的密切聯繫，證明二者之間並沒有明顯的隔膜。這些論證將進一步說明《老子》與《詩經》的相似性的確是那個時代的產物，而《老子》與《楚辭》及其同時代的作品的不同也足以說明《老子》不可能是《楚辭》時代的作品，從而肯定《老子》應該是春秋末年

的作品，而不應該是戰國時期的作品。

　　本書反覆提到《詩經》時代和《楚辭》時代，這裡我們有必要先對這兩個概念作一個交代。《詩經》的年代跨度很大。其中〈商頌〉是殷商時期的作品，〈周頌〉和〈大雅〉的大部分是西周初年的作品，〈小雅〉的大部分是西周末年的作品，〈國風〉的大部分和〈魯頌〉的全部是周王朝東遷以後到春秋中葉的作品。一般認為《詩經》主要收集了從西周初年到春秋中葉的詩歌❶。《詩經》的最主要的部分是十五〈國風〉，而〈國風〉基本上是春秋時期的作品。因為春秋中葉《詩經》的大部分作品已經完成，而在春秋末葉《詩經》已經編定，並進一步產生了廣泛的影響，所以本書所說的《詩經》的時代是春秋末年以前，主要指春秋中葉和末葉。

　　《楚辭》的主要作者屈原生活在戰國中後期，大約生於西元前三三九年，大約死於西元前二七八年，本書所說的《楚辭》時代則比屈原的生活期更長一些，因為在屈原作《楚辭》之前，《楚辭》的母體──楚國民歌就已經逐步形成了，在屈原死後，《楚辭》仍然有著重要影響。所以本書所說的《楚辭》時代實指戰國中期和後期。本書說《老子》應該是在《詩經》時代影響下的作品，具體說來也就是春秋末年。

　　研究者認為，在西元前六世紀《詩經》成書之後，在長達二百年的時間內，詩壇處於相對沉寂的狀態。所以孟子（約西元前三七二─前二八九）才有「王者之跡熄而詩亡」的感嘆（《孟子‧離婁下》）❷。這就是說，在《詩經》和《楚辭》之間，《詩經》的影響已經走向衰微，而楚辭體還沒有成熟，在將近二百年中沒有重要的

---

❶　張松如《中國詩歌史》，頁 36–37。

❷　參見湯漳平等《楚辭論析》，頁 1。

有影響的詩體和詩作出現，只有一些散見的詩歌，如《論語‧微子》記載的楚狂接輿的「鳳兮鳳兮，何德之衰」，《孟子‧離婁上》記載的〈孺子歌〉：「滄浪之水清兮，可以濯我纓。滄浪之水濁兮，可以濯我足。」這些都是南方的詩歌，但是還沒有成為典型的楚歌，或許可以看作是從《詩經》風格開始向楚辭體過渡的形態。在《詩經》時代和《楚辭》時代之間沒有一批影響重大的詩歌出現，這一點對於我們的年代考證來說非常重要，因為這說明《老子》中的韻文所受的外界影響在《詩經》和《楚辭》之外沒有其他可能性，因此我們不能假設《老子》出現於《詩經》時代和《楚辭》時代之間的戰國前期，一方面，沒有任何其他史料可以作為旁證，另一方面也不符合中國古代詩歌發展史的實際情況。

　　總之，我們的結論是，春秋末年和戰國中期南方詩歌和北方詩歌風格雖有所不同，但不像一般人想像的那麼大，當時南北詩歌相互影響與交流的結果造成春秋末年南北詩歌有明顯的共同特點，戰國中期南北詩歌也有共同特點，南北詩歌交流所造成的一致性遠遠超過了從春秋末年到戰國中期二百多年的詩歌的延續性，我們不能把《詩經》與《楚辭》風格的不同主要看作地域的不同，而應該看作是時代的不同。因而，《老子》與《詩經》的韻文風格的一致性以及與《楚辭》的不同也是年代的特徵，而不能看作是地域不同的結果。

第一節 《詩經》時代的其他詩歌

早期詩歌的特點

詩歌的產生和發展也是一個由簡單到複雜的過程。最簡單的兩字一頓的二拍子節奏便是中國早期詩歌的一個最基本的特點❸。這一點在《詩經》中表現很明顯，如：

采采～芣苢，
薄言～采之。(〈周南‧芣苢〉)

肅肅～兔罝，
椓之～丁丁。(〈周南‧兔罝〉)

伐木～丁丁，
鳥鳴～嚶嚶。(〈小雅‧伐木〉)

顯然，兩個兩字一頓的節奏很容易結合為四字句。《詩經》中的四言句一般都是兩字一頓，如「關關～雎鳩」、「窈窕～淑女」等等，這種二拍子節奏也見於《吳越春秋》中的一首彈歌：

斷竹～續竹，

❸ 張松如《中國詩歌史》，頁 10。

　　飛土～逐宍（肉）。

這種兩字一頓的句式也可以在《周易》爻辭中得到明確的驗證。如：

　　屯如，邅如，
　　乘馬～班如。
　　匪寇，婚媾。（〈屯・六二〉）

　　賁如，皤如，
　　白馬～翰如。
　　匪寇，婚媾。（〈賁・六四〉）

　　乘馬～班如。
　　泣血～漣漣。（〈屯・上六〉）

這種節奏簡單、篇幅短小、兩字一頓、四字一句、反覆吟詠的風格
正是早期詩歌的特點，而《詩經》和《老子》與這種風格都是大體
一致的。

　　《詩經》時代詩歌的共性還可以在《左傳》中記載的一些歌謠
中看到。如鄭國歌頌子產的歌謠❹：

　　我有子弟，子產誨之。
　　我有田疇，子產殖之。
　　子產而死，誰其嗣之。（《左傳・襄公三十年》）

---

❹　以下《左傳》中記載的古詩均轉引自張敬文《中國詩歌史》，頁 19–20。

其四字句式、不避重複的手法和虛字腳的韻式都是上一章提到的《詩經》的明顯特點。《詩經》中沒有宋風，但《左傳》中所收的一些宋國民歌與《詩經》的風格也相當一致。如宋國百姓諷刺敗將華元的詩：

　　睊其目，
　　皤其腹，
　　棄甲而復。
　　于思于思，
　　棄甲復來。（《左傳・宣公二年》）

其中「棄甲」等詞句的回環手法正是上一章所講到的《詩經》的特點之一。另外「睊其目，皤其腹」的句式與《老子》第八十章「甘其食，美其服」的句式也十分相似。再如宋國民工唱的：

　　澤門之晳，實興我役。
　　邑中之黔，實慰我心。（《左傳・襄公十七年》）

「實×我×」的重複也是上文所提到的典型的《詩經》的手法。

早期南方詩歌

　　《詩經》與其他早期詩歌的共同性說明它是一個時代的風格的匯集和代表。它收集的詩歌來自中國廣大的領域，其中也有不少南方的詩歌。如〈周南〉中的〈漢廣〉說到「漢之廣矣，不可泳思。

江之泳矣，不可方思」；〈汝墳〉說到「遵彼汝墳」；〈召南·江有汜〉
則說到「江有汜」、「江有渚」、「江有沱」。這說明《詩經》中包括了
長江、漢水、汝水流域一帶的作品❺。事實上，現有的楚國早期的
民歌與《詩經》風格基本是一致的，其句式也是《詩經》式的四言
句，如：

      子文之族，

      犯國法程。

      廷理釋之，

      子文不聽。

      恤顧怨萌，

      方正公平。（《說苑·至公》）

據張松如主編的 《中國詩歌史》，這是如今所見到的最早的一首楚
歌❻。《說苑》中還有楚莊王時的一首楚歌：

      薪乎，萊乎❼，

      無諸御己，

      訖無子乎。

      萊乎，薪乎，

      無諸御己，

---

❺ 張松如《中國詩歌史》，頁 37–38。

❻ 同上，頁 133。

❼ 「萊」原作「菜」，據《御覽·四五五》，同上，頁 131。

訖無人乎。(《說苑・正諫》)

這雖然是一首楚歌，但和《詩經》中的民歌十分接近，如「萊乎」
與「薪乎」在前後兩章中的顛倒，「無諸御已，訖無×乎」的重複都
和前面所提到的《詩經》的回環手法如出一轍。

　　總之，從《周易》的爻辭、《吳越春秋》中的彈歌、《說苑》中
的楚歌、《左傳》中的民歌等《詩經》以外的其他春秋時代的詩歌來
看，我們上文所總結的《詩經》時代的詩歌特點是有普遍性的，特
別是在楚國也沒有發現例外。這說明《詩經》的風格基本上體現了
那個時代的詩歌形式，而不只是某些地區的特點。因此上一章所考
查的《老子》與《詩經》風格的一致性只能是時代特點的反映，而
不應是地域特點的結果。

第二節　《楚辭》時代的其他韻文

戰國時期北方詩歌

　　在戰國時期，《楚辭》無疑是中國詩歌的突出代表。不過，《楚
辭》雖然作於戰國中期，但《楚辭》的名稱卻是漢代才有的。這反
映了這樣的一個基本的歷史事實，那就是《楚辭》的作者們並不是
先有了《楚辭》的概念才開始創作的，《楚辭》是在民歌的基礎上逐
步創造出來的。而楚國的民歌創造了一種新的與國風體迥然不同的
節奏和新的句型❽。這時的楚歌和早年的《詩經》一樣，成了一個

---

❽　程毅中《不絕如縷的歌聲：中國詩體流變》，頁 31。

時代的詩歌的代表,而不僅僅是一個地域的作品。因此我們很容易
看到戰國時期楚國民歌對其他地區的詩歌的影響。如《戰國策‧齊
四》中有齊人馮諼所唱的〈彈鋏歌〉:

> 長鋏歸來乎食無魚,
> 長鋏歸來乎出無車,
> 長鋏歸來乎無以為家。

句中「乎」字與「兮」字性質相同,如果把乎字換成兮字,它就是
一首地道的楚歌了。可見這時齊國的歌和楚歌已經大同小異了。又
比如《戰國策‧燕太子丹質於秦》的故事中有一首膾炙人口的荊軻
〈易水歌〉:

> 風蕭蕭兮易水寒,
> 壯士一去兮不復還。(《戰國策‧燕三》)

這是典型的燕趙悲歌,卻也有明顯的《楚辭》風格❾。戰國時期這
些散見的楚國以外的民歌風格也接近於《楚辭》而不是《詩經》。這
說明《楚辭》的確是時代作品的代表,而不僅是一國的詩歌現象。
楚歌對後世詩體發展的歷史貢獻,最突出的就是它開始確立了三字
尾的節奏❿。如〈彈鋏歌〉中的「食無魚」、「出無車」和〈易水歌〉
中的「易水寒」、「不復還」,這種三字尾的節奏的出現是向後代的七
言詩過渡的必要條件。

---

❾ 同上,頁40。
❿ 同上,頁43。

成相體的傳播

戰國時期另一個比較成系統的韻文形式是成相體。成相體也很
有規律地運用了三字尾的節奏形式。《荀子‧成相》篇共有五十六
節，下面我們引前三節為例：

　　請成相，世之殃，
　　愚暗愚暗墮賢良。
　　人主無賢、如瞽無相、何倀倀？

　　請布基，慎聖人，
　　愚而自專事不治。
　　主忌苟勝、群臣莫諫、必逢災。

　　論臣過，反其施，
　　尊主安國尚賢議。
　　拒諫飾非、愚而上同、國必禍。

〈成相〉全篇都是這樣整齊的三、三、七、十一字為一章的結構。
最後的十一個字可以有不同的讀法。〈成相〉是最早的有格律的長短
句歌詞，它以三字節奏為造句的基本結構，而且可以聯章換韻，形
成長篇歌行❶。成相體每節中的七字句都是三字尾，如「墮賢良」、
「事不治」、「尚賢議」，每節的最後一句也以三字節奏「何倀倀」、

----

❶　同上，頁48。

「必逢災」、「國必禍」為句尾。這是戰國時期韻文的一個重要特點。

　　〈成相〉原來只是一個孤證特例，但一九七五年湖北雲夢睡虎地秦墓出土的竹簡裡有一篇〈為吏之道〉，文末有八首韻文，與〈成相〉辭的格式一模一樣，這說明戰國時代確曾流行過這種新的歌體。下面引兩首為例：

　　　　凡吏人，表以身，
　　　　民將望表以戻真。
　　　　表若不正、民心將移乃難親。（其二）

　　　　操邦柄，慎度量，
　　　　來者有稽莫敢忘。
　　　　賢鄙溉辭、祿位有續孰亂上？（其三） ❷

這些詩歌的句式的確與荀子的〈成相〉絲毫不爽。荀子是趙國人，長期在齊國任職，成相體的詩歌在楚國出土，再一次說明當時南北詩歌之間並無鴻溝，也說明三字尾的押韻形式在戰國時期已經是比較普遍的了。

　　總之，馮諼的〈彈鋏歌〉和荊軻的〈易水歌〉，荀子的〈成相〉篇和湖北新出土的〈成相〉辭都有規律性的三字尾出現，而這種現象在《老子》中是沒有的，這再次說明《老子》不會是戰國中期的詩歌風格影響下的產物。這與上一章我們對《老子》與《楚辭》所作的比較的結論又是一致的。顯然，《老子》與《楚辭》的不一致不能看作是南北地域的不同。

---

❷　轉引自張松如《中國詩歌史》，頁 163。

　　以上我們所考查的詩歌以年代比較可靠的為主，因而數量不是很多。查逯欽立所輯《先秦漢魏晉南北朝詩》❸，歸於先秦的詩篇還有不少，與我們這裡的考查和結論並沒有不合之處。根據現有的比較可靠的文獻來看，春秋末年以前的詩歌，包括南方的詩歌，和《詩經》所收錄的詩歌沒有明顯的差別。戰國中期的詩歌，包括北方的民歌，和《楚辭》的風格也沒有明顯的不同。

第三節　楚文化與中原文化的一致性

楚文化與中原文化的融合

　　前面提到春秋時代的楚歌與《詩經》節奏句式一致，而戰國時期的北方民歌也與《楚辭》風格接近，這已經說明楚國文化與中原文化是有密切聯繫的。這一事實可以從上古史的發展中得到印證和說明。據考古學家和史學家研究，中國在夏商時代，顯然是一個多元的小世界，這一事實到了西周時期有了根本改變。西周的建立就標誌著一個「諸部族的大聯盟」的新時代的開始，「周人的政治權力，搏鑄了一個文化的共同體」，「這是周人『華夏』世界的本質，中國人從此不再是若干文化體系競爭的場合。」「春秋時期，南方的楚文化與中原華夏文化相激相盪而終於逐漸融合，為華夏文化增添了更豐富的內涵。」❹ 看到這一點我們就會明白，《詩經》時代的楚歌與《詩經》風格一致，而《楚辭》時代的燕趙悲歌與南方楚歌有共同特點是絲毫不足為怪的。總之，楚國和中原文化之間的差別並

---

❸　北京：中華書局，1983。

❹　許倬雲《西周史》，頁 17, 309–311。

不像人們想像的那麼大。許多研究者都指出，楚國文化與中原文化是同源的，二者在典章制度、官職設置、教育內容、文學形式等方面都有一致性，與夏商周三代都有繼承關係，楚國人也自認為自己是炎黃之後❺。這方面的材料很多，因為與我們的考證沒有很直接的關係，所以這裡就不詳加引證了。

在這裡更值得我們注意的是，遠在春秋時期，楚國人就已經很熟悉《詩經》了。那時，列國諸侯之間相互交往聘問，都要賦詩、歌詩、引詩，這是禮節性交往的必要形式，也是外交辭令中引經據典的必不可少的基本內容。僅從《左傳》中的記載就可以看出，早在孔子編纂詩歌以前楚國就已經能熟練地運用《詩經》進行交往活動了。如：

文公十年（西元前六一七），子舟引〈大雅·烝民〉和〈大雅·民勞〉。

宣公十二年（西元前五九七），楚莊王引〈周頌·時邁〉和〈周頌·武〉，令尹孫叔敖引〈小雅·六月〉。

襄公二十七年（西元前五四六），楚薳罷如晉蒞盟，將出，賦〈既醉〉。

昭公三年（西元前五三九），楚靈王享鄭伯，賦〈小雅·吉日〉。

昭公七年（西元前五三五），芋尹無宇引〈小雅·北山〉。

昭公十二年（西元前五三〇），子華引逸詩〈祈招〉。

昭公二十三年（西元前五一九），沈尹戌引〈大雅·文王〉。

昭公二十四年（西元前五一八），沈尹戌引〈大雅·桑柔〉。

這些歷史記載說明楚人對《詩經》一類的詩是非常熟悉的，因而能在各種場合應付裕如。

---

❺　湯漳平、陸永品《楚辭論析》，頁 9–12。

　　《左傳》中記載有各國在外交場合中因賦《詩》引《詩》時應對不當而被嘲笑的故事，有意思的是這種情況多發生在中原國家，如宋國，卻沒有發生在楚國的⑯。這也說明楚文化和《詩經》之間並沒有重要的隔膜。事實上，楚歌和《楚辭》都在一定程度上繼承了《詩經》的某些傳統。這說明《詩經》和《楚辭》之間的不同主要是時代的不同，而不是地域的不同。地域的不同對二者風格的形成當然會有重要影響，但在《詩經》和《楚辭》都分別被廣泛接受並已經成為一個時代的詩歌代表以後，地域的影響和隔膜就很少了。這都說明上文所提到的《詩經》與《楚辭》的不同不應該看作是地域上的差別，而應該看作是時代上的差異。因此《老子》與《詩經》的相似性以及《老子》與《楚辭》的差異性也應該看作是時代留下的印記。

幾點討論

　　許多學者認為，《老子》本身與楚文化有密切聯繫。《史記》記載老子是楚人。有人指出其實老子是陳國人，因陳國後來併入楚國，《史記》才說老子是楚人。許多學者都很注意《老子》的楚文化的特點。朱謙之就特別研究了楚方言與《老子》的關係。如指出第四十五章「躁勝寒，靜勝熱」一句，論者或以為「躁」乃「躁動」之意，譯為「躁動驅寒」，頗為勉強⑰。若知道「楚人名火曰燥」（《釋文‧詩‧汝墳》），則躁通燥，乃楚方言之火，上文意為「火勝寒，靜勝熱」，則文通字順，意義了然。又如第七十章「是以聖人被褐懷

---

⑯　以上內容同據上書，頁 13。

⑰　如羅尚賢《老子通解》，頁 198。

玉」中之「褐」也是楚方言，《淮南子・齊俗》注：「楚人謂袍為短褐大衣」⑱。《老子》與楚方言的關係也就說明了《老子》與楚文化的關係。還有的學者則斷言：「老子是南方學術的鼻祖，同時又是楚辭的禰祖。」⑲這些問題還大有討論的餘地，但從許多學者的研究來看，《老子》與所謂楚文化似乎確有一定相似之處，這或許是因地域相近所致。

如果我們無法否定《老子》與楚文化的關係，那麼我們就更沒有理由認為《老子》是戰國中期或後期的作品。因為，如果假定《老子》出於戰國中期或後期，又是楚文化的產物，那麼它的韻文風格就更應該主要受到《楚辭》的影響，而不是《詩經》的影響。顯然，假設《老子》是出於戰國中期或後期的楚文化的產物與上一章所列舉的大量事實是相反的，因而是難以成立的。

然而，《老子》與《詩經》的相似性有沒有可能是後人模仿的結果呢⑳？抽象地講起來似乎不能說沒有可能。但是如果具體地考查起來，這種可能是難以成立的。因為我們在《老子》中找不到任何模仿的痕跡，兩千年來也沒有人發現《老子》五千言的寫作風格有不一致之處或有一個「模仿」的對象，在歷史上我們也找不到任何人要模仿《詩經》的寫作風格寫一部《老子》的動機或其他證據。我們說《老子》中的韻文部分與《詩經》的風格有明顯的相似性是我們分析、統計和比較的結果，並不是原來就那麼明顯，所以兩千年來學者們只籠統地注意到了《老子》與《詩經》或《楚辭》有類似之處，而沒有人確切地指出，《老子》韻文的內在結構同於《詩

⑱　朱謙之《老子校釋》，頁 213。
⑲　參見湯漳平等《楚辭論析》，頁 18。
⑳　這個問題是 Kidder Smith 教授在給筆者的來信中提出的。

經》而不同於《楚辭》。在本章開始我們也已經提到，春秋末年以後，《詩經》的影響已經趨於衰微，在《詩經》傳統衰落二百年以後還要模仿《詩經》既無必要也很困難。所以假設《老子》與《詩經》的相似是後人模仿的結果是沒有任何事實上的根據的。

　　從邏輯上講，如果有人有意要模仿《詩經》的風格，必然是為了給人一個很像《詩經》的印象，那麼他的作品應該絕大部分都是韻文，不應該只有百分之六十三的章節中包含韻文，其中所包含的韻文應該大部分是《詩經》式的四言句，不應該只有一半左右的以四言句為主的韻文。他模仿的結果應該是讓人很容易看到它的《詩經》特點，不應該讓一些學者誤以為《詩經》是賦體（顧頡剛）或是包含了楚辭體（陸永品）❹，也不必讓我們在兩千年後費幾萬字來統計、分析和比較它的詩經體的特點了。如果說模仿者是無意的，那就等於說，作者是在《詩經》的風格影響下自然而然地運用了《詩經》的風格，那就不存在「模仿」的問題了。其「模仿」者必然不可能離《詩經》時代很遠，而這正是本書所要論證的內容。

　　本書的新證是從宏觀與微觀兩方面入手的。從宏觀來說，本書對春秋時期和戰國時期的幾乎所有重要的韻文作品都作了研究和比較，對《詩經》和《楚辭》的風格形式的把握也不是從個別例證出發的，而是建立在對全部作品的窮盡性分析、統計和比較之上的。從微觀上來說，本書從韻文的句式演變、各種回環手法的運用，以及多種韻式，包括疊韻、交韻、虛字腳和三字尾的比較等方面詳細而具體地分析了《老子》中的韻文部分與《詩經》的相似性以及與《楚辭》的不同。這不同於一個籠統的感覺或結論。這種宏觀與微

---

❹　顧頡剛之說見《古史辨》（四），頁 462–519，陸永品之說見《楚辭論析》，頁 18。

觀相結合的考證為《老子》早期說提供了一個新的有力的證據。根據本書的論證，《老子》早期說確實比其他假設有更充足更客觀的根據。

事實上，《老子》中期說和晚期說多是建立在對早期說的懷疑之上的，並不是建立在客觀的證據之上的。懷疑可能是新的發現的開始，但懷疑本身以及由此而來的邏輯推論都不足以作為新的假說的證明。在我們發現更確切的新證據來最後解決《老子》的年代問題之前，我們應該承認《老子》早期說大體上是更為合理的歷史記載，其他假說都是似新而不實的。

總之，根據本書的新考證，我們應該大體接受司馬遷所作〈老子列傳〉中主要部分的記載，回到傳統的立場，大體肯定老子可能是春秋末年的人，《老子》書的主體是春秋末年的作品，後來在流傳過程中有加工修改，其中一些觀點和概念變得更加突出和明確，某些字句段落在不同版本中出現了差異，但基本思想和架構沒有根本性的變動。我們只要記得《老子》中的個別文句可能是後來的抄者、校者、註者、刻者有意的加工修改或無意引起的變動，因而不迷信現有版本的每一個字，那麼我們大體上把《老子》當作春秋末年的作品就沒有什麼危險。當然，不迷信又不等於我們有權利隨意修改現有的版本。

我們的立場並不是保守，而是因為經過上百年的討論，中期說和晚期說並沒有提出任何正面的確實的證據，而出土文物和新的發現，包括本書關於《老子》韻文特點的發現，都一再證明，大量的古史記載雖有不確之處，但大多有基本的客觀事實的依據。和司馬遷相比，我們看到的資料更少，在沒有新的史料或出土文物作依據的情況下，我們應該大體維持司馬遷關於老子其人其書的記載。

第三章

自然：老子思想的中心價值

　　自然是老子哲學，也是道家哲學的中心價值。哲學家對價值一詞有多種解釋或理解，本書所說的價值只是價值的最一般的意義，即重要、有意義、值得追求等，不涉及任何具體的哲學派別的理論❶。說自然是老子哲學的中心價值也就是說自然是老子哲學所要強調的最重要的訊息 (message)，道的概念在老子哲學中也非常重要，但那是作為價值的形而上基礎而存在的。

　　「自然」的觀念見於經典顯然是從《老子》開始的。《詩經》、《左傳》、《論語》這些較早期的經典中都沒有自然的說法❷。自然一詞的字面意義或基本意義是「自己如此」，最初是一個副詞「自」加形容詞「然」所構成的謂語結構❸，但作為哲學概念已經可以作為名詞使用。

　　值得注意的是，自然在作名詞使用時，其意義也還是自然而然的意思。在現代漢語中，自然作名詞常指自然界或大自然，在古代漢語中，尤其是在先秦的典籍中，自然作名詞時，其意義也還是自然而然的意思，沒有大自然的意思。在古代，相當於自然界的詞是「天」、「天地」或「萬物」。以自然指代自然界是很晚的事❹。本書

---

❶　關於價值哲學的理論，可參見 Riseri Frondizi 著，黃藿譯《價值是什麼——價值學導論》，關於中國大陸學者的觀點可參看王玉樑《價值哲學新探》。

❷　在其他典籍中，《孟子》中無自然一詞，《墨子》中一次，《管子》中一次，《荀子》中兩次，《莊子》中約六次，《呂氏春秋》中五次，《韓非子》中八次，《春秋繁露》中十三次。

❸　或謂自然之然是副詞詞尾，此說不確，因為抹殺了「然」字之實義。或謂「自」是名詞，「然」是形容詞，「自然」內部構成主謂關係，但在句中可作謂語成分，此說似可接受，但較迂曲。此處取戴璉璋教授說。

❹　關於自然一詞指代大自然，張岱年師認為始於阮籍〈達莊論〉「天地生於自然」，見所著《中國古典哲學概念範疇要論》，頁 81。然戴璉璋認為阮

所討論的自然都不是自然界的意思。雖然，自然界的存在可以較好地代表自然而然的狀態，但這種自然的狀態並不能等同於自然界。自然界是實際存在，是和人類社會相對應、對照或對立的。自然則是事物存在的一種狀態，當我們談到自然時，可以指自然界的情況，但在更多的情況下，特別是在老子哲學中，自然顯然是指與人類和人類社會有關的狀態。道家講自然，其關心的焦點並不是大自然，而是人類社會的生存狀態。這一點是淺顯明白的，但也常常被忽略和混淆，所以需要特別強調。

第一節　自然之價值在老子哲學中的普遍性意義

在《老子》五千言中，直接提到自然的有五處，五處都充分表達了作者對「自然」的推崇和讚賞的態度。至於不直接用「自然」二字所表達的自然的觀念更是隨處可見。自然作為老子哲學的中心觀念可以貫穿於人類生活的各個方面。

君民關係與自然

《老子》第十七章首先從君民關係的角度推重自然：

籍「並非說自然是一至大的集合體」。見戴著〈阮籍的自然觀〉，頁 310。筆者傾向於戴氏之說。日本成城大學語言史教授陳力衛推定：「自然作為 nature（自然界）的翻譯語出現在中文語境的時段，從《清議報》到教科書以及辭典的翻譯來看，可以界定在世紀之交的 1899–1908。」

大上，下知有之；
其次，親而譽之；
其次，畏之；
其下❺，侮之。
……悠兮其貴言。
功成事遂，百姓皆謂我自然。

老子認為，最好的執政者不會強迫百姓做任何事，也不會向百姓炫耀自己的恩德，百姓僅僅知道他的存在，而不必理會他的存在，更不必歌頌他的偉大或向他表示感謝。這是道家理想中的虛位君主，與儒家提到過的垂拱而治的理想君王或許也有某種相通之處❻。次一等的執政者會做一些令百姓感恩戴德的事，這是傳統的或一般儒家所歌頌的聖明君王。再次一等的執政者使百姓畏避不及，這是通常所謂的昏君。更糟的統治者令百姓忍無可忍，百姓對他只有侮辱謾罵，這就是所謂的暴君。暴君的行為往往是引起社會動亂或革命的導火索。聰明的統治者悠閑自得，少言寡道。萬事成功遂意，百姓們並不以為君主起了任何作用，而認為事情本來就應該是這樣。顯然，在老子看來，「自然」是一種「自己如此」的理想的狀態。

對於「百姓皆謂我自然」一句，歷來的解釋都是「百姓皆謂：『我自然』」，以「謂」借為「曰」字，因而「我自然」就是「曰」

---

❺ 「其下」之「下」原作「次」，據帛書本改。

❻ 《論語・衛靈公》：「無為而治者其舜也與？夫何為哉？恭己正南面而已矣。」《孟子・盡心上》：「以逸道使民，雖勞不怨。」「王者之民皞皞如也……民日遷善而不知為之者。」《尚書・武成》：「惇信明義，崇德報功，垂拱而天下治。」

引起的直接引語❼。查「謂」本義是「論」。《說文》云：「謂，報
也。」段注曰：「謂者，論人論事得其實也。」謂的本義是評論，按
照這種用法，「百姓皆謂我自然」當釋為「百姓都認為我的管理辦法
符合自然的原則」。這是說話人模仿統治者的口氣，與第二十章「人
皆有餘，而我獨若遺」的「我」是同類的「我」。這種說法充分表達
了作者對自然的推崇。這種用法和第六十七章「天下皆謂我大」❽
的句式完全一致。該句也應解釋為「天下人都自認為偉大」，不宜解
釋為「天下人都說：『我偉大』」。《老子》中「謂」字出現三、四十
次，似乎從不用「謂」字引起直接引文。在引起直接引文時總是用
「曰」、「云」，或「有之」、「有言」❾。總之，如果把「謂」解釋為
「評論」、「認為」，「百姓皆謂我自然」一句就更突出地說明自然是
作者十分推崇的價值。

　　這裡有一個值得注意的問題。歷來的註家大多指出，「自然」並
非沒有君主的作用，只是君主的作用是潛移默化的，是百姓不自覺
的，或者是自然而然地接受的。這種解釋會引出一個問題，即「自
然」的價值到底是否承認外力的作用。從字面來看，自然是自己如
此，似乎排斥了任何外在的作用。但按照傳統的解釋，只要外力的
作用不引起人們的直接感覺就可以算作自然。所以，自然並不一概
排斥外力，不排斥可以從容接受的外在影響，而只是排斥外在的強
力或直接的干涉。這一點對於理解自然的概念和無為的意含是非常
重要的。這樣說來，自然的自己如此的意思並不是絕對的，並不是

❼　陳鼓應《老子註譯及評介》，頁130。
❽　此句通行本作「天下皆謂我道大」，此據帛書乙本改，其句法與通行本同。
❾　「曰」見於第十四、十六、二十四、二十五等章，「云」見於五十七、七
　　十八章，「有之」見於第四十一章，「有言」見於第六十九章。

完全不承認外力的存在和作用,而是排斥直接的強制性的外力作用。這裡困難的是如何細致地區別直接的強力和間接的外力,不過,老子並沒有意識到這二者的不同,因為在大多數情況下,人們對直接的強力和間接的外力會有明顯的不同的感受,並不需要特殊的技術性的分辨。

道、德與自然

第十七章強調君主應該讓百姓享受自然的生活,這種自然當然不是指洞居野處、狩獵採集式的原始生活,而是強調不受干擾、優游自得的意思。這是從社會關係,主要是君民關係的角度講自然的。第五十一章則為自然的原則提供了形而上的根據。

> 道生之,德畜之,物形之,而器❿成之,
> 是以萬物莫不尊道而貴德。
> 道之尊,德之貴,夫莫之命而常自然。

> 故道生之,畜之⓫,長之,育之,亭之,毒之,蓋之,覆之,
> 生而不有,為而不恃,長而不宰,是謂玄德。

對「道之尊,德之貴,夫莫之命而常自然」一句王弼無注。其中「命」字帛書本等作「爵」,與成玄英的解釋相一致。成注云:「世上尊榮必須品秩,所以非久,而道德尊貴無關爵命,故常自然。」

---

❿　「而器」原作「勢」,據帛書本改。
⓫　「畜之」原作「德畜之」,據帛書本改。

道和德的地位是自然而來的，不是別人施予的。河上公注則云：「道
一不命召萬物而常自然，應之如影響。」是說道和德自然無為，不
對萬物發號施令，只是被動地作萬物的影子和回聲。這兩種解釋都
通，其分歧在於「莫之命」三字，而不在於「自然」一詞。無論是
道不命令萬物，還是沒有別的東西授予道爵位，「自然」都是作者所
強調的價值。不過，相比較之下，成玄英的解釋更符合「莫之命而
常自然」的語法結構。「莫之命」就是「莫命之」，是沒有爵命而尊
貴的意思。

　　老子強調，道的崇高地位是自然而然的，不是任何東西可以給
予的。道的自然之尊，是萬物的楷模，說明尊貴的地位是不應該刻
意追求的。道生養萬物是自然而然的，生養之後也不以生養者自居，
不居功自傲，更沒有主宰或佔有的意圖，「生而不有，為而不恃，長
而不宰」。這樣，受到尊重可以處之泰然，不會沾沾自喜，得不到尊
重也不會怨天尤人。老子提倡的就是這樣一種因任自然的態度。這
裡的「莫之命而常自然」中的自然，其基本意思也是自己如此，不
受外力干擾的意思。但「常」字提示我們，不受外界強力干擾的狀
態也就是常態，自然狀態與常態是相通的，常態也就意味著大體保
持本來的狀態，一般情況下也不改變本來的狀態，因而我們可以說，
自然也就隱含了「本來如此」和「通常如此」的意思。

聖人與萬物之自然

　　第六十四章又從聖人與萬物的關係的角度講到自然：

　　是以聖人欲不欲，不貴難得之貨，

學不學，複眾人之所過，

以輔萬物之自然而不敢為。

道家之聖人的價值觀念與儒家聖人或其他俗人都不相同。道家的聖
人所追求的是一般人所不願意追求的，對一般人所珍重的價值也視
若浮雲。這是道家反傳統或反世俗的價值取向的反映。這種價值觀
念體現在行動上就是「輔萬物之自然」，也就是因任萬物之自然。
「萬物之自然」是最好的狀態，聖人只能幫助和維護這種「自然」
狀態，不應該試圖改進或破壞它。這是從人與萬物的關係的角度強
調自然的意義。「輔萬物之自然」的說法包含了一種信心，這就是自
然的狀態不僅是有益的，是值得肯定的，而且是穩定的，是可以預
見的。它是本來狀態和通常狀態的延續，因此代表了一種可以持續
的趨勢，這就是自然的「勢當如此」的意含，「勢當如此」反映的是
一種可以預料和把握的狀態，它既不是不可改變的必然性，也不是
無法推斷的偶然性，也不是所謂的清晰可見的必然性與偶然性的結
合，它只是一種可大致預見的、朦朧而又穩定持續的大趨勢。從老
子哲學的立場來看，這種穩定的大趨勢就是道的作用或體現。

道法自然

自然的觀念在老子的思想體系中是根本性的價值，這明顯地體
現在人、天地、道與自然的關係上。《老子》第二十五章中講到：

道大，天大，地大，王亦大。

域中有四大，而王居其一焉。

　　人法地，地法天，天法道，道法自然。❷

　　人生活在天地之中，而天地又來源於道，道在宇宙萬物中是最高最根本的，但道的特點卻是自然二字。人取法於地，地取法於天，天取法於道，道又取法於自然，道是宇宙的最後根源和最高根據❸，而自然則是這一宇宙根源和根據所體現的最高的價值或原則。這裡羅列了這樣五項內容：人──地──天──道──自然，雖然，地、天、道在老子哲學中都是很重要的概念，但在這裡的論證中，地、天、道都是過渡、鋪排和渲染的需要，全段強調的重點其實是兩端的人和自然的關係，說穿了就是人，特別是君王應該效法自然。所謂法地、法天、法道都不過是逐層鋪墊、加強論證的需要。人類社會應該自然發展，這才是老子要說的關鍵性的結論，換言之，自然是貫穿於人、地、天、道之中的，因而是極根本極普遍的原則。

　　什麼是法自然呢？王弼說：「法自然者，在方而法方，在圓而法圓，於自然無所違也。自然者，無稱之言，窮極之詞也。」法自然也就是效法自然而然的原則，隨順外物的發展變化，不加干涉。自然是「無稱之言，窮極之詞」，這就是說，推到自然也就推到了頭，說到了底，沒有更根本更重要的了。道作為宇宙起源當然是最高的，但道的原則或根本是自然，推崇道其實還是為了突出自然的價值或原則。所以說自然是老子思想體系的中心價值。

　　關於「道法自然」一句有幾種不同的理解或解釋。一種是把自

---

❷　「王居其一」與「人法地」兩句主語不同，注家多一律改為「王」或「人」，但兩種帛書本都如此，與王弼本一致，似不當改。「王」乃「人」之一部或代表，「人法地」也就包括了「王法地」的思想。故不必改。

❸　關於老子之道的討論見最後一章。

然解釋成自然界❶，這是不符合自然一詞的古義的。把自然當成自然界雖不至於嚴重曲解《老子》，但畢竟是不準確的，特別是會抹殺老子哲學的社會意義，誤把老子哲學直接當成環境保護理論。這種理解顯然是把自然當作名詞的，其句法結構是：名詞（道）——動詞（法）——名詞（自然）。另一種是把自然當成形容詞，把「道法」當成「道之法則」，這樣「道法自然」就可以解釋為道的法則是無所法的，道是自己如此的。這是河上公以來常見的解釋❶。這種解釋把「道法」當作主語名詞，把「自然」當作謂語形容詞。從內容上來說這種解釋符合老子的精神，但從語法上來講則有些不妥。因為在「人法地，地法天，天法道，道法自然」四句中，前三句的「法」都是動詞，句式都是主語名詞——謂語動詞——賓語名詞，唯獨最後一句的「法」突然解釋為名詞，殊為突兀，於理未愜。筆者以為，第四句的「法」也是動詞，前後四句語法結構都是主語——謂語——賓語，這樣，「道法自然」就是道效法自然之原則的意思了。這裡自然還是自然而然的意思，但語法功能是名詞，而不是形容詞❶。

關於自然，《老子》第二十三章還有「希言自然」一句。

希言自然。故飄風不終朝，驟雨不終日。

---

❶ Wing-tsit Chan（陳榮捷），*The Way of Lao Tzu*, p. 144, or *A Source Book in Chinese Philosophy*, p. 153. Lin Yutang（林語堂），*The Saying of Lao Tzu*, p. 200.

❶ 河上公注云：「道性自然，無所法也。」

❶ 對於這一段，有人主張讀為「人法地地，法天天，法道道，法自然」，按照這種讀法，人法自然的思想就更直接了。不過，我們並不一定要採取這種讀法。參見高亨《重訂老子正詁》，頁 61。

　　孰為此者？天地。天地尚不能久，而況於人乎？

　　故從事於道者，道者同於道，德者同於德，失者同於失。

河上公注云：「希言者是愛言也，愛言者自然之道。」把「希言」之
希解釋為稀罕與珍愛，其表現即少說話。王弼注云：「聽之不聞名曰
希。下章言：『道之出言，淡兮其無味也，視之不足見，聽之不足
聞。』然則無味不足聽之言，乃是自然之至言也。」這樣「希言」
就是合乎道的原則、難以聽見的言論。這樣講，「希言自然」的意思
大體可通，然而與上下文的關係還是不大明白。高亨從姚鼐之說把
「希言自然」一句挪到第二十二章最後，於是原文成為「古之所謂
曲則全者，豈虛言哉！誠全而歸之，希言自然」❼。不過，這仍然
不能解決問題，這一句無論是放到前一章末句還是放到這一章首句，
其與上下文的聯繫都不夠清楚。查考帛書本，對此也難有令人滿意
的發現。

　　在這種情況下，我們可以採取通行的解釋。陳鼓應等指出「希
言」通於第十七章「悠兮其貴言」中的「貴言」和第二章中「不言
之教」的「不言」，與第五章「多言數窮」中的「多言」相反。「希
言」按字面意思是少說話，不說話，深一層的意思則是不施加政
令❽。要言不煩，政令不施，就合乎自然。這樣講來，這裡的自然
也仍然是與理想的統治或管理方式有關的。

　　以上例句說明自然的觀念在執政者與百姓的關係，聖人與萬物
的關係，人與天地和道的關係等方面都是最重要的價值。這就是說，
自然作為基本的價值或原則普遍適用於處理人與人、人與萬物以及

---

❼　高亨《老子正詁》，頁 55。

❽　陳鼓應《老子註譯及評介》，頁 157。

人與宇宙本體的關係。自然的觀念在老子思想體系中的確是一種普遍的根本的價值。

哲學概念的特點

這裡需要討論的一個問題是自然在《老子》中是否已經具備了哲學概念的地位。我們知道，西方哲學一開始就是以概念、命題、推理的形式出現的。哲學家往往可以明確地提出一些哲學概念，然後展開論證。中國古代哲學則不然。中國古代哲學家往往是通過類比、舉例，甚至寓言、格言的形式來表達他們的哲學思想。因此，他們所用的語言不一定是概念化、理論化的，因此他們所常常使用的語詞不一定就是哲學概念。如莊子所講的「逍遙」雖然表達了莊子重要的哲學觀點和哲學追求，但沒有人把「逍遙」當作莊子的哲學概念來進行研究。為什麼「天」、「天理」都可以算是哲學概念，而「逍遙」或「遊」就不能算呢？這裡有一定的道理，只是學術界對此還缺少清楚的說明。

究竟什麼樣的語詞可以看作是哲學概念，什麼樣的語詞不可以呢？筆者曾經提出這樣幾個標準。第一，具有普遍意義。如「我感覺不自由」，在這句話裡的「自由」沒有普遍性的含義，因此不具備哲學概念的意義，而「自由是人的先天權利」一句中的自由則顯然是一個哲學概念。第二，具有固定的語言形式。如「自由」就是不能隨意拆開或顛倒的一個詞，如果「自」和「由」拆開或顛倒一下，「自由」的本意就不存在了。第三，具有名詞的屬性。如「我感覺不自由」，在這句話裡的「自由」是形容詞，不是哲學概念，而「自由是人的先天權利」一句中的自由則是名詞。第四，被用作判斷的

主詞和賓詞。

　　前面三個條件是必要的，但具備前三個條件的詞語只具備了成為哲學概念的可能性，還不等於已經被作為哲學概念來使用的現實性。作為哲學概念來使用的語詞往往要用來對其他事物進行判斷，所以必然會成為判斷的賓詞。同時，哲學家也有可能直接對這個哲學概念進行解釋或定義，所以這一概念也很容易成為判斷的主詞。一個概念是否用來作為判斷的賓詞或主詞，這是該概念是否已經作為哲學概念來使用的重要標準。這些標準可能還不夠完善或周密，但學術界對哲學概念的標準問題還沒有專門的討論，我們只能暫時依上述四個標準來考查老子的自然是否具備了哲學概念的意義❶。

　　上文提到，《老子》中用到自然一詞共五次，這就是：

　　　　夫莫之命而常自然。（51 章）
　　　　功成事遂，百姓皆謂我自然。（17 章）
　　　　以輔萬物之自然而不敢為。（64 章）
　　　　人法地，地法天，天法道，道法自然。（25 章）
　　　　希言自然。（23 章）

根據上文的討論，上述五個例句討論的都是相當廣泛的問題，不是具體的描述，而且自然都是作為固定的詞彙形式來使用的，所以《老子》中「自然」一詞符合第一、第二兩個標準已經很清楚了，我們所要討論的只是第三和第四兩個標準，即考查《老子》中的自然一詞是否已經作為名詞使用並作為判斷的賓詞或主詞使用了。

　　在「夫莫之命而常自然」一句中，「自然」之前有副詞「常」作

❶　關於哲學概念的標準問題，可參見拙作《莊子哲學及其演變》，頁 138。

修飾詞，顯然不是名詞，更不可能是判斷的主詞或賓詞。

在「輔萬物之自然而不敢為」一句中，「自然」是動詞「輔」的賓語，是「萬物之」的中心詞，顯然是名詞，但不是判斷的主詞或賓詞。在「人法地，地法天，天法道，道法自然」一句中，按照上文所討論的一般的解釋，「自然」是「法」的賓語，顯然是名詞，但不是判斷的主詞或賓詞。

在「功成事遂，百姓皆謂我自然」一句中，按照傳統的解釋（百姓都說「我們自己如此」），「自然」是「我」的謂語，不是名詞，也不是判斷的賓詞。然而，按照筆者的理解（百姓都認為我是自然的），那麼自然就不僅是名詞，而且是對「我」進行判斷的賓詞。在「希言自然」一句中「自然」是對「希言」的一種判斷，因此是名詞性結構，是判斷的賓詞。

綜上所述，自然在《老子》中共出現五次，其中四次可能是作為名詞使用的，其中兩次可能是作為判斷的賓詞使用的，因此我們可以說，老子已經把自然當作哲學概念來使用了。《老子》中的自然不僅是一般的副詞或形容詞，而且具有了哲學概念的意義。自然作為哲學概念是老子的首創，和老子以道為宇宙的起源和根源具有同等的重要性。

第二節　自然之價值在理論上的深層意含

上一節我們僅就自然一詞本身進行了分析，強調自然作為普遍價值的意義。自然既然是老子哲學的中心價值，那麼表達這種價值的就不會只有這一個概念。在這一節我們通過其他詞彙形式或原文來考查老子關於自然的觀念的深層內容，並分析自然之概念的四層

基本意含。

　　自然的基本意思是「自己如此」，那麼自己一詞所關切的是不是僅限於個體本身呢？我們考查的結果不是這樣。自然的意義是自己如此，但自然的價值關切的是整體的和諧，並不限於個體本身的自由。因此，老子在強調自己如此的時候，不僅高揚個體的自主性和獨立性，而且也強調對個體的自我約束。

個體的獨立與自主

　　老子主張個體的獨立與自主，這一點很容易通過一系列有關自己的概念或術語得到證明。先來看「自化」、「自定」或「自正」。《老子》第三十七章說：

> 道常無為而無不為，
> 侯王若能守之，萬物將自化。
> 化而欲作，吾將鎮之以無名之樸。
> 無名之樸，夫亦將無欲。
> 不欲以靜，天下將自定。

這一章末句王弼本和河上本皆作「天下將自定」，傅奕本作「天下將自正」，帛書本文句又有不同：「道恆無名，侯王若能守之，萬物將自化……不辱以靜，天地將自正。」關鍵在於通行本作「自定」，古本作「自正」，其文句雖有明顯不同，但思想並沒有根本區別。然「自定」在《老子》中是孤文，而「自正」則在第五十七章有所強調（「我好靜而民自正」），另外，以通行本「天下將自定」與帛書本

「天地將自正」相較，通行本明顯是統治者的口吻，強調社會秩序，而帛書本則更像哲學家的胸懷，關心的是宇宙萬物的存在，通行本可能是在流傳過程中的改動，這裡我們傾向於採用帛書本的原文。

自化即自然的生化過程。侯王泛指統治者和管理者，侯王如果能遵守道的自然無為或無名的原則，萬物就會自然生化。這種自然的變化過程是最好的，是不應該破壞的。有人「欲作巧偽者」（河上公注），侯王要以道的無為原則鎮撫他，這樣萬事萬物又會重新歸於平靜自然，這就是「天下將自定」或「天地將自正」。自定就是自己歸於安定，自然趨向穩定，自正就是自己走向正途，自然符合常規或正常、正確的標準。自定和自化都是沒有強力干涉、不必費心追求而實現的結果。自化是給作為個體的萬物以自由發展的機會，自定或自正則是保證在個體自由發展的情況下仍然有總體的穩定或和諧。「鎮之以無名之樸」則是非強制的手段。老子所嚮往的是個體的充分的自由發展和整體的自然的和諧。老子並沒有完全排斥社會管理者的作用，但他認為這種作用應該是間接的、溫和的，是通過個體的自願接受而實現的，不應該是從外界強加於人的。

第五十七章也說到自化、自正，並且提到了自富、自樸：

> 天下多忌諱，而民彌貧；民多利器，國家滋昏；人多伎巧，奇物滋起；法令滋彰，盜賊多有。
> 故聖人云，我無為而民自化，我好靜而民自正，我無事而民自富，我無欲而民自樸。

一般人常把這一章解釋為老子反對人類文明的進步，反對法律制度等，這都未必是老子的本意。在我們看來，這一章講的是文明進步

帶來的副作用，是對人類發展中出現的新問題的反思，未必是對法律本身或文明進步的全面否定。法律制度、政治的和社會的禁忌、新技術、新器物，都是隨著人類社會的進步而出現並發展的，這些新事物是社會發展過程中因應需要而出現的，因此有其合理性，也給人類帶來了很多實際利益，但也給人類歷史帶來了新的問題或麻煩。「多忌諱」、「多利器」、「多伎巧」、「法令滋彰」都是社會發展進步的結果，「民彌貧」、「國家滋昏」、「奇物滋起」、「盜賊多有」都是這種進步的副作用或新問題。老子認為這些問題的出現都是過多的控制、壓制、欲望、追求的結果，是人們，尤其是統治者不知節制收斂的結果。

那麼，如何解決這些問題呢？老子既不主張取消一切法律、技術，也不主張用進一步控制的方法來解決問題，相反，他主張統治者改變傳統的管理方法，把社會的發展和進步限制在自然和諧的原則之下。我無為、我好靜、我無事、我無欲，這都是要求社會的管理者不去追求財富或新奇的享樂，不去直接控制人民與社會。這種主張和儒家主張君主以身作則的思想有相似之處，但對君主的期待和要求又顯然不同。

老子所說的民自化、民自正、民自富、民自樸，都是無為之治的效果。或許人們不明白為什麼無為之治會有這麼神奇的效果，不相信這樣的結果，這是因為老子基本上只提出了自己的理想和價值，並沒有詳細論證如何實行無為之治。老子哲學基本上是「學」而不是「術」，他沒有為我們提供社會管理的具體的方法和細則，然而，這不等於老子哲學是沒有現實可能性的。如果我們不把自化、自正、自富、自樸當作神話，而把它們看作是理想的管理方法的最好效果，那麼我們就不能否定老子哲學至少提出了人類的一種價值理想。接

下來的課題才是如何實現這種理想的方法和細則。

　　在第三十二章，老子又提出了自賓和自均的說法，也體現了他對自然之秩序的嚮往。

> 道常無名，樸雖小，天下莫能臣。
> 侯王若能守之，萬物將自賓。
> 天地相合，以降甘露，
> 民莫之令而自均。
> 始制有名，名亦既有，夫亦將知止，知止可以不殆。
> 譬道之在天下，猶川谷之於江海。

　　道的特點是無名、質樸，人們幾乎不覺察道的存在，所以說它是至柔、至微，但它又是至大的，所以「天下莫能臣」。如果統治者順從或實踐道的至微而至大的特性，那麼「萬物將自賓」，也就是自己賓服於道，自然趨向於和諧，不需要強制。這種自然的秩序有如天地化育，雨露滋潤，不需要任何強制的命令，老百姓自己就能達到均等、均衡、協調的境地。社會發展到一定程度就會建立各種制度，確定名分，這是必要的，然而，「亦將知止，知止可以不殆」，就是說不能過分依賴名分制度。過分依賴名分制度就會造成強迫的僵化的社會秩序，失去個人自由和發展的空間，失去社會生活的活力。好的社會管理方式有如百川入海，百姓民心可以自然歸附，社會秩序可以自然形成。

　　總而言之，老子反覆講到的「自化」、「自定」、「自正」、「自均」、「自賓」、「自樸」、「自富」等都是指沒有外力干預的自發的情況，是百姓對自然自足的生活的憧憬和歌頌，是對無為之治的最好

描述。這裡所說的諸多「自」似乎都是就個體來說的，但老子的關注又顯然不局限在個體之狀態，所以他經常提到天下、萬物。顯然，「自化」、「自定」、「自正」、「自均」、「自賓」、「自樸」、「自富」都有兩方面意義，一方面是就個體來說的，另一方面是就整體來說的。就個體來說，老子主張充分的個人自由與發展空間，主張保護個體的自主與活力，反對外來的控制與干涉；就整體來說，老子主張自然而然的和諧、平靜、均衡與有序，反對社會管理者以自己意志、欲望，以及強制性的手段來破壞這種秩序。

個體的自我約束

老子所強調的這種整體的自然的秩序與和諧既是對個體的保護，也是對個體的一種限制。說它是保護，因為只有在自然的秩序下，個體才有發展的自由和空間，在強制的秩序中，個體的活力會受到很大束縛。然而，自然的秩序對個體來說也是一種限制，因為要維持自然的和諧，就不允許整體中的某些個體無限制地膨脹從而影響其他個體的生存和發展。

一般人常誤以為道家只強調個體自由，不講整體之秩序，這當然是不對的。老子一方面強調個體之尊嚴與自主，另一方面也強調對個體自我的限制，在這方面他也有很多說法，如「不自生」、「不自見」、「不自伐」、「不自貴」、「不自為大」、「自知」、「自勝」等等。

《老子》第七章說：「天地所以能長且久者，以其不自生，故能長生。是以聖人後其身而身先，外其身而身存。非以其無私邪？故能成其私。」這裡的「不自生」、「後其身」、「外其身」、「無私」都是對個體行為的一種限制，老子認為只有對個體的行為主動地加以

限制，才能真正實現個體的最好發展，這是老子的以反求正的辯證法，我們在後面還會專門進行討論。

《老子》第二十二章也說：「不自見，故明；不自是，故彰；不自伐，故有功；不自矜，故長。夫唯不爭，故天下莫能與之爭。」這都是對個人意志與欲望的一種限制。第二十四章則說：「自見者不明，自是者不彰，自伐者無功，自矜者不長。」揭示自我膨脹的害處，還是為了強調自我約束的必要性。第三十三章說：「知人者智，自知者明。勝人者有力，自勝者強。」強調自知、自勝，這是關於自我健康發展的金玉良言。

老子是中國最早的辯證法專家，他可以同時考慮到問題的正反兩個方面。在第七十二章他就說到：「聖人自知不自見，自愛不自貴。」「自知」、「自愛」是強調主體性與個人尊嚴的一面，「不自見」、「不自貴」則是強調個人自我修養、自我約束的一面。只有把這兩方面結合起來，整體的自然的秩序才能實現，才能有保障。老子一方面強調「自化」、「自正」、「自富」、「自樸」，要求保障個體的獨立性和自主性；另一方面又強調「不自生」、「不自見」、「不自伐」、「不自貴」、「不自為大」，要求限制個體的極度膨脹。這裡集中介紹的是直接講到「自己」的術語，其實，老子最重要的概念之一「無為」也包括了對個體的欲望、權利、行為的限制，這一點下一章會專門討論。

除了有關自己的觀念能反映老子關於自然的思想以外，其他許多詞語也能反映老子對於自然的重視。比如作為名詞使用的常字都是對事物的長久穩定狀態的概括。自然狀態在沒有外力的情況下也就是常態，反過來也可以說常態也就是事物自然而然的狀態，即通常如此的情況❷。常態與自然的意義是明顯相通的。

自然之價值與精神

　　自然的思想貫穿於《老子》全書，許多地方即使沒有用到自然之類的詞也或明或暗地表露了老子崇尚自然的價值取向。比如第三十八章沒有一處提到自然，卻貫穿了崇尚自然的價值觀念。按照帛書本，這是《老子》的開篇第一章。其中第一句就是「上德不德，是以有德。下德不失德，是以無德」。上德是最高尚的德，最高的德不自以為有德，不炫耀自己的德性，恰恰被人們認為有德。這在今天看起來很像是教人們謙虛，但在老子看來，重要的是品德的自然流露，而不是做作的、勉強的，這雖然也可以看作是要謙虛，但老子的重點卻不在於強調謙虛，而是提倡自然的品德。

　　接下來的文句歧議歷來很多，但是如果按照帛書本的文句來理解就比較順暢。

---

❷　《老子》的「常」也有自然之義，自然是不受干擾破壞的意思，因此在很多情況下也就是常然。第十六章「復命曰常，知常曰明，不知常，妄作凶。」高亨曰：「謂復命者物之自然，知其自然者明，不知其自然而妄作者凶也。」徑以自然來解釋「常」。又第五十二章「見小曰明，守柔曰強。……無遺身殃，是謂襲常。」高亨曰：「襲常為因其自然也。」同樣第五十五章「知和曰常，知常曰明」中的常，高亨也認為是自然之義。高亨對這些「常」字的解釋大體是正確的，作為名詞使用的常字都是對事物的長久穩定狀態的概括。見高亨《重訂老子正詁》，頁 1–2。「樸」字也包含著自然的意思。如「為天下谷，常德乃足。復歸於樸」（28 章），葛玄注「復歸於樸」云「謂守自然也」，直接把樸解釋為自然。河上公釋樸為質樸，王弼釋樸為真，都有本然素樸的意思，和自然而然的狀態是一致的。第十九章「見素抱樸」也是守自然的意思。

上德無為而無以為❷，

上仁為之而無以為，

上義為之而有以為。

上禮為之而莫之應，則攘臂而扔之。

這四句的意思是逐句遞降的。每句都包括兩項作比較的內容，一項在於行動表現，即是否有為，在老子的思想體系中顯然「無為」高於「為之」。另一項在於動機，即是不是有機心，是「無以為」還是「有以為」，顯然，老子認為「無以為」高於「有以為」。上德當然在兩方面都佔了高水平，是「無為而無以為」，不僅無為而且無所求，無所為。這和某些人故意顯示要無為，故作超脫飄逸是不同的。簡單地說，瀟灑自然的無為高於有目的的無為。次一等的上仁之人雖然有所行動，但不汲汲於功利，還可以做到無所求、無所為，即「為之而無以為」。再低一等的「上義」之人既「為之」又「有以為」，似乎已經到了最低水平。但更糟的是「上禮」之人，不僅「為之」，而且要強迫別人響應自己的行動，如果別人不聽從，就會硬把別人拉過來，使人不得不跟從自己行動。這是一般人常會有的表現，卻是老子非常鄙薄的。老子崇尚個人的超脫和瀟灑，反對把自己的價值和行為強加於人。所以老子接著說：

故失道而後德，失德而後仁，失仁而後義，失義而後禮。

夫禮者，忠信之薄而亂之首。

---

❷　「無以為」通行本作「無不為」，且通行本後面有「下德為之而有以為」一句，所以引起頗多爭論。

和傳統的德、仁、義、禮等相比，道是最高的，其高就在於「道法自然」，不留行跡。做不到這一點的人就只能強調德的標準，達不到德的水平的就孜孜於仁的原則，達不到仁的標準的就只能退而行義，連義也不能自然實行的人就只能抱住形式化的禮而不放了。禮本應是自內而外的，但很容易流於形式，變成單純的外在表現。禮儀制度本來就是帶有某種限制性的社會規範，禮的盛行可能恰恰是內在充實的精神原則衰落的結果，而不一定是社會文明的體現。所以，到了完全要靠禮並且要「攘臂而扔之」的時候，那已經是「忠信之薄」的結果，是社會動亂的前兆或開始（「亂之首」）。老子批評的重點不在於禮本身，而在於禮儀盛行之中所反映的社會問題。老子針對的是重禮之形式而輕德之實在的傾向，批評傳統的、世俗的社會標準和價值取向，追求自然的、內在的和自發的價值標準和社會行為。

表面看來，老子似乎激烈地批評了儒家，實際上，老子批評的是傳統道德的實踐過程中所出現的問題，不一定是傳統的或儒家的倫理道德內容本身。從理論上來說，儒家本來也是強調內在而自然的道德感情的。孔子在討論「禮之本」時說：「禮，與其奢也，寧簡；喪，與其易也，寧戚。」（《論語‧八佾》）這顯然是認為內在的道德感情比外在的禮儀形式更重要。孔子還說過：「仁者安仁，智者利仁」（《論語‧里仁》），「知之者不如好之者，好之者不如樂之者」（《論語‧雍也》），這也是在強調內在的道德修養，希望一個人的道德行為有深厚的內在基礎，這樣，道德就不是表面文章，而是真實的自然流露。就此來說，孔子的立場與老子對自然之品德的追求有可以相通之處，不必完全針鋒相對。

不過，孔子和傳統的道德理論的重心都是從正面強調道德條目

自身的重要性，而老子哲學的重心不是倫理學，而是從整體上關切
人類社會的秩序與狀態問題，從而也涉及了道德情感是否自然的問
題。從一般的原則或儒家的立場出發，一個人自覺地追求某種品德
境界是應該受到表揚的，至少是應該受到鼓勵的，但是在道家看來，
凡是刻意努力的行為都是不好的，或是不夠水準的，這種評價標準
似乎有些苛刻，但卻是道家崇尚自然的傾向的真實反映。這裡似乎
有一個悖論或弔詭：刻意努力地追求「自然」的境界是不是違背自
然的價值？事實上，關於自然的悖論會有很多，為了回答這些悖論，
我們有必要先把自然的基本意含梳理一下。

自然之理論意含

上文已經提到，從《老子》對自然觀念的運用中，我們可以分
析出自然的幾層意思，這就是自己如此、本來如此、通常如此和勢
當如此這樣幾層意含。我們認為這是老子之自然的最核心的意含，
以此為根本才能釐清我們所討論的自然與常識中的自然的不同，才
可以防止因為自然的觀念的混亂引起的各種誤會。

「自己如此」是自然的最基本的意含，其他意含都與此有關。
自己如此針對的主要是主體與客體、內因與外因的關係問題。自然
是主體不受外界直接作用或強力影響而存在發展的狀態。「百姓皆謂
我自然」就是強調沒有外界的作用或是感覺不到外界的直接作用。
自然的這一意義是指沒有外力直接作用的自發狀態，或者是外力作
用小到可以忽略不計的狀態。

「本來如此」和「通常如此」是針對變化來說的，自然是原有
狀態的平靜的持續，而不是劇烈變化的結果，這就是說，自然不僅

排除外力的干擾，而且排除任何原因的突然變化。因此，自然的狀態和常態是相通的。「莫之命而常自然」就是說它本來就是那樣。自然的這一意義就是固有狀態相對穩定的持續，或者說是自發狀態的保持。這樣看來，自然並不肯定一切內在動因，因為突發的內在衝動，內在因素引起的存在狀態的突然中斷或改變，也是不自然的。

「勢當如此」是針對未來趨勢而言的，自然的狀態包含著事物自身內在的發展趨勢，如果沒有強力的干擾破壞，它就會大致沿著原有的趨勢演化，這種趨勢是可以預料的，而不是變換莫測的，所以聖人可以「輔萬物之自然」。自然的這一意義就是原有的自發狀態保持延續的慣性和趨勢。勢當如此是自然之趨勢的一種表現，也是自然狀態的一個標準。凡是不能預料未來趨勢的事物都不是處在自然發展之中的。

綜上所述，「自己如此」強調的是事物的內在動力和發展原因，「本來如此」、「通常如此」、「勢當如此」強調的都是事物存在與延續的狀態，是事物的平穩性的問題。不過，「本來如此」側重於原初狀態，「通常如此」側重於現在的狀態的持續，而「勢當如此」側重於未來的趨勢。概括說來，老子所說的自然包括了自發性、原初性、延續性和可預見性四個方面。自然的這四層意含可以概括為兩個要點，即動力的內在性和發展的平穩性。自然的這幾層意含是從《老子》中分析出來的，雖符合《老子》之本意，卻不必局限於《老子》原文，它反映了自然一詞的根本內容，適用於不同的文本或場合，是自然的最一般的意含，也可以稱為理論意含或絕對意含。認清自然的理論意含或絕對意含是對自然重新定義，使之適用於現代社會的一個重要條件和步驟。

根據自然的這四層意含，我們就可以討論上面提到的有關自然

的悖論。努力追求自然的境界是不是符合自然的原則？首先，如果
這種努力是出自內在的動力，這種努力就是比較自然的，如果是被
迫的，就是不夠自然的。這是從「自己如此」，即動力的內在性出發
的判斷。其次，如果這種努力和他的一貫氣質、性格表現是一致的，
那就是比較自然的，如果是一種突然的轉變，就是不大自然的。這
是從「本來如此」，即事物的原初特點出發所做的判斷。再次，如果
這種努力是在一種比較單純的環境中的常態，那就是比較自然的，
如果這只是一種偶然的現象，與過去未來都沒有直接的聯繫，那就
是不夠自然的。這是從「通常如此」，即事物的延續性的角度所做的
判斷。最後，如果這種努力沒有強力的干擾，不會引起劇烈的衝突，
因而其未來的發展是平穩的，是可以預料的，那就是比較自然的，
反之則是不自然的。這是從「勢當如此」，即事物的可預見性所做的
判斷。所以，我們不能籠統地說追求自然的努力是不是自然的，因
為目標的自然不意味著手段或過程是否自然。

　　一位美國教授聽過筆者宣讀一篇有關老子之自然的論文以後曾
經問過：自然災害是不自然的 (natural disaster is not natural)，這不是
很奇怪嗎❷？他提出這樣的問題是因為他把自然界之自然與老子所
說的自然而然相混淆了。自然災害是自然界發生的現象，如果我們
以地球之自然界為考查對象，如果這種現象是內部發生的，不是外
來力量引起的，那麼它符合我們所歸納的自然的第一個標準，即動
力的內在性，但不符合其他標準，因為這是一種突然的改變，不是
本來如此、通常如此的，不符合發展的平穩性的標準，因而不是老

---

❷　一九九五年八月於波士頓大學，論文將發表於 *Lao-tzu and the Tao-te-
ching*, ed. by Livia Kohn and Michael LaFargue, by the State University of
New York Press.

子所推崇的自然。對於人類社會來說，自然災害是一種外來的力量引起的突然改變，因而完全是不自然的。這涉及了老子之自然的現代應用問題，我們將在下一節進一步討論。

第三節　自然作為價值在現代社會的意義

顯而易見，老子哲學是古老的農業社會的產物，然而，由於它是對社會矛盾的深刻觀察和體驗的產物，它就不僅對當時的社會有啟發意義，而且對後來的社會發展也有其借鑑作用。如果我們考慮到現代社會與古代的不同，從而對老子哲學的某些概念，如自然與無為的定義或標準作一些修訂，它們就能夠適應現代社會的需要，為現代的人類社會的發展提供一個新的概念標準，這樣我們就可以從古代的哲學中得到有益的營養和啟迪。

自然與無為的關係是密切而複雜的。但為了便於現代人的理解和把握，我們不得不把這種關係簡單化、明確化，把自然看作是價值和目標，把無為看作是方法性原則。要實現社會的、自然的、和諧的發展，就得要求社會的管理者實行實有似無的管理方法，這裡首要的問題是我們是否承認自然在今天仍然是一種價值，特別是在社會生活領域中自然是否有可能成為一種超越常識範圍的價值。

自然與常識生活

在日常生活中，人們認為自然真摯的感情比有代價有所圖的友好表示更為珍貴；在藝術表演中，人們總是喜歡自然的演出風格，不喜歡做作的過火的演技；在書法、繪畫、建築、雕塑、文學創作

中，自然都是一種有價值的原則或標準。同樣的，在人類的社會生活中，有歷史的自然的發展，有血肉之軀的碰撞搏鬥；有人與人之間自然的和諧，有高壓之下的沉寂；有事物進展中的自然的變化，有被迫的轉向或中斷；有個人的自然的選擇和決定，有不得已的服從和背叛，在這種種情況下，我們也會傾向於較為自然的和諧的一方，迴避充滿衝突、壓迫和意外的一方。這都說明，在很多情況下，在允許常識作指導原則的情況下，我們往往是自覺或不自覺地以自然為某種價值的，只是我們對這一點還不夠自覺和明確罷了。應該說，老子所提倡的自然的智慧已經滲透到中華民族的潛意識之中，成為人們常識的一部分，影響著人們的思維和行為方式。

但是，歷史上的許多緊要時刻，人們無法按常識行動，或某種強大的力量不允許人們按照常識行動，因而造成人類命運的突變或災難，這時自然就不被看作是一種價值。二十世紀是中國的不同政治力量、軍事力量和理論主張之間鬥爭和衝突特別激烈和複雜的時代，結果是遺留下許多困惑、遺憾、憤懣和不滿，各地華人往往不能自然相安或泰然自處。這給人們一種印象，似乎自然的價值在大範圍的社會歷史生活中沒有意義。然而，這並不符合老子所說的「道法自然」的本意，也讓我們忽略了老子之智慧超越常識和世俗的意義。

本文探索道家之自然作為現代社會生活中的一種較高層次的價值的可能性，這就要求我們把這種已經滲透於常識中的自然重新提升到哲學的層次，或者說用老子哲學的自然來重新統攝指導常識中的自然。當然，這並不是要割裂老子哲學的自然和常識的自然，因為追根溯源，常識中的自然還是從老子那裡來的。

那麼，我們所要討論的希望能夠運用到現代社會生活中的自然

與常識中的自然有什麼不同呢？第一，常識中的自然往往只運用到
具體的或較狹小的範圍，如藝術表演、寫作技巧、日常生活等方面，
我們所要重新討論的自然則是可以運用到較大範圍和較長歷史時期
的，即可以對人類社會生活、歷史過程進行分析、評價和指導的。
第二，在常識範圍內，人們往往是不自覺地以自然為價值，我們則
希望人們能夠自覺地運用道家的智慧來改善人類的生存狀態。當然，
單靠筆者的一廂情願是不可能實現這一願望的。筆者希望本文能夠
引起更多高明之士來注意和討論這個問題。少數人的努力不一定能
成功，但沒有人努力則完全沒有希望成功。第三，常識中的自然意
義比較模糊或歧義太多，我們需要按照老子哲學重新解釋或定義自
然，使之意義較為明確，便於把握和運用。在今天，只要提到自然，
每個人都會按照自己所理解或所想到的自然來質疑自然在今天運用
的可能性。本文的一個探索就是從老子原有的自然出發，引出在現
代社會仍然適用的自然的意含或自然的四個現代標準。

自然的現代標準

現代社會和古代社會有許多重要的不同，如高度的工業化和商
業化、廣泛的交流和往來、科學技術的高速發展、人類越來越緊張
的生活方式、普遍的競爭意識、法律制度的建立、民主制度的興起
等等。現代的自然既要承認這個現實，又要把現實引導到更理想的
狀態，因此我們要重新定義自然，或者說為自然訂立新的標準。這
也可以看作是對老子哲學的一種改造，這種改造的關鍵是在保持老
子之自然的根本意含的前提下，承認和接受人為的努力、競爭和社
會的不斷發展等新因素。根據上文所分析的老子之自然的基本意含，

我們可以嘗試對老子之自然作下面的新解釋。

(1)發展動因的內在性

　　從現代社會的特點出發，我們有必要把老子之自然的「自己如此」的意含重新定義為「發展動因的內在性」，這和老子之自然的自發性相一致，強調個體內在的動因是第一位的，卻不排斥人為的努力，不排斥社會的發展、變化和進步。本來，老子之自然強調百姓之不受統治者強力干涉和控制的自由，這並不必然排斥文明的進步和發展，但因為老子對文明發展中的副作用批評較多，一般人容易把自然之價值與社會文明的發展和科學技術的進步對立起來。我們把自然之「自己如此」的意含解釋為「發展動因的內在性」，一方面不違反自然的基本內涵，另一方面也可以給人為的努力和奮鬥留下足夠的空間。顯然，動力和動機來源於內部的發展要比外在的推動來得自然。

(2)外力作用的間接性

　　老子之自然的自己如此的含義沒有清楚地交代外部因素的作用問題。老子主張聖人無為，就是要盡量減少對百姓日常生活的外部干涉，但老子是否主張徹底的無政府主義呢？從《老子》本文看，我們不能得出這種結論。老子並沒有完全否認聖人、侯王的作用。所謂「輔萬物之自然而不敢為」的說法包括了兩方面的意義。一方面是「不敢為」，是為了保障萬物之「自己如此」，另一方面「輔萬物」則說明老子並沒有完全排除外在因素的作用。為了便於現代人的理解和把握，我們嘗試把「外力作用的間接性」作為自然的一個標準，也是對「發展動因的內在性」的補充，從而把老子的自然中潛在的問題明確化。這可以避免某些人認為老子完全不要人為或完全不講外因之作用的誤解。這樣，老子之自然並不完全排斥外力的

作用或影響，而是為外在的動力或因素提出一個條件或限制。任何
事物的發展都不可能脫離外在因素的影響，但間接的影響比直接的
影響產生作用的方式更接近自然的原則。

(3)發展軌跡的平緩性

　　老子強調自然之價值，強調事物和社會的自然的發展，這可能
帶來一種疑問：自然之價值會不會否定事物的質的變化？如果自然
不允許事物與社會的某些根本性變革，那麼自然就很難運用到現實
的社會中來。因此，我們把老子之自然的原初性、延續性和可預見
性重新規定為「發展軌跡的平緩性」，「發展軌跡的平緩性」保證了
事物發展的原初性、延續性和可預見性，但是可以更明確地為社會
的發展和質的變革留下足夠的空間並提供必要的限制。自然不否定
社會的質變，但是強調根本的變革也應該是在漸進基礎上產生的，
反對發展方向的突然改變或發展過程的突然中斷。總之，「發展軌跡
的平緩性」保留了自然的基本精神，強調變化形式的和緩性，但是
不否定質的變革，只是反對生存和發展方向的突然或強力改變。顯
然，逐漸發生的質變比意外或突發的變化更接近自然的原則。

(4)總體狀態的和諧性

　　上述「發展軌跡的平緩性」是從事物發展的動態過程來說的，
為了便於現代人掌握自然的標準，我們還有必要從事物的靜態狀況
出發強調事物總體狀態的和諧性，從變革手段的角度體現自然的要
求。顯然，自然的狀態是沒有劇烈衝突與鬥爭的狀態，不論是內部
的衝突還是外部的衝突都會破壞自然的境地。主張激烈鬥爭和崇尚
暴力行為的人可能不贊同我們的觀點，然而，這卻是自然的題中應
有之義。自然的價值原則不否定事物的發展和根本性的變革，卻不
贊成不擇手段地促進變革。要承認自然的原則，就要放棄激化矛盾

的作法，至少要把衝突降低到最小的可能性。這也是老子所說「輔
萬物之自然而不敢為」的思想的具體體現。總之，強調事物「總體
狀態的和諧性」是為了反對內部或外部的劇烈衝突和對抗，保障事
物或社會的正常的進步和發展。

　　以上根據自然的自己如此、本來如此、通常如此、勢當如此等
內在意含提出自然的四個現代標準，即「發展動因的內在性」、「外
力作用的間接性」、「發展軌跡的平緩性」，以及「總體狀態的和諧
性」。這四個標準中，最重要的是第一個和第三個，即發展動因的內
在性和發展軌跡的平緩性，第二個和第四個標準是分別補充第一和
第三的。因此我們也可以把上述標準概括為兩個，即動力的內在性
和發展的平穩性。凡是發展的主要動力來自內部的需要和努力，而
不是外力的強迫，發展過程中又沒有劇烈的衝突，沒有突然的中斷
和轉向的運動現象都是比較自然的。顯然，這樣的自然的實現需要
實行實有似無的無為之治。

　　上述四個標準完全是為了便於現代人或一般人的理解和把握而
提出的，是從可操作性出發的。不過，老子之自然有某種似乎可以
意會，但又難以言傳的性質，要真正領會自然之意含和意義，明確
的解說或定義是必要的，但又是不夠的，所以必須在理解現代的清
晰的解說之後加上個人的體會和省思才能較完整地認識和運用自然
的真精神。現代的清晰的描述是我們認識真諦的方便法門，卻不能
完全反映真諦本身。事實上，按照 Frondizi 的價值學理論，不僅中
國古代的自然等價值有這種特點，現代的價值觀念也有這種類似的
特點，即完形 (gestalt) 性質 [23]。完形的概念強調不可化約性，強調
價值是不能脫離具體的環境和經驗的。因此，我們清醒地知道，把

---

[23]　見前引黃藿譯《價值是什麼——價值學導論》，頁 125–131。

古人的圓融的智慧用現代語言條分縷析地表達出來，這就難免有不完整或割裂的可能，所以，我們一方面不可能不用現代語言來描述或解釋古代的概念，並盡可能全面地接近自然的原意，另一方面我們也知道這種描述的先天不足，主張以經驗和體會來彌補這種缺憾，而不至於僅僅把自然的智慧理解為簡單而死板的公式。

以上述自然的標準考查現代社會生活，我們會發現有些現象和事物是自然的，有些是不自然的。有些是比較自然的，有些是不夠自然的。自然可以有程度的不同。發展的動力越是內在的，發展形式越是平穩的，自然的程度就越高。反之亦然。自然的事物未必是完美的。但總的說來，自然的程度越高，其代價越小，生命力越強。純自然的現象比較少，完全沒有自然因素的事物也很少。但大體說來，自然發展起來的事物和非自然發展起來的事物還是可以分辨的。一個事物是否是自然發展的，這是一個客觀的過程，有其特定的標準，這與是否合乎某種道德標準或理論原則是沒有直接關係的，是兩個不同領域中的問題。

自然是一個適用於人生、社會以及整個宇宙的普遍性的觀念。但是說來說去，歸根到底是人要自然，是人要過合乎自然的生活。所以自然的觀念主要是針對人生的，是針對人類社會的。要真正過一種合乎自然之原則的生活，那就一方面要排除對他人他事的干預，另一方面也要防止他人他事對自己的干擾。這裡最重要的當然是社會的管理者要「法自然」，因為管理者最有可能直接干預他人的生活。顯然，社會管理者要實現自然的原則就必須實行無為之治。

自然的秩序高於強制的秩序

老子之自然在道家思想體系中是最高的價值，我們要把它運用到現代社會，也要強調它的崇高的地位，而不能只把它當作常識中的觀念。在現代社會中，自然所關切的應該是人類的命運、社會的狀態、歷史的進程，而不是日常生活中的瑣事。

自然強調人類社會的自然的秩序，它所反對的包括衝突而無序的狀態和被迫而有序的狀態兩種情況。一般人對老子之自然的誤解或質疑是提倡自然會導致動物式的爭鬥不已，使社會完全沒有秩序。其實，老子之自然並非指沒有人類活動的自然界的狀態，恰恰相反，自然本來就是指人類社會生活的和諧與融洽。這一點在老子哲學中是不言自明的，所謂「民莫之令而自均」（32 章）、「無欲以靜，天下將自定」（37 章）、「我好靜而民自正」（57 章）、「安其居，樂其俗」（80 章）都是把自然之和諧當作不言而喻的目標。老子從來不反對社會秩序，老子所反對的只是強加於人的秩序，是為了實現某種秩序而實行的苛嚴繁瑣的干涉與控制。

從道家的立場來看，自然的秩序高於強制的秩序。強制的秩序必然是集權和專制的產物。過分的嚴刑峻法似乎可以保障社會秩序，但也會激化社會矛盾，加劇社會動亂，過多的道德禮教也可能帶來偽善和欺騙，所以道家針鋒相對地提出自然無為的概念，主張取消和限制統治者過多和過分的干涉，希望通過無為之治實現淳樸的民風以及由此而形成的自然的和諧。總之，自然的價值代表了人與人、人與社會、人與大自然的總體的非強制的和諧與秩序。

顯然，老子認為，自然的價值高於通常的社會管理和控制手段，

如法律和禮教等。從老子哲學的立場來看，人世間的苦難除水旱天災或地震等以外，基本上都是由於有權力或有勢力的人要勉強把自己的道德、理想、價值、利益或信仰強加於人的結果，不管這些被強加於人的東西好還是不好，結果都會是不幸的。也就是說，自然的原則應該高於所謂是非或正義的原則。

如果我們認為把好的東西強加於人是合理的，那麼有誰會承認自己要強加於人的東西是不好的呢？父母總是愛孩子的，但是愛並不能給父母強迫控制子女的權力。又有哪一個戰爭狂人或錯誤的行動不能為自己找到神聖的旗幟和口號呢？中世紀綿延二百年的十字軍東征的口號是「收回聖地」，十七世紀席捲歐洲的三十年戰爭也有上帝的神聖旗幟，希特勒也有國家社會主義工人黨的漂亮招牌，日本軍國主義也有幫助亞洲人趕走歐洲人的口號，大躍進是為了早日建成社會主義強國，文化大革命是為了保證社會主義江山永不變色，柬埔寨的波爾布特也有堅定的崇高信仰作支撐……如果我們允許因為目標、口號的神聖而不顧一切的魯莽和強力，那麼高尚就會變成殘忍，神聖就會變成野蠻。

這裡我們首先要維護的是社會的自然的發展。如果我們承認「自然的秩序高於強迫的秩序」，那麼我們就要承認「自然的原則高於正義的原則」，這並不是不要辨別正確與錯誤，不要辨別神聖與邪惡，而是強調不能因為目標的正確或神聖而採取不顧一切的手段造成對人類社會生活的巨大破壞。不管是東方神聖還是西方神聖，只要是強加於人的，只要不是人們可以自然而然地接受的，最終都會引起心靈的創傷，社會的動蕩，人類的災難，使人類自己製造的災難永無休止。即使由於外力的強大，動蕩在當時沒有暴發出來或被壓制下去，其隱藏和積累的內傷和後果也是代價巨大，難以彌補的。自

然發展起來的事物雖然也會遇到各種意想不到的問題，也會有不能盡如人意之處，但大體說來，較少巨大的動盪和人為的災難，對人性的壓迫殘害較少，而人為勉力而成的事物雖然可能一時磅礴於世，卻也會一朝瓦解。

理想性與現實性

總之，老子的自然的觀念經過一定的改造可以成為現代社會的一種價值，新的自然的標準與法治、科技、競爭、道德等現代社會的特點沒有必然的衝突，而是可以相輔相成的。從自然的價值出發，現代的技術、管理、法律、發明應該為事物或社會的自然發展鋪設軌道，而不是破壞事物的自然發展的條件。

自然的原則一方面強調個體的自主性和獨立性，一方面強調社會整體的秩序與和諧，這樣的原則是不是太理想而不可能實現呢？這裡我們有必要區別空想、理想與計劃等概念。自然是一種價值，是一種理想，但不是空想，空想是不可能實現的。理想是有可能實現的，但並不容易實現。有確切方案和步驟去實現的是計劃或工程項目，而不是理想。理想並不是很容易實現的，但唯其如此，才可以為人們提供共同的奮鬥目標，可以為人生提供動力與方向，可以提升人們的精神境界。理想有某種程度的超越性，但並不是海市蜃樓。

自然作為一種價值和理想有其超越的意義，這是自然難以實現的一面。自然的理想或價值要求有某種超越世俗和現實的精神，要求超出個體的局限和狹隘的利益，既注重個體的充分發展，又強調個體的自我約束，還著眼於人類或社會的整體和諧，所以以自然作為價值理想，不僅有利於人類社會的整體發展，而且有利於個人的

精神修養和人生目標的提升。

　　自然又是可以實現的。因為自然不是一個絕對的標準或目標，自然可以有程度的不同和範圍的不同，有非常自然的境地，有比較自然的狀態，有不太自然的情況，有完全不自然的氣氛；有全人類的自然的和諧，有一個國家或地區的自然和諧，也可以有某個社會群體的自然和諧，也可以有小團體的自然和諧，也可以有家庭的自然和諧，也可以有個人心境的自然舒暢；可以有長時期的自然和諧，也可以有階段性的自然和諧，也可以有短期的自然和諧。在實際生活中，某個範圍、某種程度的自然的秩序並不是很罕見的。總之，自然的和諧在局部範圍內實現是完全可能的，在較大範圍內實現也不是完全不可能的。

　　也許有人還要問，自然又不是萬靈仙丹，自然能消除衝突嗎？自然能消滅戰爭嗎？自然能保證沒有災禍發生嗎？……

　　也許有人還會問，把老子的自然講得那麼好，那麼重要，那還要不要法律，要不要科學技術，要不要自由競爭，要不要道德教育，要不要……

　　筆者的回答是，自然是一種很高的價值，它的意義要比一般人所想像的高得多，但自然畢竟不是唯一的價值或跨文化的最高價值。不僅自然如此，任何一種價值也是這樣。在一種文化中，在一種宗教中，在一種哲學中的最高或唯一的價值，從全世界全人類的角度來看就不一定是最高或唯一的。不同的文化群體之間所信仰的最高價值往往不同，這是人類的思想文化會發生衝突的重要原因。

　　然而，自然的價值卻不大容易和其他價值發生衝突，相反，自然的原則可以幫助不同的價值原則和平相處，因為自然的原則反對任何人把自己的價值、目的、意志強加於人，從而有利於避免或緩

解衝突。自然的價值要求把社會的自然和諧放在更高的地位,要求不同的文化、宗教、傳統之間建立自然的關係,而不是一方壓倒另一方的關係。

同時,自然的原則並不是要取消其他社會管理手段,而是可以為社會的各種管理機制提供協調運作的潤滑劑。按照自然的原則,法律自有其必要性和功能,但法律的制定和執行應當有利於自然的秩序的建立,法律的強制性作用只能在偶然的情況下發揮作用,不能在大範圍內長時期靠強制的手段來維繫一種社會秩序,那樣強迫的秩序不是人類的理想,也不可能真正達到長治久安。同樣的道理,競爭可以有破壞自然之秩序的競爭,也可以有不突破自然之秩序的競爭,道德可以比較自然地發揮影響,也可以迫使人們在太大的壓力下學會虛偽。所以,自然的理想和原則與各種原有的社會管理機制不但不必然發生衝突,反而會幫助各種機制協調運轉。

傳統文化在現代社會的意義、命運、作用、轉化等問題是一個千百萬人討論了上百年的問題,本書各章最後對老子哲學的現代意義的討論不奢望解決這個問題,只是作一點嘗試,提供一個實驗或例證而已,如果能夠引起有志之士的注意和討論,筆者就心滿意足了。

第四章

無為：老子思想中的原則性方法

上一章論證了老子哲學的中心價值，那麼如何實現這個中心價值呢？即如何實現社會的自然和諧呢？老子的答案就是「無為」。本章就是對無為的全面而深入的剖析和解釋。首先從詞彙和文獻的考查出發提出無為是「有而似無」的行為，是以否定式表達的非常規的行為方式的簇概念。從《老子》原文或所謂「語境」來看，它主要是聖人治天下、取天下的行為，也是一般人以反求正、以弱勝強的方法。無為的絕對意義是對某些社會行為的取消和限制。無為在現代的意義是可以作為調節和控制人類社會運動的思想上的剎車機制，無為的理想狀態則是社會整體的自然和諧，並為個人自由提供適當空間。

第一節　無為概念的語言分析

哲學思考離不開概念，對哲學思想的分析也離不開對概念的分析。要分析一個哲學概念，也要先從語言形式入手。

「無」字的三種意含

我們先來分析無為的語詞意義。無為一詞的關鍵字是「無」字。據龐樸先生的研究，一個簡單的無字，可以細分為三個意義❶，無的第一個意義是有而後無，是人們最先認識到的無，是有了而又失

---

❶ 關於無的三種意義，據龐樸〈說「無」〉一文，但龐氏認為這三個意義恰巧以三個時期的三個字來代表，其中涉及甲骨文字義及來源的解釋自成一說，但古文字專家或有不同意見，本書不取。見深圳大學國學研究所主編《中國文化與中國哲學》，頁 62–74。

去，或將來有而尚未達到的那種無，這個無與「有」相對待而存在，在隸書中寫定為「亡」。這個亡字漸漸成為逃亡一詞的專用字，於是不得不用形與義全無關係而只有讀音相同的「毋」字來代表。這個亡字在王弼本《老子》中有三例，在傅奕本和帛書本中有四例，其用法與龐說皆無不契。如「中士聞道若存若亡」（41章）、「得與亡孰病……多藏必厚亡」（44章）、「輕敵幾亡吾寶」（69章）❷，這些亡字都以存與亡、得與亡、藏與亡對稱，或指「寶」之存亡，都是有而復失之意。

　　隨著認識的發展，人們對那種同具體的實有沒有關係、無法感知其存在、但又確信其為有的對象，也形成了一個觀念，確立了一個符號和稱呼，以同前述的亡字之義相區別，這就是「無」。這個「無」不等於沒有，只是無形無象，永遠看不見、摸不著而已。正因為如此，它不受時空條件限制，無時不有，無處不在。因此很容易被想像成事物的主宰者，因而它不僅不等於沒有，而且成了統治萬有的大有。事奉「無」的方式之一是「舞」，這本來是大家一起參加的，但漸漸地演變為少數巫覡的神聖工作。《說文解字》說「巫」是「女能事無形以舞降神者也」。「以舞事無形」說明了「無」與舞的關係，也有利於理解「無」的真相。「無」在當時的古人看來是實有且廣大的，只是視而無見、聽而無聞而已。

　　對照起來看，「亡」為有之失，「無」為失之有，二者正相反對。但「亡」與「無」在眼不可得見、耳不可得聞、手不可得觸這方面是相同的，而且二者也都是與有相對的，並不是絕對的空無。真正表示空無的無字是抽象思維達到了相當高度以後的產物。《墨子·經下》說「無不必待有」，這是最早提出的與「有」無關的無的記載。

---

❷　在王弼本和河上本中，「輕敵幾亡吾寶」一句中的「亡」作「喪」。

〈經說下〉解釋說「若無焉，則有之而後無。無天陷，則無之而無」。這裡提出了兩個例子。第一個是古代的焉鳥已經絕跡，這是「有之而後無」的無❸。第二個是天陷，是事實上沒有的事情，是「無之而無」的無。第一個例子就是前面所說的「亡」，即最早的無。第二個例子與前面所說的兩種無都不相同，屬於最後出現的第三種無，這種無的本字應該是「无」。前人認為古代用亡和无，李斯始用「無」，這恰恰是顛倒了事實。因為甲骨文和秦簡中都沒有无，直到銀雀山漢墓竹簡中才開始出現「无」字，與無、毋混用。「无」一出現，很快就代替了亡與無，因此，三個無字和三種無的觀念發展的歷史就被淹沒了。

　　按照龐樸先生的這種考察，無的觀念與文字的產生和發展經過了三個階段。首先是以「亡」為代表的無，意指「有」的消失或未現；其次是「舞」所指代的「無」，意指實有似無的東西；最後是「无」所表示的絕對的空無。熟悉中國哲學史的人都不難看到，這種順序恰恰與中國思想史的發展線索相一致。「亡」所代表的是最早的無的觀念，那時的無只有語言學的意義，尚沒有哲學史和思想史方面的意義。稍後出現的「無」所代表的無的觀念在民俗、宗教、思想、文化、哲學等方面都有重要的意義，這種無的觀念是老子哲學產生的肥沃土壤。最後出現的「无」所反映的空無的概念標誌著理論思維或抽象思維的發展，為魏晉玄學時期王弼所發揮的無提供了思想資源。

　　龐論關於古文字學的推論可能還有值得推敲或有待驗證之處，但是，從思想史、哲學史的角度來看，不論古文字的材料是否充分，不論無的三個意義是否確有三個先後出現的古字代表，都不影響關

❸　此處釋焉為焉鳥，不同於龐文。見吳毓江《墨子校注》，頁588，註289。

於無的不同意義的分析。事實上，《老子》五千言中的「無」字有不同意義，老子之無不同於王弼之無，這已是學術界的共識。也就是說，即使沒有古文字的考證，我們也已經知道古代有不同的無的觀念。不過，龐文使得原有的無的不同意義變得鮮明和確實起來，這對中國哲學史的研究還是有所貢獻的，對道家思想，特別是老子哲學的研究尤有價值。

　　根據無的觀念的三個意義，老子所講的無為的無顯然不是第一個有而復失、或無而待有的無，因為老子的無為是一個一貫的行為原則，不是時有時無的，不是某一個階段的特殊表現。無為的無也不是絕對空無的無，因為無為是可以有實際效果的，即「無不為」的境界，這種結果是真實存在的，至少老子是這樣認為的。如果我們不對無的意義作更細致的分析和區分，那麼我們就不得不承認，老子的無為之無應該屬於第二個階段的「無」，即實有似無的無。以這樣的無來解釋無為則不僅與老子思想若合符節，而且可以發現新的意義。按照無的這一意義，無為就可以解釋為「有而似無」的行為。「有」說明無為的實行者不可能真的毫無行動，而且，在特定的情況下，拒絕行動或沒有反應本身也是一種行動或行為。「似無」則說明無為之為的特點，那就是自然而然，虛靜恬淡，為之於不為之中，成之於無事之中，雖勝而未爭，雖得而未奪❹。

---

❹　有人把不爭而勝，不奪而得看作是「搞陰謀」，這是完全不對的，玩弄陰謀的「不爭」、「不奪」是故意騙人的假象，與等待事物自然發展的「不爭」、「不奪」是完全不可同日而語的。

「為」字的意含

通過文字本身的考查，我們對無字的意義可以作出比較確切的解釋了。但是我們還不能用同樣的方法對「為」的意義作出新的確切的解釋，因為「為」字的意義太寬泛了。楊伯峻曾說：「古代使用『為』字作動詞極為靈活，可以隨文生義。」❺在《老子》中，為作動詞的情況有兩大類，一類相當於今天所說的聯繫動詞，一類是指代最一般的動作的動詞。

相當於聯繫動詞的為可以是「某作為某」的意思，如「貴以賤為本，高以下為基」（39 章）、「清靜為天下正」（45 章）；可以是「稱為、成為」的意思，如「不笑不足以為道」（41 章）、「沖氣以為和」（42 章）；還可以是「變成」的意思，如「正復為奇，善復為妖」（58 章）。這一類「為」字都不可單獨使用，在為字後面必定有一個為字所聯繫的對象，如「為天下正」、「為道」、「為奇」等。顯然，無為的為不是這種為。

《老子》中的為字作一般動詞用的意義也很廣泛，如為學、為道（「為學日益，為道日損」48 章）、為大（「聖人終不為大，故能成其大」63 章）、為下（「大者宜為下」61 章）、為奇（「為奇者吾得執而殺之」74 章）等，這些為字都不是指某種具體的行為動作，但還指出了為的某種範圍或性質，如學、道、大、下、奇等。在很多情況下，《老子》中所用的為字往往連這種大致的範圍或性質也沒有，如「不見而名，不為而成」（47 章）、「生而不有，為而不恃」（51 章）、「聖人之道為而不爭」（81 章）、「為者敗之，⋯⋯輔萬物

❺　楊伯峻《孟子譯注》，頁 436。

之自然而不敢為」（64 章）、「上仁為之……上義為之……上禮為之……」（38 章），這些句子裡的為字到底是一種什麼樣的「為」，並不清楚。為字的這種用法似乎正是《老子》的特點，也是研究無為一詞所應該注意的一個要點。

上述沒有具體內容的為字正是「無為」一詞所說的「為」，這一點從「為無為，事無事，味無味」（63 章）和「為無為，則無不治」（3 章）的說法中可以清楚地看出來，所為之為與無為所否定之為顯然是同一個為。這個「為」也就是最一般的「作」的意思，同於「化而欲作」（37 章）之作，這一點在下面一句中表現得非常明顯：「為大於其細，……天下之大作於細」（63 章），「為大」之為與「作於細」的作顯然是同一意義，為字就是作字的意思，但比作字的意義更廣、更抽象。因此無為的為所指的就是最一般的行動、行為、活動、動作等，似乎可以包括人類的一切活動，這是老子哲學常被誤解的原因之一。不過，這只是無為一詞的語言意義，或脫離《老子》文本的形式上的意義，並不是它的理論意義，不能反映老子提出無為這一概念的基本意圖。《老子》中無為一詞的實際意義是什麼，這光靠語言和詞義的考察就不夠了，而是必須回到《老子》的原文中去作具體的分析。

無為的詞彙特點

那麼，無為的實際內容是什麼呢？回答這一問題也有相當的困難，因為「為」字似乎涵蓋了人的各種行為，是一個模糊的概念集合體，我們很難為它找出一個單一的確切定義。不過，通過《老子》原文對聖人一類的行為的描述我們還是可以看出無為的一些基本特

點的。正如《老子》對道的描述多用否定式，總是說「道」無什麼，不是什麼，很少說「道」有什麼，是什麼一樣，《老子》對聖人一類的行為的描述也多是以否定的句式來表達的，如果我們粗略地瀏覽一下《老子》，就會發現至少有三十多章都反覆講到了無為之類的以否定形式表達的行為和態度，如第二章「不言」、「不為始」、「不恃」、「弗居」，第三章「不尚賢」、「無知」、「無欲」，第五章「不仁」，第七章「無私」、「不自生」，第三、八、二十二、六十六、六十八、七十三、八十一等章「不爭」，第十章「無知」，第十章和五十一章「不有」、「不恃」、「不宰」，第十三章「無身」，第十五章「不欲盈」，第二十四章「不立」，三十章「勿矜」、「勿伐」、「勿驕」、「勿強」，三十一章「不美」，三十四章「不為主」、「不自為大」，三十七章「無欲」，三十八章「不德」，四十七章「不行」、「不見」、「不為」，四十八、五十七、六十三章「無事」，四十九章「無心」，五十四章「不拔」、「不脫」，五十六章「不言」，五十八章「無欲」、「不割」、「不劌」、「不肆」、「不耀」，六十三章「無味」、「不為大」，六十四章「不欲」、「不學」、「不敢為」，六十八章「不武」、「不怒」、「不與」，六十九章「無行」、「無臂」、「無兵」，七十二章「不自見」、「不自貴」，七十三章「不敢」，七十七章「不恃」、「不處」、「不欲見賢」，七十九章「不責於人」等等。

　　通過上述用語，我們不難看出所謂無為不是一個孤立的語言形式，事實上，它只是老子的一系列否定式用語的總代表。否定式用語所否定的包括個人的習慣行為或傾向（欲望，驕傲）、常見的社會現象（戰爭，爭奪）等等。無為實際上包括了或代表了無欲、無爭、無事、不居功、不恃強、不尚武、不輕浮、不炫耀等一系列與常識、習慣不同或相反的行為和態度，也可以說是一系列反世俗、反慣例

的方法性原則。可見無為不是一個清晰的單獨的概念，而是一個集合式的「簇」概念或稱之為「概念簇」❻，它包括或代表了一系列與通常觀念不同的處世方法和態度。

無為一詞的代表性

為什麼無為可以稱為老子之方法的概念簇，而不以其他否定式概念為這種概念簇的代表呢？這是因為無為使用的次數最多，無為的概括性最高，無為的概念化特點更明顯。

先看無為的使用次數。《老子》通行本中無為一詞在十章中出現十二次，在帛書本中也是七章中出現九次❼。而與此類似的詞都少於無為的使用次數，如「無名」只有五次（通行本）或六次（帛書本），「無事」有四次，「無欲」四次，「無知」三次。又如「不為」八次（河上本）、九次（王弼本）或五次（帛書本），「不欲」五次（王弼本，帛書本）或六次（河上本），「不爭」八次（通行本）或四次（帛書本），「不知」八次（王弼本）、九次（河上本）或五次（帛書本），「不敢」九次（河上本）、八次（王弼本）或六次（帛書本）。

再看詞彙的概括性。無名、無事、無欲、無知、不知、不爭、不欲、不敢等等語詞所否定的都是具體的某一方面的行為，因此都

---

❻　「概念簇」的用法來自於 Donald Munro （孟旦）, *The Concept of Man in Contemporary China*, Chap. 2.

❼　在通行本中即第二、三、十、三十七、三十八、四十三（兩次）、四十八（兩次）、五十七、六十三、六十四章。在帛書本中，即第三、十和三十七章與通行本不同。

不能互相替代或涵蓋，不能反映一個概念簇對世俗的價值和方法的全面的否定，只有無為可以代表老子對世俗傳統以及人類文明發展中出現的問題的全面反思和批評。

再看詞彙的性質。上述否定性詞語基本上都是一般的謂詞性結構，多數不具有名詞概念的特點。如「不為」、「不敢」、「不言」、「無欲」、「無知」都沒有作為名詞使用，其他一些詞作為名詞使用過，但也不如無為次數多。曾經作過名詞使用的有「無名」（「無名，天地之始」1 章）、不欲（「是以聖人欲不欲」64 章）、不爭（「以其不爭，故天下莫能與之爭」66 章）。作為名詞使用稍多的是「無事」，如第五十七章「以無事取天下」，第六十三章「為無為，事無事」❽。無事的意義和用法最接近無為，但從使用頻率來看，還是不如無為重要。所以，在長期流傳過程中，無為被當作老子哲學的最主要的概念之一，顯然是有文獻根據的，以無為為老子反世俗之價值與方法的概念簇的代表性概念是合理的。

上一章我們講到，是否已經作為名詞使用是一個詞是否可以稱為哲學概念的重要標準。現在我們就來考察一下無為作為名詞使用的情況。在通行本中，無為一詞至少有三次是作為名詞來使用的❾。

為無為，則無不治。❿　（3 章）

---

❽　又通行本第四十八章的「取天下常以無事」，其無事是名詞，但帛書本作「將欲取天下，恆無事」，無事未作名詞。

❾　在帛書本中有三次。

❿　此句傳奕本作「為無為，則無不為矣」，無為也是名詞。但帛書本作「使夫知不敢，弗為而已，則無不治矣」，思想完全相同，但沒有「無為」一詞。

為無為，事無事，味無味。（63 章）

在這兩例中，無為都是為的賓語，顯然是名詞。「為無為」的句式說明老子已經把無為當作一種值得提倡的概念。

吾是以知無為之有益。……無為之益，天下希及之。（43 章）

這裡前一個無為是在從句中以「主語＋『之』＋謂語」的形式出現的，「之」起破壞句子獨立性的作用。「無為之有益」作主句「知」的賓語從句，無為相當於從句中的主語。這個「無為」顯然是名詞，是判斷的主詞，或曰是判斷的對象。這說明老子在思想上已經把無為作為哲學概念來運用了。

　　綜上所述，「無為」中的無字的語言意義和思想意義大體一致，都是「實有似無」的意思。為字的字面意義相當寬泛，似乎可以指人類的一切活動或行為。這樣，從語言形式上來看，無為的概念似乎是全面地否定了人類的一切行為，然而，如果我們回到《老子》的文本中去，就會發現無為的為是有一個中心指向的，無為否定的重點是社會統治者的直接控制和干涉性行為，同時也在某種程度上否定一般的世俗的價值和方法，但決不是一切行為。可見，無為一詞的字面意含和它在《老子》上下文中的實際意含是分離的。這似乎是一般研究者還沒有明確注意到的。然而，這卻是釐清無為這一概念的基本要求，也是進一步理解老子哲學的一個關鍵性問題，也是我們試圖重新定義無為，從而把它引入現代社會的一個基本條件和步驟。

第二節　無為概念的理論分析

無為一詞在形式上是對人類一切行為的否定，在實際上卻不是這樣。這一方面可以從上文所說的無字的意義看出所謂無只是「有而似無」之無，另一方面可以從老子提出無為一詞的語境出發來分析無為所針對的是什麼樣的行為。首先我們來考察「無為」這一行為原則的「施事」或行為主體是什麼，也就是說老子強調的無為是什麼人的行為特點，是誰在實行無為。

無為的主要行為主體

《老子》中共有十章講到無為，其中五章講的無為都與聖人有直接關係，無為的主體顯然是聖人。如第二章「是以聖人處無為之事，行不言之教」，這裡非常明確地提出是聖人而不是別的什麼人要實行無為的原則。第三章「是以聖人之治……常使民無知無欲……為無為，則無不治」，這也是強調聖人治理天下的原則是無為。第六十四章「是以聖人無為故無敗，無執故無失」，這是講聖人實行無為的原則的好處或原因。第六十三章「為無為，事無事，味無味，……是以聖人終不為大，故能成其大」，這是從相反相成的角度講聖人實行無為的意義。又第五十七章「故聖人云：我無為而民自化，我好靜而民自正，我無事而民自富，我無欲而民自樸」，這是講聖人實行無為之治的效果。這五章都以聖人為「施事」，這就清楚地說明無為是聖人的行為原則，而不是對一般人的要求和期待。

在下面所要提到的四章中，老子沒有直接說明是誰在實行無為，

但從原文中不難看出這些無為也都與聖人有關。如第四十三章說：
「天下之至柔，馳騁天下之至堅，出於無有，入於無間。吾是以知
無為之有益，不言之教，無為之益，天下希及之。」這一章雖然沒
有直接提出「吾」是誰，沒有說明是誰應該實行無為，但「無為之
有益，不言之教」與第二章「聖人處無為之事，行不言之教」完全
一致，因此推斷這一章所主張的無為的實行者也是聖人應該是沒有
疑義的。第三十八章說：「上德無為而無以為，上仁為之而無以為，
上義為之而有以為。」❶這裡的上德之人與聖人也是一類。第四十
八章說：「為學日益，為道日損，損之又損，以至於無為。無為而無
不為。」顯然，這裡的為道之人和聖人也是一類或同一層次的人。
此外，第十章：「載營魄抱一，能毋離乎？專氣致柔，能嬰兒乎？滌
除玄鑑，能無疵乎？愛民治國，能無為乎？天門開闔，能為雌乎？
明白四達，能無知乎？」（王弼本）這裡老子所希望的能以無為的原
則來「愛民治國」的人同時也是修養、道德和認識上的楷模，說這
樣的人是聖人應該也是沒有困難的。這裡涉及到聖人的特點問題，
下文我們將專門討論這一問題。

　　以此看來，《老子》中講到無為的十章中有九章都是與聖人之類
的人有關的。唯一不能簡單解作聖人無為的是第三十七章：「道常無
為而無不為，侯王若能守之，萬物將自化。」❷此章提出道常無為
而無不為，把無為作為形而上之道的特質，這就為聖人無為提供了
形而上的根據。這裡提出侯王守無為之道的益處，但一個「若」字

---

❶　「上德無為而無以為」一句傅奕本、《韓非子・解老》篇等均作「上德
　　為而無不為」，此據帛書本、王弼本及河上本。

❷　第三十七章第一句帛書本作「道恆無名」，雖然沒有提出無為，但侯王守
　　無名之道而達到「萬物將自化」的效果，其精神與無為還是一致的。

透漏出的是相當弱的勸誘之意。老子希望在位的統治者實行無為之道，但並不期望他們一定可以恪守無為之道，也就是說，無為的原則本不屬於實際在位的統治者，老子也沒有汲汲以求地向當權者推銷自己的無為之道。這一章緊接著講到「化而欲作，吾將鎮之以無名之樸，無名之樸夫亦將無欲。無欲以靜，天下將自定」，這裡的「吾」顯然又是高於侯王的，似乎也是聖人之類的人。聖人以「無名之樸」來降低人們的欲望，從而達到天下的安定。似乎老子並沒有期待一個現實的聖君賢主來推行無為之治。

綜上所述，無為主要是聖人的行為原則，特別是「取天下」、「治天下」、「蒞天下」的方式。我們強調聖人是無為的「施事」，是為了說明老子的無為不是對一般人的要求，不是普通的方法論原則。但是，這也不等於說無為就是為統治階級設計的一般意義上的治國方術。從《老子》中使用無為一詞的實際情況來看，無為主要是指聖人無為，是老子對理想的社會管理方式的一種表達。這種表達是對現實的一種批評，但並不是正面的直接的譴責；無為也是對現實的統治者的一種規勸，但還不是直接的統治術。這樣說是為了強調《老子》中無為一詞的理想性特點，把它和現實的直接的政治統治術略加區別，以求細致和準確。

在老子看來，聖人的無為之治是實現自然的原則的最好方法。它要避免來自於統治者的直接的強烈干預和控制，避免社會整體發展的突然變化和震盪，避免社會各部分之間和不同人之間的劇烈衝突。這樣才可以保證社會發展以內在因素為主的比較自然的進程，沒有發展軌跡的突然中斷或轉折，沒有過多的鬥爭或戰爭。這種無為之治也就是實有似無的行為。這一意含符合無字的本義，也符合老子所說的無為的特點。「有而似無」主要是從效果來說的。某種行

為已然發生，並產生了很大的影響，但人們卻很少意識到它的存在和作用，這就是無為之為，以此方式治理天下就是無為而治。這樣的行為有實際的社會效果，又不會引起社會的震盪不安。所以，無為的具體的理想性社會管理方式的意義與它的詞彙意含或一般意含是完全一致的。

　　為了更準確地理解和分析老子的無為，更細緻地從多層次的考察中把握無為的特點和適用範圍，我們還有必要進一步考察一下春秋末年的聖人概念的基本含義，以免把聖人與一般統治者的概念等同起來。

　　「聖」的本意是聰明的意思。《說文》云：「聖，通也，从耳，呈聲。」語言學家認為「聖」本是會意字，在甲骨文中像人有大耳，從口，其初意為聽覺官能之敏銳，故引申訓為「通」，又引申為賢聖之義。《尚書・洪範》「睿作聖」一句傳曰「於事無不通謂之聖」，《左傳・文公十八年》「齊聖廣淵」之孔疏云：「聖者，通也，博達眾務，庶事盡通也。」這就是說，聖人的第一個基本特點是智慧過人。聖人的特點還包括他的道德眼光和道德水準。《左傳・成公十四年》：「《春秋》……懲惡而勸善，非聖人，誰能修之？」這是說聖人有懲惡勸善的道德力量。聖人道德操守的標準很高，大大地高於君子，所以孔子說：「聖人，吾不得而見之矣；得見君子者，斯可矣。」（《論語・述而》）此外，聖人也不同於一般的仁人，因為聖人的概念也往往意味著達到了相當的事功標準。子貢曾經問孔子說：「如有博施於民而能濟眾，何如？可謂仁乎？」孔子回答說：「何事於人，必也聖乎。堯舜其猶病諸。」仁人的概念側重於道德水準，有道德的人不一定能夠濟世救眾，而聖人就必須有益於社會民生。所以《左傳・成公十六年》說：「唯聖人能外內無患。」聖人不僅有

道德，而且還要實際有功於社會，能給黎民帶來社會安定和實際利益。

顯然，聖人的概念不同於一般在位的統治者的概念。在聖人的睿智、品德和事功三個方面，只有事功一面與在位的統治者的作用和地位可能有部分的重合，在睿智和品德方面與統治者的身分都沒有必然的聯繫。老子的聖人在智慧、道德、功績三方面都是理想化的楷模。在傳統觀念中，堯舜等賢君可以被看作聖人，但是在《老子》中，既沒有一個真實的人物、也沒有一個虛擬的人物被當作聖人的典型。聖人的概念中寄託與表達了老子的理想和主張，它不可能不反映老子對現實的態度和希望，卻不是對現實政治的直接批評或政治設計。質言之，老子的政治智慧是「學」而不是「術」，是思想的產物而不是政治的需要，是理論的表達而不是現實的謀略。老子的無為既不是對一般人的要求，也不是對實際在位的統治者的直接批評或直接的出謀劃策。無為的概念對昏庸的或殘暴的統治者當然有一定的批評意義，對在位的統治者也有一定的勸誘、建議的意味，但這都是間接的，並不是老子寫作的中心主旨。

我們強調無為的施事或行為主體是聖人，這是從老子思想的主要傾向來說的。這不等於說無為的概念只限於聖人的行為，對一般人沒有意義。一方面無為是一系列否定性行為的概念簇，它所否定的行為不限於聖人特有的行為，另一方面，聖人是一般人的行為楷模，聖人之無為有天道的支持，所以無為對一般人來說也有普遍的意義。從老子哲學的立場出發，一般人也應該實行無為的原則，這也是實現整體的自然和諧的必要條件。

無為的目的性

　　老子為什麼主張實行無為？無為就是老子的終極目的嗎？顯然
不是。自然是老子哲學的中心價值和根本理想，無為則是實現這一
理想和價值的原則性手段。無為是老子哲學中的一個非常重要的概
念，他的思想的許多方面都與無為有關，無為具有原則性的意義。
但是，無為實際上是為了實現和保障自然之秩序與和諧的，和自然
相比，無為並不是最後目的，而只能是手段。

　　從根本來說，無為的目的是人類社會的自然之和諧，而從一般
形式或一般情況來說，無為的目的就是「無為而無不為」和「無為
故無敗」。「無為而無不為」是從積極方面來說的，即通過「無為」
實現「無不為」的目的。「無為故無敗」是從消極方面來說的，即通
過無為避免有害的結局。

　　關於無為的積極效果，第四十三章有明確的說明：

　　　天下之至柔，馳騁天下之至堅，無有入無間，吾是以知無為
　　　之有益。

這是以柔弱勝剛強來解釋無為的合理性和效果。無為即柔弱之道，
然而柔弱之道並非逃避退縮之道，更不是失敗之跡。老子確信柔弱
勝剛強，滴水穿石就是最好的例證。所以說「上善若水，水善利萬
物而不爭」（8 章），「天下莫柔弱於水，而攻堅強者莫之能勝」（78
章）。老子特別推崇水的形象和象徵意義，這和他強調無為的概念是
一致的。柔弱勝剛強在實際生活和政治軍事鬥爭中都有生動的實例，

然而，老子的無為卻不同於那些具體的實例，無為關涉的是自然的
秩序，是整體的和諧，主要不是謀取勝利的具體謀略。

無為而無不為還有以小求大的意義。《老子》第六十三章說：

> 為無為，事無事，味無味。……
> 天下難事必作於易，天下大事必作於細。
> 是以聖人終不為大，故能成其大。

難事必作於易，大事必作於細，無為的一個意義就是要從「易」和
「細」作起，從人們所不重視所忽略的地方入手，這和無字「有而
似無」的意義正相契合。無為並不是完全無所作為，而是從人們容
易忽略、不易覺察的地方入手作起，其方法與眾不同，其結果自然
也會與眾不同。

實行無為的原則也就是「為道」，即體現或實踐道所代表的價值
原則，這樣作就可以不爭不鬥而獲得天下，這就是「無為而無
不為」：

> 為學日益，為道日損。損之又損，以至於無為，無為而無
> 不為。
> 取天下常以無事，及其有事，不足以取天下。(48 章)
>
> 常使民無知無欲，使夫智者不敢為也。為無為，則無不治。
> (3 章)

無為而無不為在通行本中出現三次，在帛書本只出現一次❸。然而

驗之於第三章「為無為則無不治」（通行本），或「為無為則無不為也」（傅奕本），或「弗為而已，則無不治矣」（帛書本），「無為而無不為」的確是《老子》原文固有的思想，並且可以代表老子之無為的精神實質，即無為是手段而不是目的，「無不為」才是真正的目的。第四十七章說「是以聖人不行而知，不見而名，不為而成」，也是「無為而無不為」的思想體現，是老子之無為理論與其他各家都不相同的根本之處。

其實，在我們討論老子之自然的時候，已經涉及到無為而無不為的問題，第三十七章所謂「自化」、「自定」或「自正」都是「無欲」、「無為」或「無名」的結果；第五十七章「自化」、「自正」、「自富」、「自樸」也都是「無為」、「好靜」、「無事」、「無欲」的結果，可見無為的目的和效果在於「無不為」，而「無不為」的重要內容就是自然秩序的建立，是達到自然的成功，實現自然的和諧。

從積極或最高的目標來說，無為可以達到無不為的效果，實現自然的價值，從消極的或最低的結果來說，無為也可以防止失敗或走向反面。老子說：

> 為者敗之，執者失之。是以聖人無為故無敗。無執故無失。
> （64 章）⓮

⓭　通行本第三十七、三十八、四十八章均有「無為而無不為」的說法，帛書本第三十七、三十八章顯然沒有，僅第四十八章的缺文按字數計算可能是「無為而無不為」。

⓮　或曰此處引文與全章內容不合，當刪。但帛書甲乙本都與通行本一致，故不當刪。參見陳鼓應《老子註譯及評介》，頁 309–310。

這裡清楚地指出了無為的另一個目的或效果，這就是避免為而敗，執而失。老子相信事物往往會走向反面，為了防止走向反面，不如主動居於反面的地位，這也是老子的辯證法思想的反映。老子還說過：「夫唯不爭故無憂」（8 章），不爭也是無為的表現，其目的或結果是無憂無慮。再如老子說：「是以聖人處無為之事，行不言之教。萬物作焉而不辭，生而不有，為而不恃，功成而弗居。夫唯弗居，是以不去。」（2 章）無為的精神包括不有不恃不自傲，不居功自傲也就不會有失去功名的擔憂。這也體現了以「無為」為手段來防止走向反面的立場。

　　無為之所以能夠無不為，是因為萬物能夠自然而為，水自然而流，草自然而長，農人自然去種地，工匠自然去上工……結果就是無所不為。無為之所以能夠無敗，也是因為萬物自己在發展，社會的管理者沒有任何干涉性活動，自然也不會有失敗的效果。無為的根本意義就在於維護了萬物的自然發展。《老子》第六十四章說：

> 是以聖人欲不欲，不貴難得之貨。
> 學不學，復眾人之所過。
> 能輔萬物之自然❶，而不敢為。

聖人「欲不欲」、「學不學」、「不敢為」、「不貴難得之貨」，都是無為的精神體現，而無為的根本目的、根本表現、根本意義都是「能輔萬物之自然」。可見，無為不是無所事事，不是不負責任，不是畏縮不前，而是有著高於常人之為的抱負和理想，也就是維繫和保護天下萬物自然生長、黎民百工自然生產的秩序，也就是社會自然和諧

---

❶　「能輔萬物之自然」之「能」據帛書本改，通行本作「以」。

的理想狀態。當然，這種自然不是沒有人事活動的意思，而是沒有外力壓迫、沒有衝突鬥爭的狀況。

無為的思想內涵

在上一節我們已經說明，無為的字面意義是對人的行為的全面否定，實際意義則是對某些行為的否定，現在我們就以《老子》原文為依據考察一下無為到底表達了什麼樣的思想觀念，無為所限制或否定的是什麼樣的行為。這是看起來非常簡單，認真回答起來卻又非常困難的課題。不同的人對無為可以有不同的理解和詮釋，即使是觀點比較接近的人對無為的內容也可以有完全不同的概括形式。因此我們不奢望解決這個問題，只是盡最大努力，從《老子》原文出發，探求老子之無為的最主要的內涵，並作一個比較簡要的概括。

我們已經清楚，老子的無為主要是用於聖人的，而無為實際上是包括一系列反世俗、反常規的方法和原則的概念簇，所以我們的考察就集中於老子對聖人的描寫和一系列否定式的表述形式。經過反覆閱讀長期思考，筆者認為，老子之無為的內容可以大致從兩個方面來考查，一方面是對外在行為的要求或限制，一方面是對內在行為的要求和限制。外在要求可以概括為不爭不先，是老子關於無為的論述的主要部分，內在要求則可以概括為不有不恃或無身無欲，從理論上來說，這是無為的外在表現的內在基礎，因而是重要的，但從《老子》原文來看，則不是論述重點。

不爭不先主要是關於社會行為與行動的。對聖人來說就是無為之治，不主動干涉萬物之自然，保護自然的和諧與秩序；對一般人

來說則是從容的生活方式,不急不躁,不爭不怨。僅從表現形式來看,這和不負責任、不求進取、冷漠遲鈍容易相混,但實際內容則是完全不同的。

不有不恃是超然於得失與名利之外。對聖人來說,是有功而不自以為有功,不期待百姓的感激與歌頌;對於一般個人來說,則是含蓄而超脫的為人態度,看淡了虛榮與功名。單從表現形式來說,這很像一般人所說的謙虛謹慎之類的個人修養,但實際的出發點、追求與境界都是大不相同的。不有不恃也可以概括為無身無欲。因為這歸根結底是關係到情與欲的。對聖人來說,是不從個人欲望和感情出發治理天下,對一般人來說則是對個人情與欲的淡化。這和一般所說的節制欲望、冷酷無情是完全不同的。

我們從內在無為和外在無為兩個方面來分析無為是為了便於深入理解和掌握無為的理論意含,事實上,在老子的論述中,並沒有這樣清楚的區分。老子所說無為雖以外在為主,卻也常涉及內在的要求。這裡我們僅以關於聖人之無為的兩段為例:

是以聖人處無為之事,行不言之教。
萬物作焉而不辭,生而不有,為而不恃,功成而弗居。
夫唯弗居,是以不去。(2 章)

不尚賢,使民不爭;不貴難得之貨,使民不為盜;不見可欲,使民心不亂。
是以聖人之治,虛其心,實其腹;弱其志,強其骨。
常使民無知無欲,使夫智者不敢為也。為無為,則無不治。
(3 章)

這兩段都明確地講到「聖人處無為之事，行不言之教」、「聖人之治……為無為，則無不治」，主要是講外在的無為，能夠比較全面地反映老子的無為主張的內容。其中「不尚賢，使民不爭」，顯然是為了維護外在的自然的秩序。「生而不有，為而不恃，功成而弗居」即主張不居功自恃；「不貴難得之貨……不見可欲」、「虛其心……弱其志」、「無知無欲」強調不應放縱情欲。這都是關於內在的無為及內在無為的外在表現。

無為的外在表現

外在之無為或無為的外在表現可以概括為不爭不先。這是從「不爭」和「不敢為天下先」而來，這是無為的最主要的內容。通行本中，「不爭」一詞出現八次❶，其中第六十八章提到「不爭之德」：

> 故善為士者不武，善戰者不怒，善勝敵者弗與，善用人者為之下。是謂不爭之德，是謂用人❶，是謂配天，古之極也。

「不武」、「不怒」、「弗與」、「為之下」都是無為的具體表現，是為了達到「善為士」、「善戰」、「善勝敵」、「善用人」的目的，即以「無為」達到「有為」或超出一般之有為的效果。「不爭之德」就是無為之德。在這裡不爭與無為沒有重要的區別，只是不爭的意義較無為更具體一些。不爭之德是用人之道，又是配天之道，也是自古以來

---

❶　第三、八、二十二、六十六、六十八、七十三、八十一章。帛書本則以「不爭」、「弗爭」、「無爭」並用，共七次。

❶　「是謂用人」據帛書本，通行本作「是謂用人之力」。

的最高原則，是善於「用人」、「配天」之極致。在老子看來，無為
的原則是貫穿於天人之際，彰顯於古今之間的。所以老子說「天之
道，不爭而善勝，不言而善應」（73 章）、「天之道，利而不害。聖
人之道，為而不爭」（81 章），這也是說無為的原則有自然界或宇宙
的支持，因而有普遍而至高的意義。「不爭而善勝」、「為而不爭」的
說法明確說明無為不爭不是無所作為，而是採取與眾不同的行動方
式。老子還兩次提到「夫唯不爭，故天下莫能與之爭」（22、66
章），認為聖人不爭，就可以防止天下之爭，不爭不但不意味著失
敗，反而意味著立於不敗之地。在一般情況下，自己不主動去和別
人爭，別人也就沒有必要和你爭。在自然的秩序中，沒有爭鬥或衝
突，當然也就無所謂失敗。

　　老子還提到他的「三寶」，三寶的內容也充分體現了無為的
精神：

　　　　我有三寶，持而保之。
　　　　一曰慈，二曰儉，三曰不敢為天下先。
　　　　慈故能勇，儉故能廣，不敢為天下先，故能成器長。（67 章）

關於老子的三寶，有人解釋說：人人有慈愛之心，入則守望相助，
出則疾病相扶，戰則危難相惜。如此，戰則無有不勝者矣。「儉」與
「嗇」同義，儉以治人，則民不勞，儉以治身，則精不虧。「不敢為
天下先」，謂聖人地位雖居人民之先，然應謙退虛弱，清靜自正，而
不可為天下之先❸。這些解釋大體說來是可以接受的。查《老子》
中的先字，有先後之先（「先後相隨」2 章），也有先進之先（「天下

❸　蔣錫昌《老子校詁》，頁 409。

莫柔弱於水，而攻堅彊者莫之能先」78 章），也有先導之先（「欲先
民，必以身後之」66 章）。不敢為天下先的「先」字則可能包含上
述幾種意思。不敢為先可能有兩種情況，一種情況是雖不先而不爭
先，安然於原有的地位，另一種情況是雖先而不自居於先，這兩種
不為先都是無為精神的外在體現。

　　除了「不敢為天下先」，老子還講到很多「不敢」如何，如「不
敢為」（3、64 章）、「不敢以取強」（30 章）**⑲**、「不敢為主而為客，
不敢進寸而退尺」（69 章）。這些「不敢」的說法與「不敢為天下
先」是一致的，一方面可以指不敢求強、求主、求進，另一方面也
可以指已經處於強者、主者、進者的地位，也不敢以強者、主者、
進者自居。

　　特別值得注意的是老子講到「勇於敢則殺，勇於不敢則活。此
兩者或利或害，天之所惡，孰知其故？……天之道不爭而善勝……
天網恢恢，疏而不失」（73 章），「勇於不敢」的說法說明「不敢」
並不是怯懦畏縮，而是需要勇氣的。在群體的激烈的狂潮推動、慫
恿、裏脅下要保持「不敢」膽大妄為，的確需要勇氣的。老子認
為「勇於不敢則活」是「天之道不爭而善勝」的表現，「天網恢恢，
疏而不失」說明無為的原則有超越於人世卻又非神意的根據。

無為的內在表現

　　不爭不先主要是外在的行為表現，不有不恃則是內在精神境界
的外在體現。老子說：「故道生之，畜之**⑳**，長之，育之，亭之，毒

---

⑲　帛書甲乙本作「毋以取強」。

⑳　「畜之」通行本作「德畜之」，此據帛書本。

之，養之，覆之。生而不有，為而不恃，長而不宰，是謂玄德。」（51章）前面講道之功能、功績、作用，後面講道之玄德。道之生畜萬物的功德是宇宙中最高最偉大的，但道卻「不有」、「不恃」、「不宰」，從不以偉大自居。這也就是聖人之德，所以第二章就說：「聖人……為而不恃**㉑**，功成而弗居。」**㉒**這一思想反覆出現，如第七十七章「聖人為而不恃，功成而不處，其不欲見賢」、第三十四章「功成不名有，衣養萬物而不為主」**㉓**、第十章「生而不有，長而不宰，是謂玄德」**㉔**。這裡所說不有、不恃、不宰即不因功而生佔有、仰仗、主宰之心。

從常人的觀點來看，不有不恃即謙虛而不驕傲的意思。不過，平常的謙虛僅是世俗的美德，是純個人的修養的表現，不有不恃則有超越之道的背景，有面對整個宇宙的襟懷，二者不能同日而語。當然，老子也確有勸人謙虛、反對驕傲的言論。如第三十章云：

㉑ 「為而不恃」一句，蔣錫昌解為：「任民自為，而聖人不賴己力，而為輔助也。」陳鼓應譯為「作育萬物而不恃己能」，皆以不恃為不恃己力或己能。見陳鼓應《老子註譯及評介》，頁68。蔣錫昌《老子校詁》，頁17。高亨訓恃為德：「恃，德也，心以為恩之意也。為而不恃者，猶云施而不德，謂施澤萬物而不以為恩也。」《老子正詁》，頁8。查《說文》：「恃，賴也。」段註：「〈韓詩〉云：恃，負也。」筆者以為此句可解為「雖有所作為但不仰仗其所作所為」。

㉒ 此據帛書本「萬物作而弗始，為而弗恃也，成功而弗居也」。通行本多「生而不有」一句。

㉓ 帛書本作「成功遂事而弗名有也。萬物歸焉而弗為主」。

㉔ 此據帛書本「生而弗有，長而弗宰也，是謂玄德」。通行本多「為而不恃」一句。

以道佐人主，不以兵強於天下⋯⋯

善者果而已矣，毋以取強焉。

果而毋驕，果而勿矜，果而毋伐，

果而毋得已居，是謂果而不強。

物壯而老，謂之不道，不道早已。（帛書本）

這裡的果字雖有多種不同解釋❷，或曰果敢，或曰殺敵，都緊接前面用兵之言發揮，與後面「物壯而老，謂之不道」講普遍哲理之辭不能銜接。筆者以為，果字即一般「果然」之果，表示達到了預期目的，如「而果得晉國」（《左傳·僖公二十八年》），其反義詞即「不果」，如「欲與之伐公，不果」（《左傳·哀公十五年》）。

按照果的這種意思，本章的思想就不限於軍事行動，而是主張一切行動達到某種效果和目的即可，不應恃能逞強（善者果而已矣，毋以取強焉），有了成果也不應驕傲自得，不應矜持自誇，不應炫耀自揚（果而毋驕，果而勿矜，果而毋伐）。把成功之事（包括戰爭勝利）看作不得已而為之的人，才是能成功而不逞強的人（果而毋得已居，是謂果而不強）。事情發展到太強大就會衰老，就不符合道的原則，就會提前走向衰敗（物壯而老，謂之不道，不道早已）。這和

---

❷　河上公解「善者果而已矣」曰：「善用兵者，當果敢而已，不美之。」王弼註云：「果，猶濟也。言善用師者，趣以濟難而已矣，不以兵力取強於天下也。」司馬光云：「果猶成也。大抵禁暴除亂，不過事濟功成則止。」王安石謂：「果，勝之辭。」高亨云：「《左傳·宣公二年》傳『殺敵為果。』《爾雅·釋詁》：『果，勝也。』果而已猶云勝而止也。」蔣錫昌引《左傳》孔疏「能殺敵人，是名為果⋯⋯是軍法務在多殺。」云：「言善用師者，務在能殺敵人而已。」可參看高、蔣、王諸書。本書解釋與司馬光之說接近。

第九章反對「富貴而驕」，主張「功遂身退」，第七十章歌頌聖人「被褐懷玉」，第二十九章強調「聖人去甚，去奢，去泰」也是一致的。

關於去甚、去奢、去泰，有人解釋為：「物有固然，不可強為，事有適當，不可復過。」 ❷⑥ 強調 「適當」 的意義。蔣錫昌說：「『甚』、『奢』、『泰』三字並詞異誼同，皆指有為而言。此三字之反，即四十八章之 『損』，五十九章之 『嗇』，六十七章之 『儉』。『損』、『嗇』、『儉』三字，亦詞異誼同，皆指無為而言。『是以聖人去甚，去奢，去泰』言是以聖人去有為之政，而行無為之治也。」❷⑦綜合以上說法，「聖人去甚，去奢，去泰」從總體上體現了無為的精神，具體說來則反對過分和奢侈的行為，強調適度與適當的意思。

不爭不先限制的主要是外在的行動，特別是主動的、進取的、進攻的、強力的、干涉性的行動。不有不恃主要是對某些態度表現的否定和限制，所反對的主要是上述行為，如爭強、爭勝的內在的欲望基礎，如佔有、主宰、炫耀等等。如果說不爭不先反對的是對他人他物佔有和主宰的行動，那麼不有不恃反對的則是對他人他物佔有和主宰的欲望和傾向。一個人可能實際上佔有或主宰著他人他物，但他不以此為理所當然，而認為是「不得已」的事，更不以此而得意炫耀。這是無為的內在精神體現。

相對於不有不恃，無身無欲針對和限制的則是更為一般的欲望，包括生理和心理需求的過分發展和膨脹，如意志、情感以及榮譽感、享樂之心等。《老子》第四十六章提出：

　　禍莫大於不知足，

---

❷⑥　薛蕙《老子集解》，轉引自陳鼓應《老子註譯及評介》，頁 186。
❷⑦　蔣錫昌《老子校詁》，頁 197–198。

咎莫大於欲得。

故知足之足，常足矣。

「禍莫大於不知足」與「咎莫大於欲得」是可以互換的同義文句，原文也包含「禍莫大於欲得」與「咎莫大於不知足」的意思。罪責和災難的最大根源在於「得」的欲望，或者說在於「不知足」的欲望。爭天下，爭權力，爭地位，爭名譽，要征服，要主宰，要佔有，要炫耀，這都可以歸結為「欲得」和「不知足」，這一切都會帶來麻煩，甚至是災禍。因此老子提出「知足之足，長足矣」，此言有深刻的道理。

滿足是一種心理狀態，這種心理狀態與價值觀有密切關係，價值觀有問題，自己的欲望太多，期待太高，就永遠不會有滿足感，也就永遠不會快樂。較高的欲望和期待可以促進努力競爭，也可以帶來無窮煩惱和衝突鬥爭。所以欲望和期待都必須限定在適當的範圍內，也就是要懂得知足。所以老子在第四十四章說：「知足不辱，知止不殆，可以長久。」第三十三章也說：「知足者富。」

此外老子也偶爾提到無心（帛書 49 章）、無身（13 章）、無私（7 章）、不仁（5 章），也較常提到無欲（1、3、34、37、57 章）、無知（3、10、70 章），這裡沒有必要詳細討論這些說法的內容。大致說來，這些說法和無為一樣，也是以全稱否定的形式表達部分的否定和限制，都是對意志、欲望、情感等主觀精神方面的某種約束。此外，第十二章還提到「為腹不為目」的問題，也是要在保護基本需求的同時控制過分的享樂追求。不過，在這些方面老子雖有所論及，卻不是論述重心所在。

無為之為高於常規之為

　　老子有關無為的表述所推重的行為或態度往往是與世俗的價值和方法相反的。比如，一般人都以戰爭的勝利為榮耀，勝利了當然要大張旗鼓地慶祝，但老子卻主張「戰勝以喪禮處之」，提倡「勝而不美」（31 章）。這並不是老子從根本上反對勝利或不要勝利，而是老子有更高的價值標準，這個更高的價值標準是什麼，老子沒有明確講出來，但是，從老子思想的整個體系來看，這個標準就是社會總體的自然的和諧以及社會中個體生命的意義。

　　又比如，一般有權位的人往往容易產生征服天下、統治天下的雄心或野心。而征服天下的方法當然是主動的，進取的。然而老子卻主張「以無事取天下」。第四十八章說：「取天下常以無事，及其有事，不足以取天下。」第五十七章也說：「以正治國，以奇用兵，以無事取天下。」這裡的「取」字從河上公以來就註為「治」。這種註已被廣泛接受，蔣錫昌論證古代「取」與「為」通，「為」又與「治」通，所以「取」與「治」通❷❽。這樣解釋似乎也說得過去。但一方面未免有些迂曲，另一方面把「取天下」完全當成「治天下」，也把《老子》的思想簡單化了。其實，這個取字和第六十一章「大國以下小國，則取小國。小國以下大國，則取於大國」中的「取」完全一致，不應該有不同的解釋。但是蔣錫昌卻根據某些版本把這個取解釋成聚，實在是捨近求遠。帛書本、河上本、傅奕本、王弼本都作取，解取為「聚」根據不足。事實上，《老子》中的這些取都可以解作獲取的意思。

---

❷❽　蔣錫昌《老子校詁》，頁 304。

查《說文》「取」本意為「捕取」。「取」之引申義多與取得或獲取有關。如《詩經·豳風·七月》「取彼狐狸，為公子裘」，〈小雅·甫田〉「倬彼甫田，歲取十千」，《左傳·莊公六年》「而君焉取餘」，〈莊公十一年〉「覆而敗之曰取某師」，《論語·公冶長》「好勇過我，無所取材」，這些「取」字當隨文訓詁，不能以一個固定的解釋套用到所有的句子中，但大體說來，這些句子中的取字多與獲取有關，如獵取、收取、獲取、取勝、選取、求取。從先秦典籍中的用法來看，把取解釋為治理之治是很少見的。

事實上，《老子》中「取天下」之取的用法應該參照《左傳》的訓釋。《左傳·昭公四年》：「取鄫，言易也……鄫叛而來，故曰取。凡克邑不用師徒曰取。」❷❾這是獲取采邑的例子，用取字是為了特別強調取得之易，是人家投誠過來，自己未用一兵一卒，既未費心，也未用力。這種「取」與老子的無事而取天下的取恰巧相合。《左傳·襄公十三年》也說：「邾亂，分為三，師救邾，遂取之。凡書取，言易也。用大師焉曰滅。」❸❶顯然，春秋末年用取字和後來竊取某權、奪取某國的概念毫無關係。「取」特指非常容易，無須動用武力的情況。如果用武力戰勝而取得，在當時是用「滅」字的。

按照《左傳》中「取」字的這一用法來解釋《老子》的以無事取天下就非常順暢，與他的一貫主張完全相合而毫無齟齬，而且突出了《老子》思想中的不同側面，即不僅有無為而治天下的一面，也有無事而取天下的一面。在《左傳》中只有以無事取某邑、某國的例子，而老子則提出了以無事取天下的理想，這是老子思想的獨特之處，也是他的無為理論與世俗的價值和方法有重要不同的例證。

---

❷❾　楊伯峻《春秋左傳注》，頁 1254。

❸❶　同上，頁 998。

老子關於「取天下」的觀點在第二十九章中表現得更為明顯：「將欲取天下而為之，吾見其不得已。天下，神器也，不可為也。為者敗之，執者失之。」❸老子認為，做任何事都應該是順其自然的，「取天下」也應該如此，如果不顧自然之勢，把「取天下」當作一般的事情，用直接爭取、爭奪的「為」的方法，那就一定得不到。所以說，天下乃神器，不是可以當作一般的事物去做去求的，硬要「為之」，必定失敗，硬要抓住它，也必定會失去它。這和一般人認為要獲得天下就必須去爭奪，或處心積慮玩弄陰謀，或窮兵黷武仰仗武力的看法作法都是大不相同的。

雖然無為主要是聖人治理天下的方法，但對一般人的日常行為也是有意義的。因為無為是老子的以反求正、以弱勝強的一般性方法的集中體現，老子對無為理論的經驗性論證依據的就是奇正相依、正反互轉的辯證概念❸。所以，無為就不僅有聖人治理天下這一個應用面，而且對一般人的行動也有指導意義。在這方面，無為也是與習俗的方法不同或相反的。比如，一般人都喜歡追求安全、長生、領先的地位和個人的私利，其追求的方法也多是直接的、正面的、強烈的，老子卻主張從反面入手，以間接的、後發制人的方法去達到更好的效果。他說：「聖人後其身而身先，外其身而身存。以其無私，故能成其私。」（7章）這裡，求先、求存、求私利是一般人都有的興趣和追求，顯然可以超出聖人治理天下的範圍。不過，老子所提倡的方法是以後求先，以外求存，以無私成其私，這和通常的或世俗的方法是相反的。這是無為的概念反習俗的特點所在。

這裡「以其無私，故能成其私」一句或許可以被誤解為表面上

❸ 此處「天下，神器也」中「也」字據帛書本加。
❸ 詳見下章。

沒有私欲，卻在暗中孜孜以求私欲的實現，從而助長某些人自作聰明、玩弄權術的卑陋心理，甚至被引入「厚黑學」的窠臼。然而這與老子思想毫不相干。老子相信事物自然的發展，以坦蕩的態度等待形勢向有利的方面轉化，從這樣的態度出發，達到了目的不會沾沾自喜，沒有等到期待的結果也不會怨天尤人。這種因任自然的態度和滿腹機心的企盼顯然是不同的，二者的效果也會是涇渭分明的，即使別人沒有注意，自己的內在感受也肯定大不相同。

正如「道法自然」一語說明道是自然的形而上基礎，「道常無為而無不為」 也說明道是無為的形而上基礎。不過，如果我們相信「為」是指人的行為，而不包括無生物的運動和反應，那麼，我們只能說「道常無為而無不為」是一種擬人或比喻的說法，因為道並不具有人格或神格的特點，道不是類似於人類或神明的行為主體。這樣說來，「道常無為而無不為」是有意地為無為的原則提供最高的形而上的根據，而不是一個簡單的陳述。需要略加討論的是，在兩種帛書本中，「道常無為而無不為」都作「道恆無名」，我們還沒有足夠的理由判斷《老子》最初的版本是什麼樣的，然而，即使《老子》原本是「道恆無名」，也仍然不影響道作為無為的形而上基礎的地位。正如上文所說，無為其實是一系列否定式概念的集合或代表，無名本是無為的題中應有之義，「道恆無名」的說法支持的也仍然是無為式的行為方式。

「道法自然」必然要求道是無為的，反過來也可以說，道之無為正是「道法自然」的表現。《老子》第五十一章講「道」「生而不有，為而不恃，長而不宰」，在第十和第二兩章中，這種不有、不恃、不宰的行為卻是聖人的玄德。這也說明聖人之無為正是道的特點的體現，是貫穿於形而上與形而下世界的根本之道為人的行為提

供了最高的楷模。因此,道不僅是自然的價值的形而上基礎,也是無為的方法性原則的形而上基礎。所謂「為道日損」的說法也暗示了道作為無為的形而上基礎的含義。

第三節　無為概念的現代意義

從字面來看,無為就是沒有任何行為、作為或行動。這是一般人望文生義的理解,完全脫離了《老子》的語言環境和歷史情況,這種誤解不在我們討論的範圍之內。為了探討無為在現代或後現代社會的意義問題,我們先來總結上文的主要結論。

無為的三層意含

首先,從古漢語的考察出發,無為可以解釋為「有而似無」的行為或行動。這一層意義符合無字的本義,也符合老子所說的無為的特點。「有而似無」主要是從效果來說的。某種行為已然發生,並產生了很大的影響,但人們卻很少意識到它的存在和作用,這就是無為之為,以此方式治理天下就是無為而治。這樣的行為有實際的社會效果,又不會引起社會的震盪不安。

其次,從具體的語言環境來看,無為提倡的主要是聖人反世俗傳統的「治天下」、「取天下」、「蒞天下」的方式。這種方式與傳統的價值和習慣完全不同,甚至相反,是對常見的干涉性、控制性的統治方法的否定和修正。無為的概念本身並不是統治術,而是一種政治智慧和社會理想的表達。無為之治的目的在於社會的整體和諧性和個人生活的自主性,它既不是一般人的生活原則,也不是通常

的「君人南面之術」。無為之治的特殊價值就在於有效而無形，有秩序而無壓迫，有和諧而不僵固。無為所期待的是社會的自然的穩定。

以社會的自然穩定與和諧為價值、為理想、為希望，這是老子之無為的具體意義或主要意義。無論是無為的具體意義還是一般意義都體現了實有似無的特點，體現了老子所說的「有之以為利，無之以為用」（11 章）的辯證關係。無為之治或以反求正都是人有意識採用的方法，其目的都是讓客觀因素自然發展或運作，實現其有利的效果。無為的基本精神是保障事物的自然的發展，這和無意識地隨順了自然的發展有境界上的不同。

最後，作為一般性的方法，無為不是一個清晰的單純的概念，而是一個集合式的簇概念，也就是說，它是各種反習俗、反慣例的、以否定式表達的行為方法的集合與代表。它是老子的以反求正、以弱勝強的一般性方法的集中體現，其理論基礎則在於奇正相依、正反互轉的辯證觀念。作為一般性的方法論的表述，無為的原則就不僅適用於聖人行為，也適用於一般人的日常活動，其實質即以超世俗的方式處理世俗事務，其效果則是緩解世俗生活的壓力和緊張，從而能夠在世俗生活中實現自然的價值。

以上三方面的概括是從本章考察的順序和無為的適用性出發的。下面我們從無為論的價值取向、無為的概念內容及特點、無為的表現效果、無為的主要適用性、無為作為一般方法的寓意、無為作為哲學概念的絕對意含或抽象意含、無為的理想狀態或目標等方面來考察老子的無為的特點以及在現代社會的意義問題。

無為論的價值取向

　　上文已經指出，無為論的價值取向是超世俗、反常規的。這是因為老子對當時的社會現實有否定的悲觀的傾向，但是他又非常樂觀地認為無為式的治理方法可以從根本上解決問題。老子和孔子對當時的動亂的現實都是不滿意的，不過，孔子認為問題出在原有的社會管理機制受到了削弱和破壞，要解決問題就要重新恢復它，加強它，於是孔子順著原有的社會秩序以及維護這種秩序的禮義和道德原則努力去強化原有的社會穩定機制。因此，孔子的思想體系是代表傳統、維護現實的，是企圖恢復和加強傳統來補救現實的。老子則認為原有的一套政治道德體系本身已經是對社會的過分的干涉和控制，統治者的行為已經破壞了小國寡民、田園牧歌式的生活。因此，聖人式的統治要一反常規，改變原有的行為方向和方式。所以老子哲學表現的是反傳統的，是否定原有的發展方向的。孔子似乎要女媧補天，老子則希望黃水倒流。孔子和老子代表了人類社會發展過程中的兩種基本思想理論傾向，這兩種基本傾向幾乎總是同時出現的，沒有任何一方可以完全取代另一方。

　　今天世界很多國家和地區已經先後進入所謂現代化或後現代化的階段，這兩種思想傾向也仍然存在。這是因為人們面對的現實仍然是矛盾的。一方面人們有了許多前所沒有的機器電氣設備，大大減輕了人們的勞動，另一方面人們卻變得更加忙碌，難得清閒；電腦的普及大大提高了人們的工作效率和工作質量，與此同時，人們又逐漸變成了電腦的奴隸，一旦電腦「發脾氣」、「消極怠工」，絕大多數人都無可奈何，束手無策；一方面日新月異的交通和電訊設備

為人類提供了便捷有效的交流工具,把不同地方的人們的關係拉近,使得「地球村」的概念變得時髦起來,另一方面人們之間也變得越來越難以溝通,在越來越舒適的新型住宅中,近鄰變成了陌生人;一方面人們有了威力越來越大的武器,可以有效地保護自己,攻擊敵人,與此同時,核武器的發展已經到了可以把全人類毀滅七次的地步。

總之,物質的追求、個人的享受永無止境,隨之而來的困擾、危險也永無止境;科學技術的進步給人們帶來的利益令人歡欣鼓舞,同時帶來的難題也令人感慨萬千。激烈的競爭使人類發展的加速度越來越大,給人們帶來的好處越來越多,但由此帶給人們的精神壓力、疑難和危險也與日俱增。在這種情況下,有人堅信高速的經濟和科技發展終將能解決這些問題,也有人主張不論多大代價也要先把「現代化」拿到手再說。我們則說,高速發展所帶來的問題不能靠高速發展本身來解決,為人類的未來考慮,應該看到高速發展所帶來的危害並設法限制和糾正這種危害,這就是現代的老子的價值取向。現代的無為理論至少可以讓我們在現代化、商業化、世俗化的大潮中不至於因為太幼稚、太淺薄而盲目樂觀。這是無為的價值取向的現代意義。

概念的模糊性

中國古代哲學家使用的概念往往是模糊的,無為的概念尤其如此。同樣是老子的最重要的哲學概念,無為也不同於自然。自然的字面意義與實際意義都是自己如此的意思,我們也可以從自然的概念中分析出自己如此、本來如此、通常如此等幾層更具體的內容,

但是，對於無為，這種分析的方法似乎無效。因為無為實際上是一系列否定式表達的模糊的觀念簇。硬要把它規定或分析得一清二楚，可能是為混沌鑿七竅，七竅成而混沌亡。今天我們要從現代社會的現實出發重新解釋或定義無為應該力求清楚明白，但也不能期待它像一個科學的概念或西方哲學的理論概念一樣清晰，因為我們無法消除無為的字面意義和實際意義之間的差距，也很難找到一個更準確的詞來表達無為的含義。

筆者曾提出「中為」的概念。其中「中」字讀如「眾」，取其中肯恰切之義來作形容詞。「中為」就是中肯恰切的行為原則，這是我們非常需要的一種關於分寸感的概念，在大的時代課題中尤其如此❸。長期以來，我們只講大是大非，把一切都分成絕對正確與絕對錯誤的兩方，製造或加劇兩軍的對壘，完全沒有分寸感的概念。因此，「中為」是來自於古代哲學又有現實意義的概念。但它還是不能代表無為的價值取向。我們可以試圖對無為的內容作出清晰的解說，但是我們不能期待它脫胎換骨。在科學昌明的今天，我們也還是不可能指望、也不應該指望一切都如數學公式一樣確實明白。也就是說，我們還必須接受和容忍中國哲學的某些概念的模糊性。事實上，人類的模糊認識的能力不僅是不能避免的，而且還是必要的和有益的。沒有這種模糊認識的能力，人們就無法認出相貌和服飾每天都會有某些變化的親人和朋友。在哲學領域中，我們也應該接受人類認識的這一特點。

無字的原義是「實有而似無」，以此來解釋無為在今天還是適用的。從古到今，沒有人能夠真正毫無行動，毫無作為。實有似無的說法更準確地表達出了無為的實際要求，消解了無為的字面意義與

❸ 見拙著《兩極化與分寸感》，第七章。

實際意義之間的矛盾，使無為不再是純然否定的表達形式，而成為對一種不為人注意卻在實際發揮作用的行為方式的肯定。我們今天所講的無為應該就是這樣一種寓有為於無為之中的作為。這樣的無為求有為之效而避有為之害，力爭把行為的阻力和代價減少到最小的限度。這樣的管理方式才能為社會中的各個相對獨立的單元的發展留下自然運行的空間。

這種「有而似無」的行為方式似乎容易和陰謀相混淆，但正如我們沒有辦法防止治病救人的手術刀被用來傷害人一樣，我們也沒有辦法完全防止一個哲學概念被歪曲使用。事實上，一個哲學概念一旦誕生，一旦它從哲學家的書齋進入實際生活的領域，我們就沒有辦法禁止別人從不同的方向對它進行詮釋或歪曲，理解或誤解，學習或利用，發展或修正。我們只能盡可能從正面出發來闡釋無為的內涵和意義，減少人們對無為的誤解和歪曲。不過，在很多情況下，一個人如果從陰謀的角度實行無為的原則或追求表面的「自然」的效果，最終還是難免暴露的。因為玩弄陰謀的人或小團體必有自己不便告人的目的，這和從社會整體狀態出發所追求的自然無為顯然是不同的。同時，實行自然無為的原則就不能壓制不同的力量，因而也就不能允許壓制對陰謀的質疑和揭露。所以，即使考慮到自然與無為被歪曲的可能性，它也仍然高於直接的干涉和控制。

無為的適用性

在《老子》中，儘管無為有它的一般意義，但應該看到，無為首先是對聖人的要求，既不是對一般平民的要求，也不是對一般當權者的建議。老子雖然希望當權者接受和實行他的無為之治的理想，

但他並沒有直接去向統治者出謀獻策。哲學畢竟不同於政治學，政治學也不同於政治的操作。這一點在今天也還是值得注意的。我們只能期望現代的社會管理者像聖人一樣實行無為之治，而不能把無為的理論當作現成的管理方案要求任何人去實行。由於理想中的自然和諧的社會不是普通個人的力量可以實現或破壞的，人們就有理由希望各級管理人員首先理解和實行無為之治。老子把無為而治的理想寄託於並不存在的聖人，我們則有理由把實現自然和諧的秩序的責任歸之於社會的管理者。因為管理者的行為方式直接影響到社會的生存和發展狀態。高明的管理可以「有而似無」，拙劣的管理則可能雞飛狗跳。

比如傳統的交通指揮方式是警察站在路口中央，憑自己的經驗和責任感來安排車流的運行，好的警察可以把車輛指揮得有條不紊，而經驗不足或不負責任的警察則可能製造出更多的麻煩。而高速公路和立體交叉橋就沒有這種因人而異的問題。站在路口中央的警察就相當於傳統的有為而治，高速公路就相當於無為而治，高速公路對個體的控制實有似無，一方面非常有效地控制了交通秩序，另一方面又使車輛的行駛方便自如，既從總體上維持了平衡和穩定，又給個體提供了更多的自主選擇的機會。這就是總體的自然有序和個體的自由自主達到了統一。如果我們把無為作為實現社會自然、和平、穩定發展的手段，那麼無為便可以重新定義或解釋為「實有似無的社會管理行為」，具體說來，就是通過最少的、必要的、有效的法律制度和管理程序把社會的干涉行為減少到最低限度，從而實現社會的自然和諧與個人自由的協調發展。

我們還指出，無為的一般意義是以反求正、以弱勝強的方法論原則。這對一般人來說也的確是一種智慧，至少提供了「柳暗花明

又一村」的可能性。許多當代的有所成就的知名人物都講到過有所不為而後有所為的道理。在人人都爭著擠著走向一個目標的時候，自己是不是也要擠進去，其實是值得深思的。在爭取一個目的實現的時候，以退為進也往往是一個很好的辦法。在強權即公理的時代，也不見得「硬到底」就是最好的或唯一的選擇。柔弱勝剛強是生活中可以常常見到的現象，不爭而得也並非是不可能的，勉強爭來的成功雖然值得慶幸，其代價也往往令人不堪回首。無為理論也為普通人在世俗的潮流中作不同的選擇提供了一個可能的導向。雖然無為而治的理想主要靠社會的管理者來推行，但被管理者的心態和境界也會影響到社會的實際狀態，這也是不言而喻的。

無為的絕對意含

儘管無為是「有而似無」的行為，但它畢竟不同於「有而似有」的行為。無為不同於有為之處就在於它畢竟是對人類的通常的社會行為的一種取消、限制或修正，而絕不是鼓勵。這就是無為的絕對意含或抽象意含。說它絕對或抽象是因為這一意義不同於前面所說的兩種情況，說無為主要以聖人為「施事」，說無為也有一般的方法論意義，這都是從《老子》原文中歸納和推論出來的。可以說是老子的無為的意含或特點。「無為是對通常的社會行為的限制和取消」卻不是從任何一段道家的原文中可以直接導出的，而是從各家無為理論的演變中抽象出來的，它概括了各家無為理論的共同性，卻不等於任何一家的無為定義❸。顯然，無為的這種絕對或抽象意義在

---

❸　參見拙作 "Wuwei (Non-action): From Laozi to Huainanzi", *Taoist Resources* 3: 41–56 (1991)。

今天仍然有相當的價值。或者說，它更容易引入現代社會。因為，人類是無法避免犯錯誤的。對人類的某些社會行為的限制和取消有利於減少人為的災難。

一般說來，人類的錯誤可以分為兩大類，一類是過分的行為造成的，一類是努力不夠引起的。努力不夠造成的後果可能是嚴重的，但畢竟節約了人力、物力、精力，留下的空白處女地還比較容易「畫最新最美的圖畫」。而過分努力所造成的危害不僅可能更為嚴重，而且更難補救和恢復。因為不僅要拆除和清理原有努力所造成的障礙和廢墟，而且還要承受人類精力、財力和生命的無償而有害的巨大支出所帶來的心理創傷。所以，無為的概念有助於防止過分的社會支出，它相當於人類社會行為的剎車機制，任何有動力的車輛都必須有剎車裝置，有動力而沒有剎車機制的車輛無異於自殺的工具，沒有減速和制動機制的社會行為和運動也就是自我毀滅的過程。道家的無為的概念作為約束人類社會活動的思想上的剎車機制在今天仍然是有意義的❸❺。

無為的理想狀態是社會整體的自然的和諧，並為個體自由提供適當的空間。今天，我們要不要無為的概念實際上是要不要以自然和諧為價值的問題。如果我們承認自然的秩序高於強制的秩序，那麼我們就會發現老子之無為的概念是我們的智慧的一個來源。

---

❸❺　參見拙作《兩極化與分寸感》，頁 260–261。

第五章

正與反：關於自然與無為的經驗性論證

　　自然是老子哲學的中心價值，無為是老子實現自然之價值的方法和原則。然而，為什麼要追求自然的秩序？怎樣實現自然之和諧？為什麼要實行無為的原則？怎樣認識無為之治的意義？對於這些問題，老子是從兩方面來回答和論證的。一方面是從經驗事實和辯證法的角度，主要是正反相依、正反互轉等觀念來說明自然與無為的合理性或必然性，另一方面則從宇宙之根本存在和運動方式的角度，即「反者道之動，弱者道之用」來證明自然與無為的崇高意義。本章討論老子的辯證法之內容特點以及老子怎樣從辯證法的角度為自然與無為提供論證，下一章則討論老子之道的性質以及老子怎樣為自然與無為提供形而上之論證。

　　辯證法一詞是從西方哲學概念 dialectic 翻譯過來的，其沿用歷史很久，內容也相當複雜。它起源於古希臘，最初的意思是談話術、討論術或辯論術。在西方哲學史上，不同時期的不同哲學家對辯證法的解釋和運用完全不同，簡單說來，辯證法成為重要的哲學概念而受到重視主要是從黑格爾 (Hegel, 1770–1831) 開始的，特別是伴隨著馬克思主義的傳播而日益受到重視。哲學家對辯證法的理解和強調有各種傾向或派別，即使在同樣宗奉馬克思主義的理論家當中，對辯證法的解釋也不盡相同，如沙特和史達林、楊獻珍與毛澤東等。這裡我們只採用學術界對辯證法的最一般的解釋，把辯證法當作是強調事物內部和事物之間矛盾統一關係的學說，而不以某一家之概念為唯一依據。把這種最一般的辯證法的概念運用於對老子哲學的分析是毫無困難的。

　　辯證法是中國現代哲學中較晚使用的概念，胡適的《中國哲學史大綱》和馮友蘭的兩卷本《中國哲學史》都還沒有提到老子的辯證法。最早研究與介紹老子辯證法的是張岱年先生。張先生在一九

三二年發表的〈先秦哲學中的辯證法〉一文中把老子的辯證法概括為三點。第一，認為事物的變化是經常要走向反面的。第二，如果預先採取了反面的形態，能自己先作一定程度的反、表面的反，便可以防止整個的反和真實的反。第三，差異是相對的❶。當辯證法的觀念在中國普及之後，一般人都認為老子哲學的辯證法只講對立面的轉化，不講轉化的條件，因而是素樸的、低級的。進入八十年代，張先生則針對一般人的觀點進一步提出，老子所講的對立面的轉化是有條件的，老子並沒有完全忽略轉化的條件❷。

　　一般說來，中國大陸的哲學史著作討論老子辯證法思想的非常普遍，觀點也往往大同小異。近期比較值得注意的是牟鐘鑒的研究，他稱老子的辯證法思想為「逆向思維模式」，把它概括為七種情況，即相反相成、正言若反、物極必反、由正入反、防正轉反、消解矛盾、返本歸初。這是對老子辯證法較為全面的分析和整理❸。相比之下，港臺和外國學者對老子的辯證法研究很少，多數有關老子的著作都沒有提到老子的辯證法。

　　老子的辯證法在老子哲學的體系中實在佔有相當重要的地位。沒有老子的辯證法，老子對自然的追求，對無為的強調就都無法理解了，道的弱之用、反之動也就都失去了現實的根據和意義。如果說，自然、無為和道是老子的最主要的概念，那麼這些概念的經驗基礎就都在他的辯證法之中。

---

❶　張岱年《張岱年文集》卷一，北京：清華大學出版社，1989，4，頁 120–122。又見所著《求真集》，長沙：湖南人民出版社，1985，頁 20–29。

❷　張岱年〈中國古代辯證法思想發微〉，見《中國哲學發微》，頁 307–309。本書採用了張岱年先生的觀點。

❸　牟鐘鑒等《道教通論——兼論道家學說》，頁 168–172。

第一節　在正反之間的價值取向

中國古代的辯證法大體有兩個源流，一個是以《周易》之傳統為中心的，一個是以《老子》思想為中心的。由於《周易》不是一個人的著作，較早的經的部分沒有成熟的辯證法思想的表達，而《易傳》的部分成書於戰國中期，晚於《老子》，因此我們可以說老子是中國歷史上最早提出系統的辯證法思想的哲學家。《孫子兵法》中也有豐富的辯證法思想，但其精神沒有超出老子的廣度和深度。

《老子》中對立的觀念

辯證法討論的是對立雙方的統一，這種理論的基本前提就是要在通常的事物中看到相反的方面，在似乎單一的事物中看到對立的兩個方面。老子就非常善於從對立面的相互聯繫的角度來思考和提出問題。老子思想中的辯證法之豐富，便首先表現在他所使用的正反成對的概念特別多。《老子》八十一章中，將近一半的篇章提到成對的或對立的概念，如有無、強弱、損益、巧拙、貴賤、主客、進退、正反、奇正、虛實、寵辱、難易、吉凶等等，總計至少有八十多次。像《老子》這樣繁密地使用和討論成對的概念，在其他同類著作中是絕無僅有的。這是老子重視辯證法、善於運用辯證法的一個表現。

《老子》中所提到的成對的概念涉及的範圍非常廣。比如，關於有無的有：有名，無名；有欲，無欲（或曰常有，常無）❹，見

---

❹　《老子》第一章按帛書本當讀作「故常無欲也，以觀其妙；常有欲也，以

於第一章。另外單講有與無的見於第二、第十一、第四十章。（以下各章只寫數字）這些關於有無的概念討論的多與道或萬物有關，體現了老子對整個世界的基本看法，即整個世界，從整體到具體，都包括有與無兩個方面。這兩個方面相依不離，所以說「有之以為利，無之以為用」。

關於一般之對立的概念有：彼、此（12、38、72章）；正、反（78章）；正、奇（57、58章）；陽、陰（42章）；雄、雌（28章）；牡、牝（61章）。這裡雄雌、牡牝可用於一切動物或生物，而彼此、正反、正奇、陽陰則可以用於一切事物。在這些代表對立雙方的概念中，正反或奇正最能代表老子的辯證法觀點。

關於剛柔的有：強、弱（3、36、78章）；剛強、柔弱（36章）至堅、至柔（43章）；強、柔（52章）；堅強、柔弱；強大、柔弱（76章）；剛、柔（78章）。《老子》中有六章反覆講到剛柔的問題，強調柔弱勝剛強的道理。柔弱勝剛強是老子的辯證法的一個基本命題，代表了老子哲學的價值取向，是老子哲學中最有特色的觀點之一。

關於價值判斷的有：美、惡（2、20章）；善、不善（2章）；榮、辱（28章）；善、妖（58章）；貴、賤（36章）；寵、辱（13章）；吉、凶（30章）；福、禍（58章）；大白、辱（41章）。這是一些有較明顯價值色彩的對立概念，在這些概念中，老子的價值取向與一般或世俗的傾向有明顯不同。

其他有關人事的還有：難、易（2、63章）；實、虛（3章）；畏、不畏；昭昭、昏昏；察察、悶悶（20章）；曲、全（22章）；結、解；閉、開（27章）；行、隨；噓、吹；挫、隳（29章）；知

觀其徼」。通常或讀作「故常無，欲以觀其妙；常有，欲以觀其徼」。

人、自知；勝人、自勝（33章）；奪、與（36章）；進、退（41、69章）；戰、守（67章）；主、客（69章）；益、損（42、48章）；得、亡；藏、亡（44章）；巧、拙；辯、訥；熱、寒（45章）；勇、慈；廣、儉（67章）。這些對立的概念大多與人的行為或社會生活有關，老子用這些概念表達對立面的普遍的相依不離的聯繫以及他本人與世俗不同的價值取向。

關於時間、空間和物理特性的有：前、後（2章）；先、後（67章）；左、右（30章）；長、短（2章）；上、下（14章）；高、下（2、39、77章）；重、輕（26章）；大、細（63章）；音、聲（2章）；噭、昧（14章）；白、黑（28章）；明、昧（41章）；直、枉（22章）；直、屈（45章）；盈、窪（22章）；多、少（22章）；盈、沖（45章）；成、缺（45章）；新、敝（22章）；廢、興（36章）；躁、靜（26、45章）；歙、張（36章）；夷、纇（41章）。這些對立的概念多是對客觀事物或現象的描述，但老子有時也會用來表達他的價值取向。

上述成對的概念涉及了形而上學、宇宙自然、價值判斷、處事原則等很多方面，討論的問題包括社會、人生、政治、戰爭等很多內容，這說明老子的辯證法運用得相當廣泛和圓熟。不過，這僅是一個方面的表現，老子不用形式上整齊對立的概念來表達辯證法思想的情況也很多。

老子的辯證觀念與價值取向

上文說過，《老子》中有三十多章，八十多次使用成對或對立概念來表達他的辯證法思想，其中將近一半是表達或論證對立面相依

不離的關係，這是一般的辯證法原理，不是我們討論的重點。值得我們注意的是，老子所用的成對概念有一半都表達了一種與世俗相反的價值取向。如果我們把通常的價值取向稱之為「正」，那麼老子的價值取向就往往是「反」。

如第二十章，一般人取「昭昭」和「察察」，老子獨取「昏昏」、「悶悶」；

第二十二章，一般人直接追求 「全」、「直」、「盈」、「新」、「得」，老子則傾向於「曲」、「枉」、「窪」、「敝」、「少」；

第二十八章，一般人重視 「雄」、「白」、「榮」，老子則強調守「雌」、守「黑」、守「辱」；

第三十三章，一般人重視「知人」、「勝人」，老子則更重視「自知」、「自勝」；

第三十九章，一般人推崇「貴」與「高」，老子則強調「賤」與「下」為基本；

第四十一章，一般人單單追求「明」、「進」、「夷 (平)」、「大白」，老子則強調不應忽視「昧」、「退」、「類 (不平)」、「辱」；

第四十四章，一般人要「愛」要「藏」，老子則指出這會導致「費」與「亡」；

第四十五章，一般人喜歡「成」、「盈」、「直」、「巧」、「辯」，老子則強調「缺」、「沖」、「屈」、「拙」、「訥」的意義；

第四十八章，一般人追求為學日「益」，老子追求為道日「損」；

第六十一章，一般人相信「牡」以動勝「牝」，老子則說「牝」可以靜勝「牡」；

第六十三章，一般人重視 「難」 與 「大」，老子則強調應從「易」與「細」入手；

　　第六十七章，一般人崇尚「勇」、「廣」、「先」，老子卻認為「慈」、「儉」、「後」更重要；

　　第六十九章，一般人用兵喜歡為「主」而「進」，老子卻主張為「客」而「退」；

　　此外，在第三十六、四十三、五十二、七十六、七十八等章中，在「剛」與「柔」、「強」與「弱」對比時，老子總是推重和強調「柔」與「弱」的方面，如「柔弱勝剛強」（36 章）、「天下之至柔，馳騁天下之至堅」（43 章）、「守柔曰強」（52 章）、「堅強者死之徒，柔弱者生之徒」（76 章）、「弱之勝強，柔之勝剛」（78 章）這種重柔弱的價值取向或方法性原則和一般世俗的傾向也是相反的。

　　以上大量例證充分說明老子的辯證法有一種反世俗、反常規的傾向，有突出的價值色彩。老子的辯證法雖然有對自然現象的觀察與概括，有對世界普遍規律的關懷，但重心或意向卻在於一種與世俗或常規不同的價值和方法，因此與一般的辯證法理論有鮮明不同。認識這一點，對於我們把握老子之辯證法的特點是有重要意義的。

　　我們知道，自然、無為、道，這些概念都是老子自己提出的，而作為老子哲學的重要組成部分的辯證法卻是我們從現代哲學中借用的概念。為了避免人們用特定的辯證法概念來理解和評價老子的辯證法，也為了更好地反映老子思想的特點，我們似乎可以嘗試用老子自己的術語來指代老子的辯證法。上文提到在《老子》中代表對立概念的最一般性名詞有彼此、正反、正奇、陽陰。陰陽的概念當然可以代表最一般的對立面，但陰陽的概念本來與物理現象關係密切，《老子》云「萬物負陰而抱陽」，《周易‧繫辭上》也說「一陰一陽之謂道」，顯然均非側重於人事。陰與陽很有普遍性，但如果把老子的辯證法概括為陰陽觀卻不足以反映老子思想的特點，因為陰

陽觀涉及中國古代各家各派的學說，尤其更能反映《周易》的辯證法的特點，所以我們不宜採用陰陽的概念來描述老子的辯證法。彼此的概念在《老子》中出現三次，都是重複「故去彼取此」，離開原文來看，彼與此的概念所指意含並不清楚，並不重要。陰陽、彼此都不適於用來代表老子的辯證法，剩下可以考慮的主要是正反和奇正。

《老子》書中使用的成對的或相反的概念非常多，但沒有其他概念比正與反或奇與正更為一般化。比如善與惡、有與無、柔弱與剛強也都不如正與反、奇與正更有普遍性。老子說過「正言若反」（78 章），也說過「玄德深矣，遠矣，與物反矣，然則乃至大順」（65 章），正和反的概念很能代表老子關於事物對立雙方的相互關係的理論，上述大量例證都說明老子的辯證法有反對世俗與常規之「正」而注重與強調一般人所忽視之「反」的傾向，因此，我們可以考慮用「正反觀」來描述或代表老子哲學中的辯證法。老子還說過「正復為奇」，奇和正也能代表事物對立雙方的最一般的關係。我們也可以用 「奇正觀」 來代表老子的辯證法。不過，老子所說之「奇」常有貶義❺，而「正言若反」之反則不但毫無貶義，反而有褒義，最適合代表老子之辯證法。但是，如果我們不取老子所說「奇」之貶義，那麼奇正觀的說法不僅也可以代表老子的辯證法，而且可以豐富古代的辯證法觀念。

這是因為正與反、奇與正可以代表的情況並不完全一樣。「正」代表一般人所認為的正常的，常規的情況和標準，「反」是與之相反的情況和標準，與此相對應，「奇」則可以是「正」以外的各種現象或方法。所以，我們可以規定正與反所代表的是對立概念，而奇與

---

❺　見高亨《老子正詁》，頁 120。

正所代表的則是矛盾關係。就是說，在正與反之間還有非正非反的狀況，非正不一定是反，非反也不一定是正。而在奇與正之間則不可能有第三種情況，除了正的都可以算是奇的，除了奇的也都是正的。老子本人當然沒有作這樣細致的區分，我們作這樣的區分則希望有利於深入討論老子的思想和發展中國古代的辯證法思想。

　　總之，老子的辯證法可稱為正反觀。「正」是一切常規的現象，也是世俗的價值、標準或方法，「反」是與常規相反的情況，與世俗觀念相反的價值、標準、觀點和方法。老子的辯證法有鮮明的反世俗的傾向，這就是一般世俗的眼光只注重「正」而貶低「反」，老子卻特別能看到「反」的意義與價值。

第二節　老子辯證法的四層命題

　　以上主要從《老子》中的對立或成對的概念入手考察老子的辯證法之特點。現在則轉入對老子辯證法思想本身的理論分析。

　　概括地說，我們對老子辯證法的分析有兩點與前人不同。第一，我們試圖以正與反的關係從四個層面來概括老子的辯證法，第二，我們強調老子的辯證法是為自然的價值和無為的原則作經驗性論證的。如果我們用正反觀來概括老子的辯證法，那麼我們可以看到老子的辯證法可以概括為四個觀點或四層命題，即正反相依（含正反相生）、正反互轉、正反互彰（或以反彰正），以及以反求正。

正反相依

　　我們首先討論正反相生和正反相依的情況。正反相生是說事物

的對立的兩方面可以互為因果，因正而有反，由反而有正。正反相依是說事物矛盾的兩個方面形影相隨，不可分離，不可能有正而無反，也不可能有反而無正。推論起來，正反相生可以看作是正反相依的一個特例，但實際上二者還是有所不同。用一般的語言來說，這裡要討論的是對立面的相互依存的問題，這是辯證法的最基本的命題，不承認對立面的相互依存，就無法進一步討論辯證法的其他論題。

《老子》第二章說：「天下皆知美之為美，斯惡已；皆知善之為善，斯不善已。」這是正反相生的一種情況。美與醜（惡）、善與不善是一正一反，本來是不相干的。老子卻認為，如果普天下的人都以某物之美為美，那麼這本身就是惡了；如果普天下的人都知道某種善行之為善，那麼這本身就是不善了。

從文字表面來看，由美而有惡，由善而有不善，這就是由正生反，正反相生的意思，這是沒有疑問的。但是深入分析一下，我們可以看到，老子所說的辯證法可能涉及三個層面的內容或意義。第一是美與惡、善與不善之事的互生關係，即有美而有惡、有善而顯不善，二者相對而存在，因而是共生與相依的關係。第二是美與惡、善與不善之概念本身的關係，美的概念和惡的概念，善的概念和不善的概念都是成對出現的，也就是相對而存在的，沒有美的概念就不必有惡的概念，沒有善的概念就不會有不善的概念，這是說相反的概念也是共生和相依的關係。這第二章下文說的都是這兩層意思。第三個層面的意思則是說大家皆以一種美為美這種情況是醜惡的，大家皆以一種善的形式為善這種風氣恰恰是不善的，大家趨之若鶩的盲從是對美的毀滅，是偽善和假善而售奸的開始。這是對世俗的價值判斷的價值判斷。如果沒有這第三層意思，那麼老子只要像下

文那樣說「美惡相較，善惡相生」就可以了，根本無需用這樣囉嗦的表達了。

　　顯然，老子的這種表述也是事實描述和價值判斷的複合。一方面，這是事實描述，揭示天下人都以一種美為美，以一種善為善的現象，另一方面，這也是價值判斷，認為這種現象或風氣是適得其反的，求美而顯惡，趨善而成不善。作為事實描述，老子批評了世俗的風尚，淺薄的習俗；作為價值判斷，老子表達了自己的追求，即希望達到雖美而不自以為美，實善而不自我標榜之善。這樣的美和善是自然的美、自然的善，自然的美和自然的善必然是活潑的、多樣的、多元的，不會成為千篇一律的「美」和刻板僵化的「善」。這也流露了老子崇尚自然的價值取向。

　　在今天的學術研究中，特別是在哲學研究中，我們應該區分事實描述和價值判斷，不應該將二者混淆起來。但是在古典文獻中和現代的實際生活中，將主觀見解滲透到事實描述中的情況還是很常見的，對這種現象，我們應該細心分辨，不應一概排斥或肯定。

　　第二章接著說：「故有無相生，難易相成，長短相形，高下相傾，音聲相和，前後相隨。恆也❻。」這裡講到六種情況，其中難易相成、長短相形、高下相傾、前後相隨四種情況顯然是揭示難與易、長與短、高與下、前與後相比較而存在的辯證關係，難易、長短、高下、前後這些相反的觀念都是相對而言的。

　　以難易為例，從事實來說，如果方法得當又積極努力，那麼本來困難的事就可以變得比較容易，反之，如果態度消極，或方法不當，那麼本來不難的事也會變得很複雜。同時，甲與乙相比可能是難，與丙相比則可能是易，同樣是甲，對於某人來說是難，對於另

❻　「恆也」據帛書本補。

一人來說則可能是易。難與易沒有各自的確定的標準，完全視具體情況中的比較而言，因此可以說難與易相反相成，就概念本身來說，難的概念是相對於易的概念而言，沒有難就無所謂易，沒有易也就無所謂難，這也是正反相生或正反相依的情況。

在空間關係方面來說，長短、高下、前後等成對的概念以及這些概念所反映的事物也都是這樣相比較而存在的，有長才有短，有高才有下，有前才有後。長短、高下、前後也都可以說是正反相生或正反相依的情況。「恆也」二字更強調這是一種通常的現象或規律，因而是不應忽視的。

「音聲相和」一句講相似之物的和諧，與全文內容不一，只起一種鋪排烘托的作用，這裡可以暫不討論。值得特別討論的是「有無相生」一句。「有無」和上述「難易」等概念有所不同，難易等概念完全是程度的，是相對的，但有無則是性質的，有就是有，無就是無，有很少一點點也是有，只要不是零就不能算無，有與無不因一般的量的增減而改變。從事實來講，已有的事物可以逐漸消失，即有可轉化為無，沒有的事物可以演化誕生，即無可轉化為有。從概念來說，有與無也是相對而言的，有了有的概念才有無的概念，無所謂有就無所謂無，反之亦然。這樣可以解釋「有無相生」，但還不能解釋「有無相依」。關於有與無的相依相生的關係，《老子》在第十一章中有精彩的論證：

> 三十輻共一轂，當其無，有車之用。埏埴以為器，當其無，有器之用。鑿戶牖以為室，當其無，有室之用。故有之以為利，無之以為用。

車輪的輻條湊集在圓而中空的車轂之上，車轂有中空之處才能穿過車軸，才能有車的功能。所以說「當其無，有車之用」。製作陶器時，必須保持陶坯中空才能製成器皿，這就是「當其無，有器之用」。造房子或挖窯洞，要有很大的空間和中空的門窗才能構成居室，所以說「當其無，有室之用」。車輛、器皿、居室之有都離不開中空之無，而這種中空之無也離不開車轂、陶坯、牆壁之有。所以說「有之以為利，無之以為用」。「有」能給人們提供便利，「無」才能顯示實際的功用。這裡有無相即不離，也是正反相依的例證。需要說明的是，本章之「有無相生」是就現象界或經驗界來說的，和第四十章「天下萬物生於有，有生於無」從宇宙演化生成的角度討論有無的關係完全不同，二者是不應該混淆的。

現在我們繼續分析第二章。在討論了美惡、善不善、有無、難易、長短、高下、前後等正反兩面相生相依的關係之後，老子接著說：「是以聖人處無為之事，行不言之教，萬物作焉而不辭❼，生而不有，為而不恃，功成而弗居，夫為弗居，是以不去。」這裡「是以」二字把上下文緊密聯繫起來，但從字面上來看，這種聯繫並不明顯，於是有不少學者認為這裡「是以」是衍文，懷疑這一段不屬本章，但帛書本和傅奕本都同此，因而這種懷疑根據不足。我們還是應該從現有的文本來理解原文的意義。

從上下文來看，老子似乎是認為，既然「天下皆知美之為美，斯惡已；皆知善之為善，斯不善已」，那麼就不如不去提倡和規定統一的美和善的標準，讓人們自然地去選擇和追求美與善，所以理想的社會管理者就應該實行無為之治，也就是「聖人處無為之事，行不言之教」，這樣才可以避免美變為惡，善變為不善。在老子看來這

---

❼　「辭」帛書本作「始」。

樣正是無為而無不為，有利而無弊，可以達到良好的效果，但是聖人不應因此而得意自滿，所以要強調「萬物作焉而不辭，生而不有，為而不恃，功成而弗居」，這樣又可以防止因居功自傲而失敗，也就是「夫為弗居，是以不去」。這樣理解，第二章全文可以得到較完滿的解釋，也可以說明老子的辯證法確實是為了實現自然的價值，是為了證明無為之治的合理性。

正反互轉

在辯證法理論中，對立面的相互轉化也是一個最基本的命題，不承認對立面之間的相互轉化也就是不承認辯證法。我們把老子關於對立面相互轉化的理論概括為正反互轉。從正反相依到正反互轉只有一步之差。其實，在上面所說美惡、善不善、有無、難易、長短、高下、前後諸方面正反相生和正反相依的情況中，已經暗含了正反互轉的可能性或必然性，比如，此時此地的難事可以變成彼時彼地的易事，美和善在某種情況下可能變得不美不善。不過，老子關於正反互轉還有更為明確的說明。

老子說過「故物或損之而益，或益之而損」（42章），強調損和益可以互相轉化，本來似乎是在損耗中的東西卻可能增長起來，看起來在增益中的事物實際上也可能是在消損之中，人們可能不知道它的原因，但這種情況卻常常發生。除了事物自身的變化外，人們或損或益的動機和效果也可能相反，本來想減損它，結果卻刺激它增長；本來想發展它或增加它，結果卻帶來了相反的後果。這就不僅是損益中的事物或損益之概念本身的辯證關係，而且是或損或益的動機和損益的實際效果之間的複雜關係了。認識到這種複雜的情

況，人們就應該避免盲目的正面增加或減損的行動，避免無效的行動或與願望相反的結局。

《老子》第五十八章提出了著名的禍福互轉的論題。「禍兮福之所依；福兮禍之所伏。孰知其極？其無正也❽？正復為奇，善復為妖。」如果單看「禍兮福之所依；福兮禍之所伏」似乎只講到正反相依的情況，但是下文說「孰知其極？其無正也？正復為奇，善復為妖」，這就顯然是在談禍福、正奇、善妖的轉化了。《淮南子·人間》發展出的「塞翁失馬」的故事就是對老子這一思想的生動演義。作者說「故福之為禍，禍之為福，化不可極，深不可測也」❾，這是明確地講禍福之轉化。

一般人認為老子只強調對立面的相互轉化，而不講轉化的條件。其實，老子並非完全不講轉化的條件。文中所說「極」與「正」就相當於轉化的標準、條件或歸宿。「孰知其極？其無正也？」的問話口氣說明了問題的複雜性，說明轉化的標準或常規不易發現，不易掌握，但是老子並沒有根本否定答案的存在，只是強調「人之迷，其日固久」，感嘆一般人看不到正反互轉的事實，更談不上轉化的規律或標準了。接著老子講到「是以聖人方而不割，廉而不劌，直而不肆，光而不耀」，很明顯是通過事物的正反互轉引出理想的人格模式，其基本精神和自然無為相一致。

---

❽　「也」字據帛書本補。

❾　《淮南子·人間》：「夫禍福之轉而相生，其變難見也。近塞上之人，有善術者，馬無故亡而入胡，人皆弔之，其父曰：『此何遽不為福乎？』居數月，其馬將胡駿馬而歸。人皆賀之，其父曰：『此何遽不為禍乎？』家富良馬，其子好騎，墮而折其髀。人皆弔之，其父曰：『此何遽不為福乎？』居一年，胡人大入塞，丁壯者引弦而戰。近塞之人，死者十九，此獨以跛之故，父子相保。故福之為禍，禍之為福，化不可極，深不可測也。」

　　《老子》第二十二章還講到「曲則全，枉則直，窪則盈，敝則新，少則多，多則惑」，認為委曲可以達成保全，屈枉之情終將轉向正直的伸張，低窪可以轉為盈滿，破敝之物則能引起舊去新來，少而不足可以變為多而充裕，多而充裕又可以引起人們的困惑和迷惘。這是以各種情況來說明事物的正反與利弊可以互轉的可能性。如果我們把曲、枉、窪、敝、少看作是反面的情況，那麼全、直、盈、新、多就是正面的情況，「曲則全，枉則直，窪則盈，敝則新，少則多」都是講事物從劣勢之反面向優勢之正面轉化的可能性，然而老子接著說到「多則惑」則又是從優勢向劣勢的轉化，這是正反利弊既矛盾又可以相互轉化的關係。

　　然而，老子不是孤立地講辯證法的，他講正反互轉是為了高揚自然之價值和無為之原則，所以他接著就講到「是以聖人抱一為天下式」，又把辯證法引向理想的人格和社會管理方式。「抱一」即守道，守道就要守道法之自然，守道法之自然就可以趨利避害，這就是下文的「不自見，故明；不自是，故彰；不自伐，故有功；不自矜，故長。夫唯不爭，故天下莫能與之爭」。老子把因任自然，避免過強的個人主動性 (aggressiveness) 當作防止事物由正轉反的基本方法。在這一章的最後，老子又呼應開始的內容，說：「古之所謂曲則全者，豈虛言哉？誠全而歸之。」這就涉及了事物轉化的條件和如何防止事物由正轉反的問題。

　　老子顯然意識到了事物正反互轉的條件問題，那麼，老子思想中的正反互轉的條件是什麼呢？上文說到「孰知其極？其無正也？」，極和正就相當於轉化的條件，第三十章說「物壯則老，是謂不道，不道早已」，壯就是由盛而衰轉化的起始點，也就是轉化的條件。壯就是極，就是事物發展的頂峰或頂點，事物發展到自身生命

過程的頂點，沒有新的生命動力或機理，就要開始衰頹，一項事物發展到一定程度就可能超出環境所許可的範圍，就不得不面對必須收縮的壓力。「物壯則老，是謂不道」，說明道所維護的是自然的平衡與和諧，一物發展過盛就破壞了整體的自然秩序，所以說「是謂不道」。

《老子》中涉及轉化條件的例子還有很多，比如「甚愛必大費，多藏必厚亡」（44 章），「甚愛」、「多藏」就是達到極點或過分之意，太愛財、聚斂太多就會事與願違，走到破費、亡財的反面。又如「持而盈之，不如其已，揣而銳之，不可長保，金玉滿堂，莫之能守，富貴而驕，自遺其咎」（9 章），手裡握得太滿就無法保持不溢出，錘煉的兵器如果鋒刃太尖利，就很容易崩刃，財富至多，本來就可以走向反面，加上驕橫，自然會惹禍上身。這裡盈、銳、滿、驕就相當於轉化條件。要避免走向反面，就要避免過滿、過銳、過驕，也就是要適可而止，所以最後的結論是「功遂身退天之道」，要在成功的巔峰時期主動退出，以免盛極而衰，或因樹大招風而成為眾矢之的。又如「大曰逝，逝曰遠，遠曰反」（25 章），「遠」即是「反」的條件。事物不發展到一定程度就不會走向反面。

老子關於正反互轉的思想一方面是對現實的觀察，或曰是對客觀世界發展規律的一種描述，另一方面也是對世俗的富而驕、勝而狂的現象的批評，是提醒人們防止盛極而衰的一種警告，正因為老子所批評或擔憂的情況永遠存在，老子的這一思想就永遠有現實的警示意義。老子關於正反互轉的思想就是後來所說的「物極則反」（《鶡冠子·環流》）和「物極必返」（《近思錄·道體》），這已經成為中華民族的一種共同的智慧和精神財富。

正反相彰或以反彰正

正反相依和正反互轉都是關於辯證法的基本原則的表述，這是一切辯證法理論的共同內容，而不是老子辯證法的特點。這裡我們開始討論老子辯證法中獨特的觀點，即認為比較完滿的事物應該是包含某種反面的因素的，這種觀點作為對事實或規律的描述可稱之為正反相彰，作為一種方法或主張則可稱之為以反彰正。老子說：

> 大成若缺，其用不敝。大盈若沖，其用不窮。大直若屈，大巧若拙。大辯若訥，大贏若絀 ❿……。（45 章）

大成、大盈、大直、大巧、大辯、大贏都不是一般的成、盈、直、巧、辯、贏，而是更為完滿的成、盈、直、巧、辯、贏，它們之所以完滿而不敝不窮，之所以未走到反面，就是因為它們若缺、若沖、若屈、若拙、若訥、若絀，也就是說，它們包含了反面的因素，呈現了反面的姿態，因此成為更為圓滿的正面的狀態或價值。這種較完滿的狀態可以防止事物的激烈的突發的變化，維持社會的較穩定的和諧，所以說「清靜為天下正」。

類似的論述又見於第四十一章：「故建言有之，明道若昧，進道若退，夷道若纇。」真正的光明之途看起來有些暗昧不明，前進的道路難免有曲折倒退之時，平坦的大道也難免有高低起伏，這些正反相合並存的情況正是歷史與現實中的真實，那些明而無昧，進而無退，平而又平的通天之途不是幼稚的想像，便是存心的欺騙。

---

❿　「大贏若絀」據帛書乙本補，《馬王堆漢墓帛書——老子》，頁 38。

接著，老子又說「上德若谷，大白若辱，廣德若不足，建德若偷，質真若渝」，這裡說到「上德」、「廣德」、「建德」，代表了老子的基本價值取向。這些高於凡俗的德性都有「正而若反」的特點，都是正面的形態容納了或表現了某種相反的因素。品德高尚，反而能虛懷若谷；真正的清白無需自我洗刷表白，反而好像在含垢忍辱；廣大之德不同於一般人的見識，往往被人看作氣量狹小；強健之德不計較世俗的是非曲直，容易被人看作軟弱；質樸純真之德毫無誇飾之詞，也容易被人當作空虛無物。這些都是正而若反的現象，但正而若反並不是真的反，也不是正反不辨，正反相混，反而是更高的正，更真實的正，所以「若」字恰到好處，值得玩味。

接下去又是「大方無隅，大器晚成，大音希聲，大象無形，道褒無名，夫唯道，善始且善成❶」，所有這些偉大之事都有它們的反面的表現，而不是直接的偉大或純粹的偉大，最偉大的道反而是無名之物，雖然無名，卻能善始善終。

這種正反互彰的情況其實是以反彰正，以反保正，老子認為，能夠認識到正反互彰的規律並能實行以反彰正的原則是一種玄妙的德性，「玄德深矣，遠矣，與物反矣，然則乃至大順」（65 章）。「與物反矣」是說不為世俗的價值和方法所驅使，與常識的或一般人的作法相反，「然則乃至大順」是能夠因任自然之大勢，進入大順大利之中。這種道理不容易為一般人所理解，卻又有意想不到的效果，所以說「深矣，遠矣」。

老子把這種正而若反、以反彰正的態度、方法或原則看作是來源於道的最高德性，也是聖人的最高品德，所以老子反覆稱頌這種原則是玄德，所謂「玄德」就是「生而不有，為而不恃，長而不宰」

❶ 「道褒無名……善始且善成」，「褒」字、「始」字據帛書本。

之德（2章、10章、51章、65章），也就是「與物反矣，然則乃至
大順」（65章）。上文所說第四十一章也把這種態度稱為「大德」、
「廣德」、「建德」，在第二十八章則反覆闡明這種德是「常德」：

> 知其雄，守其雌……常德不離。
> 知其白，守其黑……常德不忒。
> 知其榮，守其辱……常德乃足。

知雄，守雌；知白，守黑；知榮，守辱，都是雖具備常人所期待之
價值，卻要守住它的反面，也就是要以它的反面的姿態出現，以常
人所不喜歡的特點來鞭策自己。這當然不是要人虛偽，而是要防止
志得意滿，沾沾自喜，更要防止得意忘形。這雖然有自我保護的目
的和效果，但卻決不止於此，這種常德更可以提高一個人的精神境
界，道德修養，維護和諧的人際關係和社會秩序。提倡以反彰正，
的確有可能導致虛偽的言行出現，然而我們不必因噎廢食。任何正
面的價值或道德都會有人實踐，有人模仿，有人偽裝，正如名牌產
品常會引出仿製品、冒牌貨，我們不能因為有冒牌貨而禁止生產名
牌貨。

　　老子類似於這種以反彰正或正而似反的說法還有很多，比如「企
者不立，跨者不行，自見者不明，自是者不彰」（24章）、「是以聖
人方而不割，廉而不劌，直而不肆，光而不耀」（58章）、「知者不
言，言者不知」（56章）、「信言不美……善者不辯……知者不博」
（81章）、「善為士者不武，善戰者不怒，善勝敵者不與，善用人者
為之下」（68章）、「保此道者不欲盈，夫唯不盈，故能蔽而新成」
（15章），等等，這些都是要在「正」的狀態中保持某種「非正」

的因素，從而避免走向正的反面。此外，第七十一章說：「知不知，尚矣；不知知，病矣。是以聖人之不病也，以其病病也，是以不病。」（帛書本）第六十三章說：「聖人猶難之，故終無難矣。」這也是主張要預先採取反面的形態，雖大知而仍知自己有所不知，雖無病，而仍自覺可能有病，從而避免真的變成不知和真的有病；雖為聖人，也不把事情看得很容易，結果可以真的避免意外的困難。

　　概括起來說，正反互彰、以反彰正的理論認為，比較圓滿的狀態是容納了反面因素的正面形態，正面而包括了反面的成分或特點，這才是更高明的正，更偉大的正，是值得追求的正，是能夠避免失敗的正。老子的這種思想後來融入於「相反相成」（《漢書·藝文志》）的成語之中，也成了中華民族的古老智慧之一。這個道理在今天也還是有益的。一個大國有強大的實力卻有小國的溫和謹慎，這顯然比一味炫耀大國之威的國家更能長治久安；一個小國地小人少，卻有大國的風範氣度，當然更能贏得國際社會的尊重。一個剛強的男子漢有女人般的細心與謹慎就更能立於不敗之地，也更能享受美好的人生；一個溫柔體貼的女子有男人般的大度和堅強，就更有人格的魅力，也會有更好的社會成就和家庭幸福。

以反求正

　　以反彰正是為了避免有利的情況轉向不利的方面，預先採取某種反面的姿態或因素來保證正面的狀態不轉向反面。那麼，如果已經處在反面的或不利的情況下應該怎麼辦呢？那就要「以反求正」了。以反求正是老子思想中最有特色之處，也是最容易被歪曲或誤解之處。老子的以反求正的主張在第三十六章表述得最為直截了當：

> 將欲歙之，必固張之；將欲弱之，必固強之；將欲廢之，必固興之；將欲奪之，必固與之，是謂微明，柔弱勝剛強。

要讓某物收縮，應該先讓它擴張；要讓某物衰弱下去，不妨先讓它得到加強；要廢棄某事，必讓它先經過興盛的階段；要奪取什麼，先要給予一些，這些都是以柔弱勝剛強的基本方法和原則。這裡歙、弱、廢、奪都是行為的目的，可以看作是正，張、強、興、與都是與目的看起來相反的行動，故稱為反，以柔弱勝剛強就要先從反面迂迴入手，不能盡情直遂。這種道理隱而不顯，不易為人所知，所以是「微」；但這種道理又是得到事實不斷證實的，因而是「明」。一般說來，強勝弱，剛勝柔，這都是不言而喻的事實，但是，如果把這種現象當成絕對的規律，那麼弱者就永遠不可能有出頭之日，柔順之道就永遠沒有任何價值。當然，老子不這樣看，他認為事物的正反轉化是普遍的現象和規律，因而弱者可以利用這一規律以反求正，戰勝強者❷。

　　老子的這一段話是受人垢病最早最多的。韓非子作〈喻老〉，以越王句踐臥薪嘗膽、事吳滅吳的故事解說「將欲歙之，必固張之；將欲弱之，必固強之」，以「晉獻公將欲襲虞，遺之以璧馬；知伯將襲仇由，遺之以廣車」的故事解說「將欲奪之，必固與之」，這是把以反求正的辯證法解釋為陰謀的先河。朱熹也說：「老氏之學最忍，它閑時似個虛無卑弱底人，莫教緊要處發出來，更教你支吾不住，如張子房是也。子房皆老氏之學。如嶢關之戰，與秦將連合了，忽

---

❷　關於以柔克剛的思想，漢墓帛書有明顯的繼承，如《經法・名理》有云「重柔者吉，重剛者滅」。《十六經・雌雄節》對於守柔弱之雌節也有系統的論述。

乘其懈擊之；鴻溝之約，與項羽講和了，忽回軍殺之，這個便是他
柔弱之發處。可畏，可畏。」❸這都是以歷史上的政治和軍事謀略
來解釋老子的以反求正的思想，這種解釋自然有它一定的合理性，
但卻很容易把人誤導到陰謀詭計的歧路上去。對老子思想的這種解
釋一方面忽略了老子重點是講柔弱勝剛強的具體情況，另一方面也
把如何以柔弱勝剛強的一般性方法局限到了政治軍事爭鬥之中，因
而不符合老子哲學的本來面貌。

　　以正求反的辯證方法與陰謀詭計有沒有關係呢？我們說，以反
求正的方法有可能成為陰謀詭計或被理解運用成狡詐的計謀，但老
子的以反求正的思想本身決不是陰謀詭計，而只是根據客觀事物的
辯證運動總結出來的一般性方法，特別是為弱者設計的一般性方法，
當然，它也適用於強者，但對於強者來說，這種方法遠不如對弱者
更為重要，更為有意義。老子哲學有可能被利用成陰謀詭計，老子
要不要對此負責呢？一般說來，我們是不應該為此而責備老子的。
正如科學家可以發明原子能並用來發電，戰爭狂人卻可以用原子能
來製造大規模毀滅的殺人武器；發明刀子可以用來做飯作手術，歹
徒則可以用刀子作謀殺的凶器，我們怎能因此而責備發明家呢？

　　從《老子》全文來看，老子的以反求正的思想全然沒有權術和
詭詐的意思。陰謀詭計總是為了達到不可公開的目的，而且往往是
為了侵佔別人的利益而主動採取行動。這和老子哲學是毫不相干的。
老子沒有什麼不可告人的目的，他也不是教人如何去「揀便宜底先
占了」❹，也不教人先下手為強。老子哲學的總體精神是「以濡弱
謙下為表，以空虛不毀萬物為實」（《莊子・天下》）。老子哲學無非

---

❸　《朱子語類》卷一二五，第八冊，頁 2987。

❹　同上。

是順著事物正反互轉的自然規律促進和等待事物從不利的狀態轉變到有利的狀態，即以反求正，或者通過預先採取反面的姿態或因素防止事物向反面轉化，即以反保正，或以反彰正。

　　老子關於以反求正的論述很多，如第七章說：「天長地久，天地所以能長且久者，以其不自生，故能長生，是以聖人後其身而身先，外其身而身存，非以其無私邪，故能成其私。」以不自生而得長生，以為人之身後而能成人之身先，以置身於外而能存身，這都是以反求正的實例，老子把它們歸結為無一己之私而能成一己之利。當然，老子這裡所說的「私」都是指個人的基本生存，毫無侵犯他人或損人利己之意。

　　又如第六十六章說：「是以聖人之欲上民❶，必以其言下之；欲先民，必以其身後之。……以其不爭，故天下莫能與之爭。」聖人沒有實際的權位，卻是社會的精神領袖，精神之廣大會使人感到個人之藐小，因此聖人在百姓面前毫無優越感，也不必故作謙和，「以其言下之」只是「濡弱謙下」的自然表現，與偽君子之邀買人心毫不相干。尊重萬民是聖人精神上超越俗眾的前提或表現，能夠置身於萬民之後又是引導俗眾前進的條件。後面說的「以其不爭，故天下莫能與之爭」是更為典型的以反求正。要達到「天下莫能與之爭」的境地無非有兩種途徑，一種是使自己強大到無人可以爭的地步，這是正的途徑；另一種是根本不與人爭，使得任何人都沒有必要與自己爭，這是反的途徑，卻是更高明更徹底的方法。無為不爭就是這種釜底抽薪之術。

　　老子還說過「善建者不拔，善抱者不脫」（54 章），「善建」和「善抱」當然不是一般的「建」和「抱」，一般的建和抱都是徑情直

❶　據帛書本補「聖人之」三字，下兩句補「其」字。

遂，只想到要建得牢，抱得緊，完全沒有更深或更高明的考慮，「善建」者和「善抱」者則不然，他們不僅懂得如何建得牢，抱得緊，更懂得如何要人們根本不想來拔，不想脫去，這樣自然可以「子孫以祭祀不輟」。此外，老子又說：「善行無轍跡……善數不用籌策，善閉無關楗而不可開，善結無繩約而不可解。」（27 章）這些「善」的作法都是真正擅長之舉，真正的擅長，其作法往往和普通人不一樣，即沒有通常的行跡，不用通常的工具，不採一般人的方法，這種真正的「正」都包含了某種「反」的因素。

上文還提到《老子》第六十五章所說：「玄德深矣，遠矣，與物反矣，然則乃至大順」，這裡的「與物反矣，然則乃至大順」不僅包含以反彰正的意思，還可包括以反求正的思想。看起來與一般的作法相反，結果卻是「大順」，超過了一般作法的效果，這是關於以反求正思想的很好的表達。

此外，老子還說到「聖人不積，既以為人己愈有，既以與人己愈多」（81 章）、「夫唯無以生為者，是賢於貴生」（75 章）、「是以聖人不行而知，不見而名，不為而成」（47 章）、「是以聖人終不為大，故能成其大」（63 章）、「以其終不自為大，故能成其大」（34 章）、「為無為，則無不治」（3 章），等等。這些說法涉及了為人與為己、給與與獲得、因任生命之自然與養生貴生，以及多種手段與目的的關係，但概括起來，都是以反世俗的角度或方法去獲得更高的成果。在老子看來，以反求正比以正求正更為有效，更為可靠。

在老子哲學中，最能代表老子哲學的以反求正傾向的一個命題是「柔弱勝剛強」。《老子》第三十六章明確提出「柔弱勝剛強」的命題，此外，其他章節也反覆提到或論證了這一命題，如第五十二章「守柔曰強」、第七十八章「弱之勝強，柔之勝剛」、第七十六章

「堅強者死之徒，柔弱者生之徒……強大處下，柔弱處上」。這裡剛強是「正」，柔弱是「反」，「柔弱勝剛強」的普遍意義也就是以反勝正。特別值得提出注意的是第四十三章：

> 天下之至柔，馳騁天下之至堅，無有入無間，吾是以知無為之有益。不言之教，無為之益，天下希及之。

這裡不僅提出「天下之至柔，馳騁天下之至堅」的命題，而且由此論證了「無為之益」，說明柔弱的精神即是無為，柔弱勝剛強也就是以無為勝有為，無為而無不為。這裡「無不為」即是「有為」，是「正」，「無為」是「反」，「無為而無不為」也是以反求正之意。老子慨嘆道：「不言之教，無為之益，天下希及之。」這是老子反覆申明無為之意義的現實原因，從目的方面來說，無為則與自然之價值密切相關，即為了「輔萬物之自然」。

　　老子的辯證法基本上是對經驗事實的理性總結，然而老子也為這種建立在經驗觀察基礎上的智慧找到了形而上的根據，這就是第四十章所說「反者道之動，弱者道之用」。以反彰正、以反求正體現了道之「反」和「返」的運動原則，柔弱勝剛強體現了道之用「弱」的功能特點。老子辯證法一方面支持著他的中心價值和原則性方法，另一方面也在世界的最高根源和根據那裡有著強有力的支持。老子哲學的觀點和學說大體上是有一個比較連貫的體系的。看不到這個大體完整的體系，就會把老子哲學當成一堆沒有聯繫的格言集，貶低了老子哲學的理論價值，反過來，如果把這種體系解釋得非常集中、非常嚴密，則可能拔高了老子哲學，或者把老子哲學改塑成現代人的思想體系。

從客觀描述到思想主張

以上我們從四個方面介紹了老子之辯證法的特點和內容:第一、正反相依和正反相生,第二、正反互轉,第三、正反互彰或以反彰正,第四、以反求正。上述四個方面實際上可以概括為兩個方面,一個方面側重於對客觀事實或規律之描述,一個方面側重於方法、價值或主張。顯然,正反相依、正反相生和正反互轉主要是對事實與規律的陳述,以反彰正和以反求正則是一種主張和方法。相對於老子的主張和方法而言,正反相依和正反互轉是老子辯證法中的客觀基礎和理論基礎,以反彰正和以反求正則是在這一基礎之上的運用和引申。當然這是大致的分析或區分,其中並沒有絕對的界限,尤其是正反相彰和以反彰正融事實與主張於一體,既可以看作是對客觀事實的描述,也可以看作是一種理論主張。不過,從整體來看,老子的辯證法思想中確有側重於客觀描述和側重於思想主張這樣兩個傾向或部分,其內在關係可以用次頁的圖來說明。

次頁圖從左到右代表老子的四個辯證法命題從客觀描述到思想主張的過渡,從零到 100% 的直線代表客觀描述和思想主張的成分的高低,1、2、3、4 四個數字分別代表老子辯證法的四個命題,圖上從左到右上升的曲線表示思想主張的成分在增加,從左到右下降的曲線表明客觀描述的成分在減少。這僅是一個示意圖,沒有統計或計算的功能。

次頁圖說明老子的辯證法從命題一到命題四客觀描述的成分在逐步減少,思想主張的成分在逐步增加,這是老子之辯證法的內在層次或結構。不過,通觀老子的辯證法命題,很難說哪一個是完全

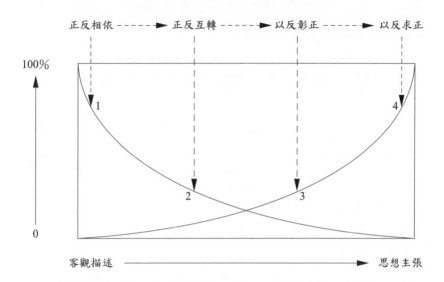

沒有價值傾向的純粹的客觀描述，也很難說哪一個命題是沒有客觀描述成分作依據的純粹主觀的主張。老子的辯證法是客觀描述與價值取向的結合，這是一個基本事實，也是中國哲學的一個特點。然而，分析起來，老子哲學的某些命題側重於客觀描述，有些命題側重於價值取向或方法主張，這一點還是清楚的。老子本人對這一點沒有明確的區分，這並不妨礙我們對老子辯證法的這兩種傾向作一個梳理。

借助於上圖的揭示，我們可以看出關於老子辯證法的四層命題有一個從對客觀事實或規律的描述走向思想主張的內在線索，從以事實描述為主的正反相依，再到正反互轉，再到正反互彰或以反彰正的過渡，最後到以理論主張為主的以反求正，這是老子辯證法的

內在結構或理論線索。這一辯證法的結構歸根結底是為了論證以反求正的合理性或必要性,具體說來就是柔弱勝剛強,無為而無不為,最終則嚮往著自然而和諧的境界。

第三節　老子辯證法的現代意義

和老子的其他思想相比,辯證法觀念是最容易應用到現代社會的。因為老子的辯證法早已成為中國的辯證法傳統的源頭和組成部分,並成為接引現代哲學辯證法的基礎,所以在現代社會運用老子的辯證法應該沒有困難,如果有困難的話,問題可能在於我們不容易區別今天所用的辯證觀念哪些來自於老子,哪些不是來自於老子。

事物的對立面相互依存、相互鬥爭又相互轉化,這曾經是中國人的基本常識。僅就這種一般性敘述來說,這種觀點與老子的正反相依、正反相生,以及正反互轉沒有根本的不同。其實,老子之辯證法與現代的辯證法最根本的不同在於對鬥爭的態度,老子沒有講鬥爭是事物發展的根本動力,事實上,老子反對鬥爭,這一點是顯而易見的。但是這一點在上述關於辯證法的最初命題的表述中並不明顯。

就一般性的道理來說,老子的辯證法與現代的辯證法相比沒有明顯的區別,但有些命題卻有鮮明的老子思想的特色,如「禍兮福所依;福兮禍所伏」。這一格言在複雜的社會和政治動盪中最容易找到注腳。一個人一帆風順,令人尊敬和羨慕,形勢一變,卻成為階下囚、替罪羊,然而這又使得他躲過了新的風浪,形勢再變,他就成了最清白的人。這種因禍得福、因福得禍、禍福相轉的故事幾乎每個中國人都可以講出幾個。懂得這種禍福相轉的道理,我們在順

利如意時不會忘乎所以，盛氣凌人，在逆境中不會悲觀絕望，自暴
自棄。這有利於個人的生存，也有利於人際關係的改善。不過，這
並不是老子的辯證法最深刻的地方。老子辯證法的深刻之處在於他
在人類文明發展的初期就看到了文明發展中的二律背反或弔詭，為
中華文化奠定了反思的傳統。

關於文明發展的反思

人類隨著文明的發展和進步，逐步發明了許多新的東西，如法
律、道德、技術等等。這些東西是人類文明社會不可缺少的，然而
並不是毫無缺陷的。從正反相依、相生、互轉的觀點來看，法律、
道德、技術也都有其局限，甚至會帶來副作用，對這一點有清楚認
識的，在中國歷史上，老子是第一人。他說過：

> 大道廢，有仁義；慧智出，有大偽；六親不和，有孝慈；國
> 家昏亂，有忠臣。(18 章)

這段話常被解釋為老子反對道德仁義，這是不準確的。這裡所說的
「大道」就是「道法自然」的道，「大道廢」就是自然的價值被忽
略，自然的秩序被破壞，在這種情況下，人們才需要道德來約束自
己的行為，調節人際之間的關係。具體說來，正是有了親戚關係的
疏離和衝突（六親不和），才需要發明和強調上慈下孝這樣的道德觀
念；正是因為國政和家政出現了動亂，甚至是篡權和奪權的行動（國
家昏亂），才出現了令人欽佩的忠臣。仁、義、孝、慈、忠臣等觀念
都是應對現實的不幸而出現的。所以，道德的出現，就其本身的功

能作用來說，是一種進步，但就原有的自然秩序的破壞來說，就人們不得不需要道德的調節作用來說，又可以說是一種退步，這也是正反相依與相生的關係。然而，有了道德就會有偽善，偽善隨著人類智慧的進步而發展，智慧可以帶來一切對人類有益的發現和發明，但也可以帶來虛偽和欺騙。這也是正反相即不離的關係。老子為道德出現的歷史根源作出了哲學的解釋，揭示了文明發展中正反共生的關係，這並不是從根本上反對道德的價值和存在。

關於技術與法律的出現和進步，老子也有類似的反思。《老子》第五十七章說：

> 民多利器，國家滋昏；人多伎巧，奇物滋起；法令滋彰，盜賊多有。

「利器」、「伎巧」都是人類智慧進步的結果，智力發達，技術進步，新的工具和生活用品不斷出現，這都給人類帶來了利益和方便，然而新的技術和工具也會引起新的麻煩。比如，大夫和國君沉湎於賞玩新的器物，不斷追求更新的享樂用具，就會疏懶於朝政，造成「國家滋昏」；人們的智力不斷發展，可以創造許多有益於人類健康發展的用品和活動，但也會出現不利於人類身體或精神健康的事物，即「奇物滋起」。

為了社會生活的安定，通過法律進行管理是必要的，但過多或過於苛刻的法律會造成對人們的壓迫，引起一般人的不滿和反抗，更會讓某些人鑽法律的漏洞而行騙或盜竊，這就是「法令滋彰，盜賊多有」。老子看到了文明發展的過程中出現的新情況和新問題，揭示了人類演化進步中的正反相生和正反相依的事實，老子是在中國

歷史上第一個尖銳地指出這一問題的思想家，我們不應輕率地誣之為反對社會文明。

關於現代文明的反思

這種文明進步中的正反相依、相生、互轉的關係，具體說來也就是利弊相依相轉的關係。今天文明發展所遇到的問題與老子的時代會有一些形式的不同，但正反相生、利弊相參、善惡共進之問題的實質卻是相同的。就以所謂西方現代文明來說，其科學技術、經濟管理、政治制度、思想自由方面的優越性是不必爭論的事實，然而從它誕生的第一天起，就建立在人的各種欲望的釋放之上，除了個人的感官滿足之外，更有無休止的掠奪、積聚、擴張的貪婪，其實現的手段更伴隨著血腥和殘忍。英國曾是最先發展起來的文明國家，但它在十九世紀對中國的強橫態度不是比野蠻人更野蠻嗎？美國在短短的一二百年間發展成世界上最富強、最先進的國家，但最初的開拓不是建立在對北美印第安人的仇殺和驅逐中嗎？我們在這裡舊事重提，不是為了貶低英國和美國，更不是反對現代西方文明，而是為了說明老子的正反相依相生的理論仍然有其啟示意義。

以道德來說，一方面現代社會廢除了人身依附，抨擊了種族歧視和種族壓迫，提高了人性的尊嚴，另一方面也在破除舊道德的不合理束縛的同時造成了對道德的漠視，隨著宗教勢力的逐步削弱，道德的傳播也越來越困難。這一點在華族文化圈尤其嚴重。中華文化的價值核心本來是靠儒家倫理提供的，儒家學說在中國社會中的作用相當於其他文明中宗教的作用，是提供人倫教化之源泉的，但是近代中國的文化精英分子在西方文明大肆入侵的時候，主動以外

來文化為工具和武器來破壞和清理中國的舊傳統，一時甚至造成以傳統為恥辱的風氣，使中國人失去了自覺的全民性的道德源泉，就是說，中國人以什麼為自己的道德根據和道德根源的問題變得模糊起來。現在，許多有志之士盡力在恢復儒家道德，但儒家道德只殘留在人們的潛意識之中和教授的書齋中，比西方的教會影響更微弱。中華文化的現代道德體系如何建立，如何獲得應有的權威性，如何形成常規的傳播渠道，如何深入到普通人的社會生活中去將是二十一世紀中國人的一大難題。

就法律來說，法治社會的建立有利於保證國家政權的穩定運作和轉移交接，能夠保障民主制度的確立和實行，能夠保護人民的生命財產的安全，沒有完善的法律體系和法律的權威性，連國家主席的人身自由和生命都沒有保障，何論百姓之利益。中國急需建立健全和完整的法律體系，因此在現階段，過分依賴法律的弊端在中國並不明顯。然而，不能過分依賴法律的問題已經在歐美國家提到議事日程上來。

美國是世界上法律體系最嚴密的國家之一，法律條文之細、之繁、之多，當稱世界之最。美國人能夠享受最充分的個人自由，端賴法律制度之完整和有效。然而，美國的法律制度已經弊病叢生。美國政府和老百姓為法律制度和訴訟案件所花的時間、金錢和精力之多已經到了荒謬的程度。美國是世界上按人口比例律師最多的國家，但很多律師已經從代表法律伸張正義的角色轉換成了商業化的以顧客和收入為第一考慮的法律商。律師唯恐天下不亂，專門挑動人們打官司。律師幫助自己的有明顯罪行的客戶或犯罪集團利用法律程序來拖延審判，甚至逃避懲罰已經不是個別的情況。有的律師僅僅為了證明自己的才能而為自己也明知有罪的犯人開脫罪責。任

何神聖之物都會走向反面，法律也不例外。對照起來，世界上很多原始部落沒有警察、法庭、監獄，但罪案很少。這不得不使我們再一次想起老子的智慧。

和道德與法律相比，科學技術的進步是最明顯和客觀的。以交通工具為例，從騎馬，到畜力車，到汽車，到火車，到飛機，到火箭，這是絕對的進步；以計算工具為例，從籌策，到算盤，到手搖計算機，到電腦，從一座樓房式的真空管電腦，到寫字臺上的個人電腦，再到筆記本型的電腦，從 XT，到 286, 386, 486，到 pentium，這都是直線式的進步，而且進步更新的速度愈來愈快，從幾十年一代，到一、二十年一代，到幾年一代，再到一兩年一代，令人目不暇接。科學技術的進步的確為人類提供了很多方便，使人類能夠實現許多幻想和神話，如日行千里，如展翼而飛，如嫦娥奔月，使人類真有了主宰一切的感覺或遐想。

然而，科學也並非萬能，科學給人帶來的也是利弊相參的事實。如電腦給人帶來巨大的方便，也給人帶來巨大的依賴性，一個人、一個公司、一個政府部門，幾乎所有動力、秘密、通信、運算、思考、寫作，幾乎一切都被電腦控制和主宰了。一旦電腦或管理電腦的人有些「不痛快」，所有需要它的人就都束手無策，變成了最無能的人。電腦也給頑皮的人或居心不良的人提供了新的機會，大學生也有可能製造電腦病毒給人帶來無數麻煩，高明者可以利用電腦偷盜資料，並把銀行的錢轉入自己名下。科學技術改變了罪犯的身分和手段，也改變了犯罪規模，犯罪者已不再是無生計、無文化的下層百姓，所盜竊的也不再是可以以萬或百萬來計算的了。

科學技術一方面在促進人類的智力和能力的進化，另一方面也在促進人的能力退化。要不了多久，人們就可能完全喪失心算的能

力，因為從小就開始用計算器了。運用先進的工具的同時也使人的手腳愈來愈笨。人的肉體的某些機能，包括感知能力也在退化。在遠古，人和動物一樣能感受到火山爆發的先兆，而唐山大地震前，從昆蟲到一般哺乳動物，都感受到了大自然的異常，只有人，八十萬人熟睡如常。

科學技術的高速發展，一方面在建設人類美好的小家園，另一方面卻在破壞人類的大家園。人們借助於科技的力量可以以前所未有的規模利用或掠奪自然資源，不僅非再生性資源，如石油、煤、金屬的儲存量只夠人類繼續開採百年，即使是再生性資源，如魚類、樹木也面臨供不應求的危險。水源和空氣的污染更是盡人皆知的事實，徹底解決的方案還沒有找到。更令人不平的是，先發展的國家是在富強以後才面對環境保護的課題，而後發展國家還沒有發展起來，就要提前面對發展國家造成的環境污染的惡果和保護環境的挑戰。此外，現代的通訊手段，包括已經投入商業用途的電視電話和電腦通訊，使人們實現了天涯若比鄰的夢想，與此同時，人際關係的疏離也造成了比鄰若天涯的現實和未來。

尋求平衡發展之路

上述事實說明，老子對人類文明發展所帶來的法律、道德與技術的副作用的反思並沒有過時。老子帶給中華民族的反思的精神還是有益的。老子的以反彰正、以反求正的思想方法也還是有幫助的。從今天的角度來看，以反彰正和以反求正就是要求得正反兩方面的平衡，一般人只注意以正求正，不懂得一味求「正」，孤立地保「正」，就造成正反、陰陽或輕重兩方面的失衡，因而往往達不到目

標，或達到了目標卻與本意大相逕庭。比如，今天「以鋼為綱」，明天「以糧為綱」，後天「以階級鬥爭為綱」，這都是片面地「以正求正」，結果是經濟停滯，政治失序。

現在，世界範圍內的冷戰已經結束，和平發展、經濟建設已經成為各國的中心任務。在這種情況下，最常見的就是一味追求物質財富的增長，把教育、道德和環境等問題作為未來的課題或裝飾性課題，造成物質生活不斷改善，精神生活卻趨於浮躁和粗淺的情況。在這種情況下，老子的以反彰正和以反求正的方法提示我們，不應該一味「以正求正」地追求經濟指標的增長，要真正改善人類的生活環境和生活條件，還要有人的素質的培養和教育、道德的提高、環境的保護和改進，這些相對於經濟目的來說似乎是「反」，但「反」可以「求正」、「彰正」，在教育、道德、環境等方面的努力不僅可以保證經濟的穩定發展，而且應該是經濟發展的目的，離開了人的全面發展和提高，物質、金錢自身的目的在哪裡？所以，一方面是經濟建設和物質生活的改善，一方面是教育、道德、環境等方面的素質的提高，這兩方面實際上是互為因果、互為手段和目的的。這也是一種正反互轉、互彰的關係。

總之，我們既不能因為現代化所帶來的問題而放棄發展經濟的努力，也不應該為了現代物質文明而不顧一切已經出現或可以預見的各種問題，我們需要的是不斷地在這兩者之間尋找平衡，擺脫兩極化的思想方法，尋求自然、平衡、穩定的發展之路。在這方面，老子的辯證法，老子關於文明發展的反思，仍然可以是我們的智慧的一種資源。

第六章

道與德：關於自然與無為的超越性論證

　　在上面三章中，我們已經分別分析和介紹了老子哲學的中心價值、方法和原則，以及從經驗的角度支持自然和無為的辯證法。這一章專門討論老子的道與德，即從貫通形而上與形而下的角度來看老子哲學對自然與無為的論證和支持。我們在最後一章討論老子之道，可能會給人一種印象，似乎我們在有意貶低形而上學或老子之道的重要性。這當然不是筆者的本意。我們之所以這樣安排也不是為了標新立異，只是因為以自然為老子哲學的中心價值，必然會跟著講無為之方法，如果在討論無為之後就討論老子之道，然後再分析老子之辯證法，反而不能突出老子之道通貫全局的意義。

　　在關於老子的研究中，發表成果最多、分歧最大的內容就是關於老子之道的。筆者對老子之道的理解與分析，完全是奠基在前賢及同好已有的成果之上，所以本章第一節先來討論回顧和分析關於老子之道研究的歷史，提出問題的困難所在，並進而說明筆者的研究基礎和方法。第二節則正式提出本書對老子之道的理解和詮釋，認為老子之道是貫穿於宇宙、世界、社會以及人生的關於一切存在的根源性和統一性的概念，是對世界的統一性的根本性解說。第三節通過老子之道與基督教的上帝以及現代科學發展的新趨勢說明道的概念介於科學與宗教之間，它一方面體現了科學的懷疑和探索精神，另一方面也體現了宗教對宇宙和人生的終極關懷。在人類文明史上，老子之道與上帝、精神、理念、物質、本體等概念具有同等的地位，卻有更高的合理性和現代意義。

第一節　關於老子之道詮釋的歷史

　　關於老子的道的概念，目前以中文為媒體的學術界的解釋大約

可分為四類。

　　⑴本體或原理類，由胡適和馮友蘭為開端和代表，絕大多數華
　　　人學者的觀點屬於此類。

　　⑵綜合解說類，可以方東美等為代表。

　　⑶主觀境界類，僅牟宗三倡之。

　　⑷貫通解釋類，可以袁保新為代表，本章的探索也屬於此類。

　　這大致的分類當然不一定能包括所有的觀點或提法，不過中文
學術界最主要並與本章的討論關係最密切的觀點都已包括在內。此
外還有一些很獨特的見解，如 Chad Hansen 認為老子之道是主導性
話語 (leading discourse)，這裡暫時不作討論❶。

本體和原理類

　　首先考察本體和原理類的定義和解說。這一類解說包括道是宇
宙本體、是原初物質、是絕對觀念、是精神實體、是原理或規律等
等，這是二十世紀以來最為常見的說法。這種解說濫觴於胡適。胡
適是把中國哲學史的研究引向現代方法的第一人。他說：「老子的最
大功勞，在於超出天地萬物之外，別假設一個道。這個道的性質，
是無聲無形，有單獨不變的存在，又周行在天地萬物之中；生於天
地萬物之先，卻又是天地萬物的本源。」他還明確地說：「老子的天
道就是西洋哲學的自然法 (Law of Nature)。」❷ 不過，胡適沒有討
論道和天道的關係，似乎認為道既是本原，又是規律。

---

❶　Chad Hansen, *A Daoist Theory of Chinese Thought: A Philosophical
　　Interpretation*, Chap. 6.

❷　胡適《中國哲學史大綱》上，頁 56, 64。

在以西方形上學來解釋老子之道方面，馮友蘭的思路與胡適基本一致，不過，早年的馮友蘭用的是總原理的說法，而總原理的說法實可包括自然與社會人生兩方面，但他並沒有強調這一點。他說：「古時所謂道，均謂人道，至老子乃予道以形上學的意義。以為天地萬物之生，必有其所以生之總原理，此總原理名之曰道。」❸ 馮氏此時的觀點簡潔而明確，但是到了晚年，其概念卻有所搖擺變化，意義較為含混❹。

以後，此類關於老子之道的解說大體包括兩種，即原理或實體。說原理的有張岱年先生，認為道是「究竟所以」、「指最高原理而言」❺。與原理類似的有法則或規律說、動力說、「母力」說等等。

---

❸ 馮友蘭《中國哲學史》上冊，頁 218。

❹ 在一九五九年發表的〈先秦道家哲學主要名詞通釋〉中，馮友蘭似乎迴避為老子之道作一個明確的定義，僅僅列舉了老子之道的五個特點。（原載《北京大學學報》1959 年第四期，收入馮著《中國哲學史論文二集》，頁 194–200。）在一九六五年出版的《中國哲學史新編》中，他認為：「老子所說的道跟阿那克西曼德所說的『無限』是一類的，都是未分化的物質」，「道不是精神性的實體」。他還說：「老子認為，道生萬物，雖是無目的、無意識的，但事物的變化卻是有規律的。自然界中的事物的規律，他稱為天道；社會中的事物的規律，他稱為人道。」綜合馮友蘭的這兩種說法，六十年代的馮友蘭似乎認為老子之道是蘊涵著規律的原初物質。（見馮友蘭《中國哲學史新編》上冊，1965，頁 263，264。）在五十年代和六十年代，馮友蘭認為老子哲學屬於原始的自發的唯物主義。在八十年代出版的重寫的《中國哲學史新編》中，馮友蘭說：「道就是無」，不過，「無」有三種意義，即原始宗教性的說法、概念性的說法，以及以「無名」為無的說法，其中以第二種說法為主。馮友蘭強調，由於老子沒有說明「道」、「有」、「無」究竟相當於客觀世界中的什麼東西，所以也即是一種主觀的虛構，因而也是一種客觀唯心主義。

馮契說：「道是世界統一原理，也是宇宙的發展法則。」❻勞思光說：「道即指萬有之規律」、「道為形上之實體；是實有義」，又說：「顧道之為言，泛指規律。」❼徐復觀說：「老子的所謂道，指的是創生宇宙萬物的一種基本動力。我不稱為原理而稱為動力，因為原理是靜態的存在，其本身不能創生。」❽高亨則說道是人類經驗之外的自然力，「此力乃宇宙之母體，老子名之曰道，而余釋為宇宙之母力也」❾。

　　把老子之道看作實體的又分為物質性實體和精神性實體兩類。楊榮國說：「道作為宇宙的本體，是產生天地萬物的根源」，道「不是物質實體，而是虛無，是超時空的絕對精神」❿。任繼愈也曾認為老子所說的道「是產生整個物質世界的總根源，是絕對精神之類的東西」⓫。

　　把老子之道看作物質實體的多強調實體與規律的結合。如楊興順既說道是萬物的物質實體，又說道是自然界、人類社會和思維的法則，是與物質世界不可分開的、主宰萬物的法則⓬。張松如則說：

---

❺　這是張先生早年和晚年的說法，在五十年代，張先生也說過老子之道是「原始的混然不分的物質存在的總體，即混然一氣」。見張岱年《中國哲學發微》，頁 338。

❻　馮契《中國古代哲學的邏輯發展》上冊，頁 121。

❼　勞思光《中國哲學史》卷一，頁 239, 252。

❽　徐復觀《中國人性論史》，頁 329。

❾　高亨《重訂老子正詁》，頁 1–2。

❿　楊榮國主編《簡明中國哲學史》，頁 38。

⓫　任繼愈主編《中國哲學史簡編》。任先生對老子哲學的研究也有過發展變化，參見任繼愈主編《中國哲學發展史・先秦》，頁 237–266。

⓬　楊興順《中國古代哲學家老子及其學說》，轉引自陳鼓應《老子註譯及評

「道有時是指物質世界的實體，即宇宙本體」、「在更多場合下，是指支配物質世界或現實事物運動變化的普遍規律」。他還認為，老子把法則性和法則的體現者混同起來了❸。此外如詹劍峰也認為道是物質性與規律性的統一❹。此外，羅尚賢認為老子的道包括三層意義，一是「恆道」，是客觀世界固有的東西；二是「論道」，是認識過程；三是道理，是認識的結果❺。關於老子之道的實體之義表達得最完整最全面的似乎是張楊明，他說：「道是似虛而實，似靜而動，包含精神和物質，時間和空間，生化萬物，並為萬物的規律，永恆循環的宇宙本體。」❻

　　以上對道的解釋儘管有實體與非實體的區別，但二者都被看做是「客觀實有」的。因此可歸結為一類。

　　這第一類解說是由胡適開創的。他是中國近代以來第一個以西方哲學的概念研究中國哲學史的。這是中國哲學史的研究走向世界、走向現代的開端，從此，以西方哲學史的概念來解說中國哲學史上的語詞就是無可避免的趨勢。這才使得中國哲學史界有可能與西方對話和交流，有可能讓中國哲學走入其他民族文化中去。然而，與此同時，也出現了簡單化的問題。以西方哲學的理論框架剪裁、改組中國古代哲學的理論體系，用西方哲學的概念改鑄中國古代的哲學語彙，這樣往往無法全面把握中國古代哲學概念的真諦，如實體、本體、物質、精神、規律這些概念無論如何也無法反映出道的豐富

　　介》，頁 53–54。
❸　張松如《老子校讀》，頁 8。
❹　詹劍峰《老子其人其書及其道論》，頁 175。
❺　羅尚賢《老子通解》，頁 1–2。
❻　張楊明《老子學術思想》，頁 26。

和複雜的內涵，這樣也很容易把中國古代哲學中的精華漏掉丟失，如工夫論或修養論、整體觀念和知覺體驗等內容。不過，下面各種說法都可以看作是有意或無意地在糾正或彌補這種偏失。

綜合解說類

上述本體和原理類解說雖有綜合實體與非實體意義的，但都是沒有脫離客觀存在的、純形而上學的意義。這裡所說的綜合則包括了形而下的意義，或曰價值論規範性意義。其作法是並列道的若干意義或以一種意義為主同時介紹其他意義。這樣做是因為有些學者看到了老子之道的多義性，就避免單從客觀實有一個方面來定義或解說道。

方東美認為「道」是老子哲學的最高範疇，其意義要從四個最基本的方面解說。首先，從本體論的角度來說，道可稱為道體，是無限的真實存在的實體，為一切活動之唯一範型或法式。其次，從宇宙發生學的角度來講，或從「道用」的角度來講，道遍在一切萬物之中，取之不盡，用之不竭。再次，從現象學或「道相」的角度來說，道之全體大用，在無界中，即用顯體；在有界中，即體顯用，無為而無不為。此為道之屬性與涵德。最後，從特徵學或「道徵」的角度來說，道之高明盛德可以具體而微地呈現在聖人身上。作為理想人格極致之聖人，憑藉高尚精神與對價值界之無限追求與嚮往，超越一切限制與弱點，實踐內聖之修養。此即「道成肉身」 ❶ 。方

---

❶ 此介紹據本人對方氏著作的理解有提煉和剪裁。在現象學解釋的部分，方氏原有「道之人為屬性」的提法，似無必要，且易被誤解，故略而不提。見方東美《生生之德》，頁 295–299。Thomé H. Fang, *Chinese Philosophy:*

氏之解釋的特點是認為道貫穿了形而上和形而下、實然與應然、存在與價值等各個方面。據方氏自己的聲明，他到西方講學和用英文寫作的唯一目的就是向西方的支離的二元思維方式挑戰。他關於道的解說就正反映了他反對西方哲學把實然與應然、價值與存在割裂開、對立起來的傾向。

　　與方東美之解釋類似而不同的是嚴靈峰把道分為道體、道理、道用、道術四方面進行解釋。

　　⑴道是形而上的實體，具有宇宙生化的功能，

　　⑵道是宇宙萬物生存變化的必然規律，

　　⑶道乃人生守道修身所應遵守的應然法則，

　　⑷道亦可運用到政治軍事上，以為治國之術與兵略。

這四項中前兩項屬於形而上學意義，後兩項則屬於實踐哲學的規範❶。

　　唐君毅的六種意義的解釋與此類似，前四項為形而上學意含，後兩項為形而下之意含。為方便起見，我們仍然借用袁保新的簡明歸納：

　　⑴道指通貫萬物之普遍的、必然的律則，或根本原理。

　　⑵道乃形而上實體，真實存在，且具有生成萬物的真實作用。

　　⑶道即道相，即道體對照有形萬物所呈顯的各種面相，如「有」相、「無」相、「沖」「虛」之相等。

　　⑷道即德，包括道體的玄德以及一切人與物所得於道體之德。

Its Spirit and Its Development, pp. 123–127. 袁保新　《老子哲學之詮釋與重建》，臺灣：文津出版社，1991，頁 41–42。

❶　上述四點乃借用袁保新的轉述。見嚴靈峰《老子研究》，臺灣：中華書局，1966，頁 378。袁保新《老子哲學之詮釋與重建》，臺灣：文津出版社，1991，頁 21–22。

⑸道指修德之道及其他生活之道，包括修德積德之方、自處處
　人之術、治國用兵之道等。

⑹道也可以指事物的一種狀態，包括人之心境或人格狀態❶。

　　陳鼓應注意到了唐氏的六種意義的解說，但他主張把道的意義
概括為三種。他說：「《老子》書上所有的道字，符號形式雖然是同
一的，但在不同章句的文字脈絡中，卻具有不同的意涵。有些地方，
『道』是指形而上的實存者；有些地方，『道』是指一種規律；有些
地方，『道』是指人生的一種準則、指標或典範。因而，同時談
『道』，而意涵卻不盡同。意涵雖不同，卻又可以貫通起來。」❷

　　上述各種綜合性的解說提示我們，道的意義是豐富的，不能簡
單地歸結為某一方面，這一點當然是很重要的，但因此而放棄用簡
潔的語言從總體上對道作一個概括而全面的描述或定義畢竟是學術
研究工作中的憾事。

境界形態說

　　現在我們來考察所謂境界形態說。上面所介紹的綜合性的解說
雖然都包括了人生行為規範和境界修養的內容，但仍然以道的客體
意義為基本內容或主要內容。因此往往還是被歸納到「客觀實有」
形態的解說中去。而與客觀實有形態相對應的只有牟宗三先生的「境
界形態說」。這是在關於老子之道的諸多詮釋之中，最突出也最獨特
的一種理論。

---

❶　唐君毅《中國哲學原論・導論篇》，頁 348–365。袁保新《老子哲學之詮
　　釋與重建》，頁 22–23。

❷　陳鼓應《老子註譯及評介》，北京：中華書局，1985，頁 2。

　　牟氏有此獨特的解釋有多方面的原因。以上所討論的一般性解說都是以《老子》文本為依據進行的,有人稱之為理論程序的研究方法。而牟宗三先生則從所謂「發生程序」的角度來把握老子思想的特點。同時,他對老子之道的把握實來自於他對中西各大形而上學系統的疏理和組織,也因為他把道家作為一個歷史過程中逐步展開的有機體過程,因此要借重莊子和王弼來詮釋老子之道。在他看來,儘管老子對道的描述含有客觀性、實體性的意思,但這只是一種「姿態」而已,拆除了這些姿態,老子所說的道只能是境界形態的道❷。

　　具體說來,牟氏強調老子之道的觀念來自於主體修養所證成的主觀境界,道之創生萬物,不能外在地理解為在客觀世界裡有個東西叫「道」或「無」,然後「道」創生了萬物;而必須主觀地落實到具體的生活中,連著這個世界,由聖人「不塞不禁」的沖虛心境,以及物自生自濟的情況,來了解道的創生性。牟氏強調,如果老子之道不是像西方哲學與宗教一樣,僅是透過分解而客觀地肯定之創生之實體,而是通過主觀致虛守靜之修證所開顯的沖虛境界,則老子賦予道的客觀性、實體性,應當不過是一種姿態而已。我們不應該因為道常常當作主詞使用,就認為在客觀的存在界中有一個實體與之相對應。如果這樣理解,就完全抹煞了老子思想的實踐性格,把老子理解為客觀實有形態的形上學,忽略了老子形上義理的境界形態的性格❷。

---

❷　參見楊儒賓《先秦道家道的觀念的發展》,臺灣大學文史叢刊之七十七,
　　1987,頁 37。

❷　據袁保新《老子哲學之詮釋與重建》,頁 50。參見牟宗三《才性與玄理》,
　　頁 149–164。

　　據牟先生講，所謂「實有形態的形上學就是依實有之路講形上學 (metaphysics in the line of being)」，所謂「境界形態的形上學就是依觀看或知見之路講形上學 (metaphysics in the line of vision)。我們依實踐而有觀看或知見；依這觀看或知見，我們對於世界有一個看法或說明。這個看法所看的世界，或這個說明所說明的世界，不是平常所說的既成的事實世界（如科學所說的世界），而是依我們的實踐所觀看的世界」❷❸。

　　「境界形態的形上學」是牟宗三的創造，它突出了老子哲學的實踐性格和道的價值意義，其理論融合在牟先生對整個中西哲學及儒釋道傳統的詮釋與重建之中。但是，如果我們集中於對老子的詮釋，特別是主要依據《老子》文本對老子思想進行詮釋時，牟先生的觀點就仍有推敲斟酌的餘地❷❹。

貫通性解說

　　最後我們考察所謂貫通性定義。袁保新認為，牟宗三的境界形態說雖然是一種創見，但是「如果因為強調老子的實踐性格，將老子形上概念完全限定在觀念發生過程中來了解，收在主觀親證之下，以『主觀心境』觀『道』，而不能以『道』觀『道』，則未必是老子

---

❷❸　牟宗三《中國哲學十九講》，頁 130–131。參見袁保新《老子哲學之詮釋與重建》，頁 47–52。

❷❹　牟先生的「不生之生」的概念似乎需要假設萬物各有自己的種子因，道只要「讓」它們自生自長即可。這和老子思想並不能完全吻合，倒有些接近於郭象的萬物自生自化的理論。參見楊儒賓《先秦道家道的觀念的發展》，頁 37。

的本意」，因此不宜將老子之道的「客觀性」和「實體性」一概視為
「姿態」 ❷。在這種反省的基礎上，袁氏為老子之道提出了一種新
的解說：「道」為價值世界的形而上基礎。本章稱之為貫通性定義，
取其力求貫通於存有界與價值界之義。

袁保新強調，把道解釋成宇宙發生論中的第一因，或形而上學
中的無限實體或自然律則，就把老子思想詮釋成了破裂的系統，因
為道作為第一因，無限實體或自然律則都是具有普遍必然性的「存
有原理」，都無法與人生實踐的「應然原理」構成邏輯推導的關係，
這就否認了道一概念的各種涵義之間具有合理的關聯性 ❷。因而，
袁氏的博士論文自始至終討論的就是如何解決道作為存有原理所包
含的必然性與作為應然原理所包含的規範性法則之間的矛盾關係。

袁氏的解決方法就是提出一個貫通性的定義來消解實然與應然
之間的分離。他的解釋以方東美的理論為依據：「根據中國哲學的傳
統，存有學也就是價值論，一切萬有存在都具有內在價值，在整個
宇宙之中，更沒有一物缺乏意義。」 ❷ 由此出發，袁氏指出，存在
界之所以能相續相生，是因為存在界涵具著一種整體的、和諧的價
值秩序，在這秩序中每一事物都有其應具的本然地位，以及與其他
事物的關係。換言之，整個存在界其實就是價值世界，而道也就是
規範這一切事物的地位與關係的價值之理 ❷。

按袁氏之說，老子心目中的道也就是人類理解自己在存在界中

---

❷ 袁保新《老子哲學之詮釋與重建》，頁 52, 74, 76。

❷ 同上，頁 99–100。

❷ Thomé H. Fang, *The Chinese View of Life*, p. 21. 袁保新《老子哲學之詮釋與
重建》，頁 102。

❷ 同上袁著，頁 102–103。

的地位，決定自己與其他人、物、鬼、神、天地之間關係的意義基礎，或規範一切的價值理序。當一切人與物順從這種價值理序的時候，則物正其位，人具其德，「莫之命而常自然」；苟若背離了這種秩序，則不免墜入「不道」早死的結局。因此，道作為生化根源，實不必一定理解為宇宙發生論的第一因，也不必規定為形上學的第一實體，或自然界運動變化的規則。因為道作為一切事物取得其在存在界中地位與意義的形而上根源，雖然不負責提供存在事物結構原理的說明，但是對一切事物應該如何存在，卻提供了規範性的解釋，一樣決定著天地萬物的生存與本質，一樣具有生畜萬物的功能，及超越萬物之上的性格。袁氏強調，這種詮釋充分體現了老子哲學的時代課題，即為周文崩解的社會現實重新尋找價值秩序的形而上基礎，也突出了老子哲學重修養實踐的性格㉙。

　　袁氏之說意在補充或糾正牟氏之偏，他對道的新解釋簡潔明確，相當精彩，足以作為本章進一步研究的階石㉚。本章注意在老子之道的詮釋過程中避免存有與價值的分裂，強調道貫穿於形而上與形而下世界的特點，其中一部分就是受到袁保新的啟示㉛。不過，筆者認為，袁氏所討論的問題之所以成為問題完全是因為學術界在解釋老子之道時未加說明地使用了「存有」、「實然」、「應然」等西方哲學的概念而引起的，所謂必然性和規範性的矛盾，或存有原理和

㉙　同上，頁 102–103。

㉚　筆者願意藉此機會向袁保新先生致意。本章關於老子之道的研究得益於袁氏大作之處甚多。

㉛　此外，筆者也受到了 Günter Wohlfart 教授的啟示，他在一九九五年十月的西安國際老子討論會上提到老子沒有形而上學，因為老子的道是貫通於形而上和形而下的。

應然原理之間的對立在老子之道中本來是不存在的❸❷。袁氏之所以感到困難是因為他也不能跳出一般人常用的西方哲學的概念和思維框架。

成就與起點

　　總結上述對老子之道的四種定義或解釋，我們可以發現一個發生順序與邏輯順序相一致的演化過程，即最先出現強調客體性的本體或原理說，然後發展出兼賅客體與主體、實然與應然的綜合說，接著出現了倒向價值意義的主觀境界說，最後走到了超越主與客、價值與存有的貫通說。

　　反省起來，本體或原理說的功勞很大，而且抓住了一些要害性的問題，所以至今從者仍眾，然而，用本體、實體、物質、精神這些概念來解釋老子之道，總有小不能盡大、實不能容虛的缺陷。因為老子之道是一個非常大、非常籠統的概念，相比之下，任何一個西方哲學的概念都因為太具體、太清晰而不能充分概括道的圓融而豐富的內涵，用西方哲學的實體類概念解釋老子之道難免有圓鑿方枘、管窺蠡測的遺憾。但是我們不應該因此而認為老子之道根本沒有類似於西方哲學的宇宙論和本體論的內容。

　　綜合說試圖解決這一問題，從全面描述的途徑出發逼近道之全貌，這至今仍是一個無法捨棄的詮釋方法，只是難以提綱挈領，缺

---

❸❷　對於這一點袁保新似乎也有相當的了解，他說：《國語・越語》范蠡所言「天道盈而不溢，盛而不驕，勞而不矜其功」，其中「天道」不僅是指存在界的法則，而且天道的規範更伸展到人間社會及歷史文化的領域，而與老子《道德經》中的道或天道概念，非常接近類似。見袁著，頁18。

乏概括的表述，不能盡如人意。

　　境界說克服了綜合說的弱點，突出了老子哲學的實踐特點和價值取向，令人耳目一新，但從客觀實體一極，走到主觀境界一端，似乎跨越太大，驗之於《老子》原文，終有偏頗，不足以令人心安。

　　袁保新的貫通說在全面反省前人成果的基礎上，厚積薄發，試圖糾正客觀實體說和主觀境界說兩方面的偏頗，提出道是價值世界的形上基礎，確有灼見，對《老子》原文的解釋也頗能引發新意，把現代人對老子之道的解說推到一個新的層次，本章對道的研究就是以袁氏的成就為基礎或階梯的。

　　既然我們承認袁氏的研究很有成績，為什麼還要再作探索而沒有逕採袁氏之說呢？因為筆者認為，學術研究是沒有止境的，我們只能力求在已有的研究成果上再進一步，而不能指望自己或某個人已經到了最後的頂點。事實上我們對袁氏的結論還有一些保留意見。因為袁氏的方法和實體說、境界說一樣仍然是以西方哲學為理論架構，仍然是以歸約法為主。傳統的實體說把老子之道的複雜內涵歸結為客觀存在，境界說把老子之道的豐富內容歸結為主觀境界，袁氏欲糾正兩者之偏，提出道是價值之理，是價值世界的形上基礎，超越了主觀與客觀的對立，溝通了形上世界與價值世界的聯繫，但也把道的概念歸約和限定在價值意義之中，略去了道和本體論或宇宙論相似或相通的內容。這樣做消除了使用實體等概念所帶來的割裂形上與形下的問題，但把老子之道的客觀實有的意義也推到了可有可無的地位。

　　袁氏說：「我們不必將『道』實體化，外在原因化，因為，老子關心的問題並不是在因果序列中探問『存在物為什麼會存在』，而是從價值意義的觀點，藉著『道』這一原理來說明『事物應該如何維

持存在』。」❸袁氏的作法和牟先生以及下文將要討論的傅偉勳先生的作法一樣，都是想消解或削弱老子之道的客觀實有的意義，只不過牟先生是用主觀親證或發生程序的方法，傅先生用的是語言分析的方法，而袁氏用的主要是「價值中心的存有論」的觀點和課題分析的方法，三者最終都是把老子之道歸約到某一點，或是主觀境界，或是語言符號，或是價值之理，而化解其他和這一點不同或不一致的內容。這種詮釋從自身的理論體系來看相當嚴密和精彩，但和老子關於道的大量論述以及老子哲學的素樸而渾融的特點則有所不合。

此外，如果說老子之道是價值之理，是價值世界的形上基礎，那麼孔孟之天、宋儒之理又何嘗不是價值之理或價值世界的形上基礎？以此來解釋老子之道似不能反映老子哲學之特點。再者，說道是價值世界的形上基礎，僅溝通了價值世界與形上世界的聯繫，並沒有明確揭示道本來貫通於形而上和形而下之中的特點，似乎價值世界和形上世界還是分別在兩個層面。此外，袁氏也沒有說明道作為價值世界的形上基礎所支持和代表的中心價值究竟是什麼。因此我們還有必要作進一步的努力和嘗試。

其實，本章與袁氏研究的取向或方法也有所不同。袁氏看到完全還原老子哲學的歷史面目是不可能的，因而走向「創造性詮釋」的道路，其意似在「創造」。所謂「創造性詮釋」是傅偉勳教授提出的概念。此一概念實包括兩個方面，即創造和詮釋。強調創造類似於「六經注我」，強調詮釋則可能走向「我注六經」。筆者雖然承認任何人都無法還原老子哲學的歷史本意，但認為「力求」逼近古典的本意仍是一種基本的研究方法和研究原則。

---

❸ 袁著，頁 113–114，注 46。

　　袁保新的意圖是創建新的詮釋體系，本章的努力方向則是盡可能接近老子哲學古樸而深邃的面目，一方面強調老子哲學有一個大致完整的體系，另一方面認為不應該把老子哲學歸結為某一種理論，也就是說，既不應該把老子之道歸結為或簡化為本體論或宇宙論，也不應該把它歸結為主觀境界或價值基礎。我們認為老子之道既有客觀實有的意義，也有價值基礎的意義。從我們現代人的二元論的眼光來看，這是完全不同的兩個方面，但在老子的時代，這二者完全可以是一回事。唯其道有客觀實有的意義，它才有資格成為人類行為的楷模，成為人類之價值的權威性支持和絕對根據，如果抹煞或削弱了道之客觀實有的意義，也就削弱了道的價值意義。在這方面，筆者和袁保新的不同只是程度的，而不是本質的。袁氏參考牟先生的理解架構，但要略為拉開「道」與「主觀心境」的距離，即在一定程度上承認道「確有形上學的意涵」。筆者則接受袁氏道為價值之基礎的說法，但要略為拉開「道」與「價值之理」的距離，多強調一點道的客觀實有的意義，而不把道歸結為價值之理。

　　當然，筆者希望逼近《老子》文本之原意，但並非不關心老子哲學在現代社會的應用和意義問題，本章也會討論這個問題，但筆者的原則是，在討論古典哲學的現代意義時，現代解釋要盡可能落實在逼近原文本意的努力上，同時，力求把古典意含與現代詮釋兩方面既區別開，又銜接起來，也就是說，既不把古代本意和現代應用當作互不相干的兩張皮，但也不把二者混為一體。當然，這只是筆者個人對自己的期求，並不說明本人已經實現了這一目標，也不意味其他作法都是不好的。

第二節　關於老子之道的新詮釋

　　看來，為老子之道下一個簡明的定義或作一個扼要的解釋是非常困難的，任何人的解釋都無法令人十分滿意。然而，也正因為此，這一學術課題就仍然有挑戰性，值得我們一而再、再而三地去嘗試去推進。這裡我們也嘗試為老子之道作出一個新的解釋，以期引發出更多的嘗試和更好的解釋。

　　以往的研究歷史說明，對老子之道作邏輯分類式的定義是不可能的，因為道不屬於任何一類，也不是全體之大類或總和。我們也無法找到任何一個具體的哲學名詞為道下一個實質性的定義，因為任何似乎清晰明確的現代哲學概念都無法涵蓋或描述這樣一個渾淪無涯、既超越又內在的古老的觀念。因此，我們只能嘗試從其哲學功能的角度為道下一個籠統的描述性定義。在我們看來，袁保新所謂道是價值世界的形上基礎這一定義也是一種功能描述式的定義，但範圍窄了一些，而且也不能反映老子之道本來即貫通於形而上和形而下之中的特點，或者說是本來就沒有形而上與形而下之區別的特點。

世界之統一性：解釋與詮釋

　　道的概念在現代哲學中找不到適當的可以歸屬的領域，宇宙論、本體論、倫理學、政治學、價值論、自然觀、社會學、人生論等都無法包含道的複雜意含，然而，道的意義又與這些領域都有某種或多或少的關聯。老子之道是一個什麼樣的概念呢？是宇宙論概念嗎？

是本體論概念嗎？是倫理學概念嗎？是政治學概念嗎？是價值論概念嗎？恐怕都不完全是，但也不能說都完全不是。同樣地，道是一個關於自然的概念嗎？是一個關於社會的概念嗎？是一個關於個人的概念嗎？恐怕也都不能簡單地說是或不是。

　　道實在是一個太廣泛、因而不屬於任何一個具體領域的概念。道的概念、道的作用實在是貫穿了宇宙、世界、社會與人生各個方面。這裡說的「宇宙」是指沒有人類存在的時空，這裡所說的「世界」特指包括自然界與生物界的共同存在，「社會」則顯然是人類組成的各種各樣的群體，「人生」則特指有關個體存在的問題。這裡特別強調宇宙是因為老子反覆討論了「帝之先」（4章）、「天地根」（6章）、「知古始」（14章）、「天下母」（25、52章）、「有生於無」（40章）等與人類社會無關的問題，這是老子哲學與儒墨法明顯不同的方面，是不應忽視的。這也是我們不同意完全略去老子之道的宇宙論或本體論意義的原因。

　　這裡也特別提出人生二字是為了標明老子對個體生命也有所關注，主張「貴以身為天下」（13章）。突出這一點是為了避免把老子哲學歸約為一點，如政治哲學或「君人南面之術」等。強調從宇宙、世界、社會到人生是為了突出道的概念本身的貫通性和獨特性，但為了行文的簡潔，我們有時也會用世界或萬物來代表這四個方面。

　　那麼，道究竟表達了一個什麼樣的觀念呢？這裡我們嘗試用一些普通的詞彙從總體上來概括道的意含，從而避免以往的方法所帶來的麻煩。我們希望這樣的詞語沒有鮮明的西方哲學的特定的意含，能夠從總體上把握老子之道的主要功能和特點，而不把它歸結為哲學的某一個方面或某一個分支。

　　經過反覆考慮，我們認為老子之道可以概括為關於世界之統一

性的概念，是貫通於宇宙、世界、社會和人生的統一的根源、性質、規範、規律或趨勢的概念。概括起來，則包括統一的根源和統一的根據兩個方面。也就是說，道的概念所針對的問題是一切存在的總根源在哪裡、天地萬物的總根據在哪裡的問題。總根據是形而上的，但也一直貫通到形而下乃至人生之中，或者說是從存有界貫通於價值界。在老子的時代，古代聖哲們還沒有認識到要區分實然與應然，也不認為形而上與形而下之間有什麼不可逾越的界限。這不一定是中國古代哲學的弱點或錯誤，而是中國古代哲學的特點之一。

自從人類有了抽象思考的能力，人們就不斷地追問和探求世界的統一性問題，或者追問有沒有一個統一的起源，或者探求世界有沒有統一的根據，並試圖作出一種回答。神學家以上帝的概念來回答世界的起源和總根據，哲學家則以理念（或範型）或物質規律來回答世界的統一性的根據，老子則以道來解釋世界的起源和萬物共同的根據。所以道是老子對世界之統一性的根據或原因的一種解釋 (explanation) 和詮釋 (interpretation)。說它是一種解釋，因為道的概念有描述客觀原因的意圖，反映了老子探求世界之真相的意圖，說它是一種詮釋，因為道的概念也融入了主觀的體驗，有價值取向的意義。我們借用解釋與詮釋的概念說明老子之道既是老子對客觀實有探尋的結果，也是老子的價值取向的體現，二者本來就是合而為一的，不必強調其中一個方面而貶低另一個方面，也不必把一個方面歸結為形而上，把另一個方面歸結為形而下。

這樣看來，老子之道所代表的哲學就是超二元的一元論。什麼叫超二元的一元論？這是針對西方哲學的特點來講的。西方哲學的一元論都是在承認二元對立的前提下的一元論。比如，有了理性與經驗的對立，才有了經驗論與理性論；有了自由與必然的對立，才

有了決定論和非決定論；有了物質與觀念的對立，於是才有物質一元論與觀念一元論。總之，西方哲學中的一元論大多都是在二元對立中取一元，而道的觀念完全不是這樣。在形而上與形而下、實然與應然、存在與價值、物質與精神、必然與自由的對立之間，道不單獨屬於任何一方。這些兩極對立的概念，在老子那裡基本不存在，因此，老子之道所代表的哲學既不是所謂調和折衷的，也不屬於二元中的任何一方，而應該叫做超二元的一元論。

　　總之，由於通用的西方哲學概念不能準確或全面地反映道的特點，我們也不可能再創造一個和道一樣玄之又玄的新概念來準確地解釋道，所以，我們只能給道作一個概括性、描述性、功能性的定義，避免把道硬塞到某一個特定的哲學領域或範疇中去的尷尬情況。簡單地說，我們傾向於認為道是關於一切存在的統一性的概念，是關於貫穿在宇宙、世界、社會、人生中的統一的總根源和總根據的一種解釋和詮釋。這裡統一性、總根源、總根據的提法都是為了超越或避免實然與應然、必然性與規範性之間的分裂和對立，體現老子哲學中形而上和形而下、存有與價值之間的連貫性，力求較全面地反映道的特點、性質和功能。

　　世界的總根源的說法顯然和宇宙論或宇宙生成論有相似之處，而總根據的提法與本體論也有密切關係。這裡選用根源、根據、統一性這些極普通的詞彙而不用宇宙論、本體論這些慣用的哲學術語當然不是為了標新立異，而是為了避免讀者透過西方哲學概念來了解道所可能造成的誤會。我們不應否定道有類似於西方宇宙論和本體論的思想內容，但要避免把道當作西方形而上學式的概念，從而產生道代表實然還是應然、代表存有還是價值、代表存有的概念能否作為價值的根據等不必要的麻煩。

　　一般說來，我們不可能完全不用西方哲學的概念來分析解釋中國古代哲學，然而這樣做也不可能不遇到詞不達意、或附加給中國哲學概念一些本來並沒有的含義。解決這種問題似乎只有兩個辦法，一是用其他概念來代替有可能引起很多誤解的西方哲學的概念，二是在使用西方哲學概念的同時分析說明其在中國哲學的語境中可能引起的變形，以預防曲解。當然，這兩種方法也是時常並用的。不管哪一種方法，都需要作者對老子哲學的概念和用於解釋的概念都有相當深入的了解和把握，對自己的使用方法有自覺的認識和說明。

世界根源之道：生成而不佔有

　　現在我們來考察道作為世界總根源的意義。《老子》八十一章中，有十幾章都涉及了類似於西方形而上學式的問題，特別是多次提到萬物之始、之根、之宗、之母等概念，這些概念都與西方的宇宙論有關，所以，相當多的學者都接受了這樣一種觀點，即認為《老子》中主要講的是宇宙生成論，而不是本體論；中國古代的本體論是魏晉時期的王弼開創的❸。然而，牟宗三、傅偉勳等從不同的角度出發，認為老子之道不應解釋為宇宙論概念，而認為應該把這種類似於宇宙生成論的內容轉化為境界形態或本體論內容。如何看待這些不同的觀點呢？

　　《老子》第四十二章有一段幾乎人所共知的話：

---

❸　此說由湯用彤之說推論而來。湯氏說到了魏晉時期，玄學始脫離漢代宇宙之論 (cosmology or cosmogony) 而流連於存存本本之真 (ontology or theory of being)。見《湯用彤學術論文集》，頁 232。

> 道生一，一生二，二生三，三生萬物。萬物負陰而抱陽，沖
> 氣以為和。（42 章）

這一段話詞彙和語法都極為簡單，但引起的歧義卻非常多。首先，
「道生一」中的道與一是什麼關係？或曰道即一，道乃混而為一；
或曰道生一，故道不是一❸。查《老子》中，以一為道之處不少，
如「一者，其上之不皦，其下之不昧」（傅奕本 14 章），「萬物得一
以生」（39 章），似乎老子的確以一為道，但是，如果說道生一的一
就是道，那麼「生」字就要另作解釋，此生與後面「一生二，二生
三」之生意義不同，語法方面的解釋就有困難。其次，二是什麼？
是陰陽還是天地？三是什麼？是陰陽之和氣，還是陰氣、陽氣與和
氣？第三，如何理解「生」字？是出生之生？還是產生之生？還是
出現之義？牟宗三據王弼注強調「道生一，一生二，二生三」之生
都是「不生之生」，是讓萬物自生。牟先生說：

> 「道生之」者，只是開其源，暢其流，讓物自生也。此是消
> 極意義之生，故亦曰「無生之生」也。……總之，它不是一
> 能生能造之實體。它只是不塞不禁，暢開萬物「自生自濟」
> 之源之沖虛玄德。而沖虛玄德只是一種境界。……故表示「道
> 生之」的那些宇宙論的語句，實非積極的宇宙論語句，而乃
> 是消極的，只表示一種靜觀之貌似的宇宙論語句。❸

---

❸　《淮南子・天文》曰「道始於一，一而不生，故分而為陰陽……」似乎認
　　為道就是一。現代多數學者主張道就是一，如陳鼓應等，見陳著《老子註
　　譯與評介》，頁 232–235。
❸　《才性與玄理》，頁 162。

牟先生對這一段的解釋力圖化解道的客觀生成之義，把生解釋為消極之生，貌似之生，強調道「不是一能生能造之實體」，以便最終把道納入主觀境界之中。

傅偉勳先生的說法也有異曲同工之妙。傅先生認為《老子》在這裡用的只是比喻性語言，道不是事實上的施事者，只是語言形式上的主語，道本身是自然無為的，不會產生任何事物，所以，這裡僅是從形而上的角度說「道先於一，一先於二，二先於三……」。總之，道不是實體，只是形而上學的符號，是象徵意義下的一切事物的本體論或存有論根據 ❸。牟先生和傅先生都強調「道生一，一生二，二生三」之生不是實質性的生出或產生，這一點我們是贊成的。但是，我們似乎不必完全把道納入主觀境界或把它變成一個純粹的語言符號。

我們認為「道生一，一生二，二生三」的說法不是對宇宙產生的實際過程的真實描述，而只是對宇宙生發過程的一個模式化處理，也就是說，這裡的一、二、三都不必有確切的指代對象，一是氣還是道，二是陰陽還是天地，都不影響這一模式的所要演示的實際內容。這裡的生不必是母生子之生，不必是實際的生產或產生之生，而類似於「有無相生」或「戎馬生於郊」之生，只是虛義的轉化出或從中出現之義。此外，道生一的一和「萬物得一以生」的一也不必是同一個一。「萬物得一以生」的一是萬物生存的統一的根本依據，道生一的一只是世界生發過程中的最初階段的一個圖式符號。

在我們看來，「道生一，一生二，二生三」就是老子對世界萬物生發過程所作的理論假說的一個抽象化的模式，反映世界有一個共

---

❸　Charles Wei-hsun Fu, "Lao Tzu's Conception of Tao," *Inquiry* 16, pp. 369, 377–378(1973).

同的起始點，即共同的根源，這個共同的起始階段或最初狀態無法
描述，也無法命名，只好勉強稱之為道，從這個道所指代的那個階
段或狀態逐步演化出宇宙最簡單的存在形式，以後，從單一到繁多，
從簡樸到複雜，從渾淪到具體，逐步出現了我們所能看到或感覺到
的世界。在這個世界上，萬物都包括陰陽兩個方面，兩個對立的方
面衝湧激盪而和諧相生。所謂「一生二，二生三」的過程只不過是
這一過程的抽象的圖式化描述。從一，到二，到三，只不過言其過
程由少到多，由簡單到複雜而已，實不必把它們一一講死。

　　上述過程是順著講宇宙從無到有，反過來說則是「天下萬物生
於有，有生於無」（40章）。我們也不必指實「有」是什麼，「無」
是什麼。大體說來，無應該相當於道。就道本身說來，道既有「無」
的特點，又有「有」的特點，但相對於有形有像的具體存在的萬物
來說，道只能相當於「無」。「天下萬物生於有，有生於無」也是關
於宇宙萬物起源的概括性描述，這種描述也說明老子確信世界有一
個總根源，老子常把這個總根源比喻為母性：

　　　　有物混成，先天地生，寂兮寥兮，獨立不改，周行而不殆，
　　　　可以為天下母。吾不知其名，字之曰道，強為之名曰大。
　　　　（25章）

在天地之先有一渾淪之物，它獨立於萬有之外，不受任何存在的影
響，是天下一切存在的起始，相當於宇宙之母。道只不過是勉強給
它的一個名號。類似的比喻和說法還有很多，可見於第六章「玄牝
之門」、「天地之根」，第四章「萬物之宗」，第一章「天地之始」、
「萬物之母」等，這些比喻和說法都證明老子確實有一個世界總根

源的觀念。這個總根源又是貫穿於宇宙、世界、社會與人生之中的總根據,但在內容上卻獨立於人的價值世界之外,「獨立而不改」,因此作為價值世界之形上基礎才有崇高的地位和特質。

面對這些《老子》原文的根據,我們很難視而不見,很難否認老子哲學中有一個關於宇宙起源的討論和關於宇宙總根源的觀念。袁保新反對把道解釋為第一因或無限實體,這一點我們完全贊同,把道定義為價值世界的形上基礎,我們也很欣賞,但是我們不同意把道歸結為「價值之理」或「價值理序」,從而完全略去道作為世界之總根源的意義。

牟宗三的詮釋服從於他自己的大的詮釋系統,自然有他的理據,但是置之於《老子》原文,我們很難把「玄牝之門」、「天地之根」、「萬物之宗」、「天地之始」,以及「萬物之母」都化作附屬於主觀境界的一種「姿態」。牟先生的觀點來自於「發生程序」的研究路向,強調只有通過主觀親證才能認識道的存在,而我們認為只有知覺的體認還不足以把握道的全部內涵。

傅偉勳與牟先生不同,他承認道有一個實在內容,但他強調這個實在是不可言說的,道只是一個語言符號或象徵性符號,道本身是不能生天生地的。這一說法也有相當的說服力,有分析哲學和語言哲學的基礎,但是,道雖然只是一個勉強的符號,但它畢竟是有所指的,我們只好順著老子的思路假設道就是老子所指的那個不可言說的實存之對象,這樣或許更接近老子那個時代的素樸的思想方法,而不至於把老子變成現代西方式的語言哲學家和分析哲學家。

還有一點是值得我們注意的。老子明確地認為宇宙的總根源不是神而先於神,所以說「吾不知誰之子,象帝之先」(4 章)。一般說來,老子哲學是神秘主義、直覺主義、非理性主義或反智主義,

大家對此似乎都沒有異議，但是，在這些傾向後面，老子還表現了很強的理性精神和非信仰主義傾向。老子為什麼會想到世界的總根源應該先於上帝呢?為什麼他認為上帝不足以作為世界的創造者呢?他怎麼會想到世界還有一個非意志、非情感、無目的的先於上帝的存在呢？他怎麼會想到「道可道，非常道」呢？顯然，這些思辨性很強的問題單靠直覺體認、主觀親證或個人信仰是得不出結論的。

我們認為，老子哲學所提倡的所主張的並不是理性的推理，但它的產生卻離不開理性的引導。應該說，老子對神學信仰的懷疑和批判和對世界總根源的描述是不能單靠主觀直覺的，這樣深刻的思想不可能沒有理性的思考作基礎。《老子》並沒有把這一思考過程披露出來，我們卻不應因此而忽視老子哲學中所深涵的理性精神。

世界根據之道：扶持而不主宰

現在我們再來考察道作為世界之總根據的意義。道作為世界的總根源不同於所謂的「第一因」或「原初物質」。道的功能並不是在萬物產生之後就消失了，而是繼續發揮著作用，成為萬物存在發展的依憑。道不僅是世界的總根源，而且是萬物的總根據。不過，萬物雖然依憑於道，道卻是自然無為，無心無情，不恃不宰，所以這種類似於決定性或必然性的作用又不同於「絕對精神」或神祇。

道也不同於自然規律，因為自然規律是沒有例外的，只要符合某些條件，必然會出現某種現象或結果，而道卻沒有這麼清楚明確的內容，沒有某種條件必然導致某種結果的內容。道所代表的並不是條件和結果，只是一種大致的趨勢。這種大趨勢一方面不可扭轉，另一方面對具體存在又不直接干涉。道是一種自然而然地發生作用

的總根據。

所以，每當老子提到道作為萬物之根據之作用時總是同時強調兩個方面。一方面道賦予萬物以秩序，是萬物存在生長發展的依據，萬物不可能離開道而得到養育和生長，道的這種作用和所謂本體或規律都有相似之處；另一方面道卻不居功、不恃能、不主宰和控制萬物，在這一方面，道不僅不同於上帝和神靈，而且也不同於規律的確切性和決定性。

總之，作為世界之根據的老子之道有兩方面的特點。一方面是實有其效，的確是萬物的依憑，另一方面是自然而然，非直接之決定。老子反覆強調道作為萬物的總根據，其作用和地位都是自然的，在道與萬物之間完全沒有決定者和被決定者之間的緊張關係。《老子》第五十一章說：

> 道生之，德畜之，物形之，器成之。是以萬物莫不尊道而貴
> 德。道之尊，德之貴，夫莫之命而常自然。故道生之畜之，
> 長之育之，亭之毒之，養之覆之。生而不有，為而不恃，長
> 而不宰，是謂玄德。❸

根據帛書本，第一句是「道生之，德畜之，物形之，器成之」，下面卻是「道生之畜之，長之育之……」，看起來有些齟齬，這可能就是通行本把後面「道生之畜之」也改成「道生之，德畜之」的原因，但改過之後，「道生之，德畜之」緊接「長之育之，亭之毒之……」，主語不明，句式又不合，所以帛書本的句式應該是可以接受的。實際內容也並不齟齬。

───────────────

❸ 「器成之」與「道生之畜之」兩句據帛書本校改。

　　第一句講道生、德畜、物形、器成，描述萬物形成的複雜過程和綜合機制，說明道不是直接地產出萬物，而是抽象因素和具體因素、總體因素和個體因素（道、德、物、器）共同作用的結果，這說明道生萬物的過程不同於母生子或上帝直接創造萬物，道不同於一般的創生實體。後面講道生、畜、長、育、亭、毒、養、覆，但不有、不恃、不宰，是謂玄德，主語都是道，都是講道對萬物存在與發展的重要性，或者說是萬物對道的依附性。雖然說是道生、德畜、物形、器成，但歸根結底還都是道的作用，歸根結底是道生出和畜養萬物，讓萬物生長成熟，並得到保護。這些總括起來說都是道作為萬物之總根源和總根據的作用或表現。而「生而不有，為而不恃，長而不宰」是講道之作用出於自然，是道之玄德，萬物順應道之規範也很自然，生養者與被生養者、引導者和被引導者、依憑者和被依憑者之間的關係和諧而融洽。

　　老子講「道生之，德畜之，物形之，器成之」，顯然，道、德、物、器四者是從總體到個體，從抽象到具體的階梯和過程。道是最高的總體和抽象，器是最後的個體和具體，物介於其間，但偏重於器，是一切具體之器的共同之物，相當於形、氣、質料、物質一類普遍之物的存在。德則介於道與物之間，雖比道有更具體的意義，卻比物抽象，離具體之器較遠。所以，一般說來，講道是全體，德是具體，但不宜把德限定在具體之物上 ❸❾。老子還沒有明確地區別個體與全體的關係。德是道之功能的具體體現和保證，所以說「道生之，德畜之」，不過德顯然不體現總根源的功能，只體現總根據的

---

❸❾　張岱年師云：「德是一物所得於道者。德是分，道是全。一物所得於道以成其體者為德。德實即是一物之本性。」《中國哲學大綱》，頁 24。又見袁保新，頁 107。

功用。

　　雖然德在萬物的生成與存在過程中扮演道之具體體現的重要角色，但德更偏重於道之德性規範的意義，所以有「玄德」之說。什麼是玄德？玄德就是「生而不有，為而不恃，長而不宰」之德，這既是最高之道本身的品德的體現（51 章），又是體現道之品德的聖人之德（2、10、65 章）。雖然道本身就體現了老子的價值取向，但這種價值取向更多地是靠德來體現和表述的。

　　道作為萬物的總根據給世界帶來了自然和諧的秩序。道對萬物來說，無之不可，有之不多。這種道與萬物的關係恰如第十七章所討論的聖人式的社會管理者和百姓的關係。就是說，對於最高明的社會管理者，百姓不知道他們的存在；對於次一等的，百姓才親近他們，歌頌他們；再次一等的，則會畏懼逃避之；更次的，則會污辱之，反抗之，只有聖人式的管理才會被百姓譽為自然之治❹。這裡道與萬物的實然的關係和聖人與百姓的應然的關係是不言自明地完全一致。可見道的確有作為價值世界的形上基礎的意義。

　　道之作用的兩方面的特點在第三十四章也有清楚的陳述：

　　　　大道泛兮，其可左右，萬物恃之而生而不辭，功成不名有，
　　　　衣養萬物而不為主。常無欲，可名於小。萬物歸焉而不為主，
　　　　可名為大。以其終不自為大，故能成其大。

這裡「萬物恃之而生」、「功成」、「衣養萬物」、「萬物歸焉」都是講道有重要作用的一面，「不辭」、「不名有」、「不為主」都是講道的自

---

❹　《老子》第十七章：「太上下知有之，其次親而譽之，其次畏之，其次侮之。信不足焉，有不信焉。悠兮其貴言。功成事遂，百姓皆謂我自然。」

然無心的一面。就道的作用之重要、之偉大來說，道可與世界上任何一種關於世界起源和根據的觀念相媲美，其意義簡直相當於上帝；但道之謙柔和讓，自然無為，卻是沒有任何概念可以相提並論的。其風格、姿態或方式極為平凡，故「可名於小」；其作用功能至巨至偉，故「可名為大」。最後說「以其終不自為大，故能成其大」，完全是價值判斷，反映了老子的價值取向，這也說明在老子哲學中，道對萬物的「決定」作用和對人類的規範作用是渾然一體的。

這一章中「大道泛兮，其可左右」一句通常解釋為道無所不在，但《老子》很少論述道無所不在的特點。查此句帛書本作「道泛啊，其可左右也」，意味與通行本似有不同。筆者以為，這句或可解釋為道泛在萬物，可左可右，沒有嚴格的不可移易的限定作用❹。這樣解釋似乎更符合道飄逸柔順的性格。道雖然對萬物說來似乎有決定性的作用，但這和任何一種決定論所說的決定都不同。老子說「天道無親，常與善人」（79 章），一方面道無情感，另一方面卻能助善為樂。可見道不是冷冰冰的道德律令，不是鐵一般的必然規律，對萬物的存在只有柔和的輔助、支持、保障或引導作用，卻沒有嚴格的規定、約束和限制。道作為一切存在的總根據，沒有無情的決定性作用或強硬的束縛力量，這在「不主」、「不恃」、「不有」以及「弱者道之用」的描述中也有充分的表現。

道是最高的、獨一無二的，所以道也稱為一。一作為道的別稱更突出了道的唯一、統一、原初、素樸的特點。萬物的存在和發展都離不開這個一。第三十九章說：

---

❹　高明說此句「言道泛濫無所不適，可左，可右，可上，可下」。見高明《帛書老子校注》，頁 407。

　　　昔之得一者，天得一以清，地得一以寧，神得一以靈，谷得
　　　一以盈，萬物得一以生，侯王得一以為天下貞。其致之，天
　　　無以清將恐裂，地無以寧將恐發，神無以靈將恐歇，谷無以
　　　盈將恐竭，萬物無以生將恐滅，侯王無以貴將恐蹶。

天地、萬物、神靈、河川、侯王的正常狀態或最佳狀態都有賴於道
的作用，否則，天不清，地不寧，神不靈，河不盈，萬物難生，侯
王不尊，甚至還會天崩，地震，神消，河乾，萬物滅亡，侯王失位。
這是以極力鋪排渲染的手法強調自然、社會、神靈，以及政治生活
中都有一個共同的保障，也就是道的作為一切存在的總根據的作用，
失去這個總根據，宇宙、世界、社會、人生都會脫序而陷入危機。
這也非常鮮明地說明老子之道本來就是貫穿於形而上與形而下世界
之中的。

　　道的作用如此根本而重要，所以說「道者，萬物之奧。善人之
寶，不善人之所保」（62 章）。強調道為萬物之蔭庇或宗主，是善人
之寶物，也是不善之人所要保有的。顯然，道的概念和自然神論不
同。自然神論認為上帝創造了世界之後就不再干預這個世界，讓這
個世界自己發展，但道卻在天地萬物產生之後仍然維繫著世界的和
諧與安定。不過，道的保障作用不是絕對的或無條件的，如果萬物
和道不能保持良好的互動關係，世界也還會有一些麻煩。用比喻的
語言來說，「天下有始，以為天下母。既得其母，以知其子。既知其
子，復守其母，沒身不殆」（52 章）。道作為萬物之總根源和總根
據，相當於天下之母，母子之間要有相互的溝通和了解，世界的總
根源和總根據與具體的存在也要維持和諧一致的關係，這樣世界才
能長期穩定，太平無虞。如果萬物背離了道的原則，那麼道的作用

無效，世界就會陷於混亂。這就是「既知其子，復守其母」的重要性。

道作為萬物存在的總根據，其功能和作用如此重要，但是其具體內容卻難以把握，或者說，我們無法用現代語言來準確描述它的內容。「道法自然」、道「象帝之先」、「天道無親」，這都說明道不是神意或客觀精神。它貫通於宇宙、世界、社會與人生之間，顯然不是自然規律。但我們也不能說它是自然與社會的共同規律，一方面，按照現代學術的要求，決定自然界的客觀規律與人類社會中的規範性原則不應混為一談，另一方面，規律總有其可以重複的具體內容，可以通過理性的方法以及實驗的方法去掌握，道作為萬物的根據卻沒有這樣的具體內涵。而且規律有必然性，但老子說過「同於得者，道亦得之。同於失者，道亦失之」（帛書 23 章）。老子從來沒有把道描述為直接決定萬物存在的必然性。不遵守道的原則，自然有不好的結果，如「不道早死」，但這也只是應該遵守的原則，而不是不可能不遵守的必然性。

細致推敲起來，道的作用是自然的，是一種大致的趨勢。這種趨勢既不是必然，也不是自由，但似乎又隱含著某種程度的必然和自由。說它不是必然，因為「弱者道之用」，它沒有直接的強制性功能。說它隱含著某種程度的必然，因為歸根結底，或發展到最後，還是道在起作用，決定萬物是否能夠生育長養，即「道生之，德畜之」。說它不是自由，因為道的作用是根據，是一種對大趨勢的規定，「夫物芸芸，各復歸其根」（16 章），這顯然不是一種自由。但是，道要求和保證的是大範圍的整體的自然的和諧，即「為而不恃，長而不宰」，而不是對行為的個體單元的直接的強制的束縛，因此可以給個體單元留下自由發展的空間；同時，提倡柔弱不爭的原則就要限制一些行為個體對另一些行為個體的干涉，從而為個體之間，

包括弱小的個體之間互相留下自由活動的餘地，這樣，大的和諧的環境就會為每個行為個體留下相當程度的自由空間。

在這方面，道的特點也是非常獨特的，我們在現代語言中找不到適當的詞彙來概括它。勉強說來，道的總根據的作用只是一種自然的大趨勢，它既是實然，決定了萬物生存發展的秩序；也是應然，提供了世界上最重要的價值和修養原則。它既為世界規定了某種程度的帶有必然色彩的方向，又為眾多的社會行為單元留下了相當的自由發展的空間。

道的實存特性

關於道的實存特性這一標題是相對於道的價值內涵的。道的功能是作為宇宙、世界、社會和人生的總根源和總根據，那麼道作為客觀的存在，有些什麼特點呢？這是在研究道的概念時不可迴避的課題，也是一個相當古老的課題。對於這樣的課題當然會有許多不同的答案，或曰不同的側重、不同的學者會歸納為不同的特點，可能是三點，也可能是五點、八點，這中間沒有標準答案，因為老子不同於西方哲學家總是自己明確地提出有幾種形式、多少範疇。筆者在此嘗試提出五個特點，即兼賅有無、超越經驗、獨立永存、自然無為、貫通上下。

首先，道有而似無，兼賅有無。說它有，因為它是萬物的總根源，萬物恃之而生，如果說萬物是真實之有，道則不可能是沒有。當然，嚴格說來，也可以說道只是一個符號，這個符號不是實有，那麼這個符號所指的對象則應該是實有。只是在一般約定俗成的情況下，我們沒有必要把這個符號和它的所指區別開來。說道是無，

則因為它不是任何具體的實有，不是任何可確指可證實的有，這種「有」沒有任何規定性，因此也可稱為無。

《老子》第一章說：「道可道，非常道。名可名，非常名。無名，萬物之始；有名，萬物之母。」❷道有可以言說的，有不可以言說的。可以言說的是道之形而下者，是非永恆的；不可以言說的是道之形而上者，是永恆的。不可以言說的是道之無的方面，可以言說的是道之有的方面。道作為「萬物之始」，抽象而不可名；把它比喻為「萬物之母」，則形象而可名，故道又有可名與不可名兩方面。既可以言說，又不可以言說，既有名，又無名，可見道既有「有」的一面，又有「無」的一面。所以說，道兼賅有無。

以上是從可道、可名與不可道、不可名的抽象角度講有與無。第二十一章則從形象的角度描述道之有與無。

> 孔德之容，惟道是從。道之為物，惟恍惟惚。惚兮恍兮，其中有象。恍兮惚兮，其中有物。窈兮冥兮，其中有精。其精甚真，其中有信。自古及今，其名不去，以閱眾甫。吾何以知眾甫之狀哉，以此。

其中，「惟恍惟惚」、「惚兮恍兮」、「恍兮惚兮」、「窈兮冥兮」都是講道的似無的一面，「其中有象」、「其中有物」、「其中有精」、「其精甚真，其中有信」都是講道似有的一面。道不是任何具體的存在，沒有任何具體存在物的特徵，其形象捉摸不定，所以「似無」，但道作為世界的總根源和總根據又不可能是真的虛無，所以「似有」，它又「自古及今，其名不去，以閱眾甫」，可見歸根結底還是實有。道不

---

❷　「無名，萬物之始」一句通行本作「無名，天地之始」，此據帛書本。

是普通所謂的有，也不是普通所謂的無，它實有而似無。

其次，道是超越感官經驗的。道之無的特點一部分即來自於它超越感官經驗的特性。《老子》第三十五章說：「道之出口，淡乎其無味。視之不足見，聽之不足聞，用之不可既。」這裡說道言之無味、視之不見、聽之不聞，都是道超越感官作用的特點，也是道的「無」的方面的表現，而「用之不可既」則是理性的判斷，表現了道的「有」的特點。道作為世界的統一性的根源是不能消失或窮盡的。《老子》第十四章也講到：

> 視之不見名曰夷，聽之不聞名曰希，搏之不得名曰微。此三者不可致詰，故混而為一。其上不皦，其下不昧。繩繩不可名，復歸於無物。是謂無狀之狀，無物之象，是謂忽恍。迎之不見其首，隨之不見其後，執古之道，以御今之有，以知古始，是謂道紀。

視之不見、聽之不聞、搏之不得，說明道超越視覺、聽覺和觸覺，事實上，道是超越一切感官作用的，人的一切通常的感覺能力和認知能力都沒有辦法直接把握形而上之道。「其上不皦，其下不昧」、「迎之不見其首，隨之不見其後」，說明道不僅超越感官的認識能力，而且說明道沒有一定的空間特性，沒有前後左右和上下的方位不同，道像透明之物，或像無物之物。如果說老子哲學有神秘性或神秘主義，主要就表現在道的超越性方面。在其他方面，倒不如說老子哲學反映了很強的理智精神。

道是超越的，是絕對的，普通的認識渠道無法實現對道的認識或把握。因此，認識道的方法只能是直覺體驗。所以說：「不出戶，

知天下，不窺牖，見天道，其出彌遠，其知彌少。是以聖人不行而知，不見而名，不為而成。」（47 章）認識道與一般的認識活動完全不同。一般的認識活動需要實際調查或實驗，需要大量經驗的積累，所以要行千里路，讀萬卷書。然而這些對於認識形而上之道是毫無幫助的，甚至會干擾和破壞直覺的體認，所以最好足不出戶，目不窺牖，潛心修養，以致虛守靜的方式體認道的存在和道之真諦。道是世界的總根源和總根據，在今天看來，對這樣的總根源和總根據的認識當然有知識論的和科學的意義，但是，這對老子來說是不重要的，老子關心的不是作為客觀認識對象的道，而是對人類社會現實有修正意義的實踐性的道，因此，主觀的體認、親證就更為重要，也更為有效。

第三，道是無目的、無意識的。道的作用是偉大的，但道卻是無意識的，道不自知偉大。事實上，在老子看來，自知偉大，自以為偉大就算不上偉大。道的重要特點就是自然無為。「道法自然」作為實然的描述已經說明道是無意識的，「天道無親，常與善人」（79章）更說明道行善卻不有意行善，道對人類的一切類似於善意的作用都是無意的，這種無意之善更勝於有意之善。所謂「天地不仁，以萬物為芻狗」（5 章）也是這個意思。在實際生活中，我們感激有意行善之事，而不必感謝無意之善。而有意之善往往意味著期待回報，這就埋下了衝突和不善的種子。在實際生活中，人與人之間，團體與團體之間，國家與國家之間，一方認為另一方對自己的善意沒有表示恰當的感謝或回報，就會結下怨恨，甚至引起或加劇衝突。在這種情況下，善意往往成為惡果的前導。因此，老子只提倡無意之善。道之助善為樂的特點恰在於無意識、無目的。無意之善不求感恩，不求回饋，得到無意之善也不必致意報答，這豈不是更高的

善，最高的善，真正的善，沒有後患的善？這是何等超脫之善！

　　此外值得注意的是老子反覆講到道養育萬物卻不自居有功的特點。過去的校勘家常認為這些重複之處是後人誤加的，但經過對勘帛書本，我們發現這些重複的申說本是帛書本就有的，但帛書本原來的語句是有變化的，並不是機械的重複，而後來的通行本把它們改成了一律的句式，就使人懷疑原文不應有這樣的重複了。現以帛書本為例，第五十一章說：「道生之，畜之，長之，育之，亭之，毒之，養之，覆之。生而弗有，為而弗恃，長而弗宰。是謂玄德。」第二章也說：「是以聖人居無為之事，行不言之教。萬物作焉而弗始，為而弗恃也，功成而弗居也。」第十章則說：「生之，畜之。生而弗有，長而弗宰也，是謂玄德。」第三十四章也說：「道，泛呵其可左右也，成功遂事而弗名有也。萬物歸焉而弗為主，則恆無欲也。」第七十九章也有「是以聖人為而弗有，成功而弗居也」。道作為萬物的總根據卻不有、不恃、不宰、不居、不始、不名有、不為主，這都說明老子是在有意地、反覆地強調道的無意志、無目的、無情感的特性。

　　第四，道是絕對與永恆的。道作為世界之總根源和總根據是獨立於人事之外的絕對與永恆，這一點應該是不言而喻的。道是萬物產生和發展的依據，道本身卻不需要任何其他的東西作為它的條件，道「獨立而不改，周行而不殆」（25 章），是自足的，不受任何影響的，有運動而沒有變化，永遠不會衰竭。「道沖而用之或不盈」（4 章），說明道是無限的，是不會消失或損壞的。「天乃道，道乃久，沒身不殆」（16 章），也說明道是永恆之絕對。

　　關於道的這一特性，莊子有很好的發揮，他說：「夫道，有情有信……自本自根，未有天地，自古以固存……在太極之先而不為高，

在六極之下而不為深，先天地生而不為久，長於上古而不為老。」
（《莊子‧大宗師》）其中「自本自根」特別能體現道獨立、絕對、
無條件的特點。

　　道的遙遠、無限、絕對、永恆等特點是道作為人事之根據的基
本條件。中國哲學中價值的權威往往立足於宇宙和自然界的超越性
和神秘性，以超越於人類的力量或存在作為人類行為的依據。不僅
道家如此，儒家和墨家也是如此。如孔子說：「巍巍乎！唯天為大，
唯堯則之。」（《論語‧泰伯》）「天何言哉？四時行焉，百物生焉，
天何言哉？」明顯以高於人類的天為人事的楷模。墨子更以「天志」
為一切立論的根據，他說：「我有天志，譬若輪人之有規，匠人之有
矩。」（《墨子‧天志上》）儒墨都以至高無上之天作為人事的標準，
這裡天的超越性和絕對性是天能夠為人間提供價值標準的基本條
件。天如果離人事太近，它就不能成為絕對的價值根源。老子之道
也是如此，道與人事結合太緊密，它就失去了作為價值根源的資本，
所以我們不同意把道直接定義為價值之理，而忽略道之絕對與獨立
於人事的一面。

　　第五，道是貫通形上與形下的。道的重要特性是貫通於形而上
與形而下、實然與當然兩個世界。在《老子》八十一章中有三十六
或三十七章提到或討論了道的內容，共計七十多次❸。這些道字涉
及的領域和內容相當廣泛，在很多情況下道的具體意義是有明顯不
同的，那麼是不是應該把道字理解為不同的概念呢？比如說，有形
而上的道，有形而下的道，有本體論的道，有工夫論的道呢？驗之
於《老子》原文，這樣做顯然是不妥的。因為很多章中，道字明顯

---

❸　河上公本、傅奕本、帛書本中三十六章，王弼本三十七章。道在河上本中
　　七十五見，王弼本與傅奕本七十六見，帛書本七十二見。

地是形而上的意義，但又很自然地過渡到或連接著形而下的意義，很明顯地是同一個道貫穿於不同的領域，把它解釋為不同領域的道顯然是不合邏輯的。比如上文剛剛提到的第三十四章和第三十九章所說的道都是貫通於形而上與形而下之中的。

更為明顯的是第二十五章說：「故道大，天大，地大，王亦大。域中有四大，而王居其一焉。人法地，地法天，天法道，道法自然。」在這一章中，「道」顯然是形而上的概念，涉及「天」和「地」的可以是形而上的問題，也可以是形而下的問題，「王」則一定是有關形而下世界的。這四者有貫穿的、一致的最終原則，道所法的自然的原則也就是人、地、天所法的原則。這裡的道是形而上的概念，但是和形而下的世界是貫通在一起的，我們不能說這個道只有形而上的意義，與形而下的世界沒有關係。不過，在不同的語境中，道的具體意義可能只側重於道的某一方面的特點，因而不同於道的總體意義，比如，天道或天之道往往側重於總根據的意義，而沒有總根源的意義。

又如第二十一章說：「孔德之容，惟道是從。道之為物，惟恍惟惚。惚兮恍兮，其中有象。恍兮惚兮，其中有物。……自古及今，其名不去，以閱眾甫……」。這裡所說的道也顯然是形而上之道，類似於世界之原初狀態。「孔德之容，惟道是從」卻是一種價值取向，要人們以道之渾淪一體、含蓄內斂之特點為楷模以修成大德。再如第九章：「持而盈之，不如其已。揣而銳之，不可長保。金玉滿堂，莫之能守。富貴而驕，自遺其咎。功遂身退天之道。」前面講的都是人事經驗和處世智慧，後面講「功遂身退天之道」顯然是把修身處世的道理和形而上之道聯繫起來，以「天之道」的超越性和權威性來增強其說服力。再如第七章：「天長地久，天地所以能長且久

者，以其不自生，故能長生。」也是非常明顯地從自然界中引出人生的道理。

如果說中國哲學中有一些類似於西方形而上學的內容的話，這些內容也很少有西方式的為知識而知識、與現實世界毫無干係的特點。無論儒家和道家都是以形而上學為價值世界提供論證的。不過，就比例來說，《老子》對形而上方面的問題討論得明顯比儒家更多，開創了中國古典哲學中的形而上學傳統的特色和基調，不過，歸根結底，老子的形而上學也沒有脫離開對人事的關懷。這也是中國古代思想中的天人合一傳統的體現。

道的價值內涵

我們在第五章曾經論證過，老子哲學的中心價值是自然。「人法地，地法天，天法道，道法自然。」（25 章）顯然，自然是人、地、天、道共同的原則。作為實然的描述，自然是道的特性。作為人的行為原則，自然則是一種中心價值，是聖人之德的體現，也是對一般人的要求。圍繞自然這一中心價值，道的價值意含可以有各種不同的表述，但基本精神離不開自然二字。

因道之自然 老子哲學所表達的中心觀念就是自然，是讓萬物自然生長發展，實現總體的自然的和諧。道並不是一個在自然的原則之上的更高原則，道的原則本身就是自然，因此，遵從道和因任自然是一件事。《老子》第二十三章說：

> 希言自然。飄風不終朝，暴雨不終日。孰為此？天地，而弗能久，又況於人乎？故從事而道者同於道，得者同於得，失

者同於失。同於得者，道亦得之。同於失者，道亦失之。❹
（帛書 23 章）

《老子》中，言字多指聲教法令而言，「希言」與「不言」、「貴言」
同義，而與「多言」相反。「希言」是要求減少一些聲教法令，希言
才合乎自然的原則❺。天地是萬物中之最大最高者，天地尚不能使
疾風暴雨終日延續，人又怎麼能讓自己的聲教法令長期有效呢？所
以有志於修道的人就要因任道，也就是要隨順自然。比如說，有所
得則安於所得，有所失則安於所失。安於所得，道也以之為得，安
於所失，道也以之為失。這是極言道之原則即自然。因順物之自然，
也就是「同於道」，也就是因道之自然。

　　這是不是太消極了呢？老子是不是要人什麼都不做呢？顯然，
老子並沒有要人們完全不做事，自然不是枯木死灰，寂然無息，而
是活生生的社會要有一個自然的秩序，自然的發展和變化。自然是
在肯定人們的正常生活狀態的前提下的原則，是要避免強制的干涉、
壓迫和劇烈的衝突，而不是要取消人們的衣食住行、生存努力等基
本生活內容。老子說過「取天下常以無事」（48、57 章）、「功遂身
退天之道」（9 章），可見，老子還是承認某些得道君王得天下並不
違背自然，某些人功成名就也不違反自然，自然只是強調避免過度，
避免暴力，避免劇烈的震盪。

　　道之自然一方面是為了避免衝突，另一方面也是為了維持整體
的平衡與和諧，這就是「損有餘而補不足」。老子說：

---

❹　此章諸本錯亂嚴重，義不可解，此從帛書本。參見高明《帛書老子校注》，
　　頁 344–348。

❺　參見蔣錫昌《老子校詁》，頁 156。

> 天之道，其猶張弓乎？高者抑之，下者舉之，有餘者損之，
> 不足者益之。天之道損有餘而補不足，人之道則不然，損不
> 足以奉有餘。孰能有餘以奉天下？唯有道者。(77 章)

張弓射箭要尋找和把握一個恰當的平衡點，在高與低、有餘與不足之間通過抑或舉、損或益來進行調節。道的原則也是這樣要維持一個恰當的平衡狀態，對有餘者損之，對不足者補之。這一原則和一般世俗的習慣恰恰相反。一般人趨炎附勢，往往對富豪慷慨解囊，對窮人卻不屑一顧，對名滿天下的明星，人們趨之若鶩，競相奉獻熱情，對不幸者卻無心關照，唯恐避之不及。道要維持自然的平衡就要「損有餘而補不足」，當然，按照道家的原則，這種損也是自然之損，補也是自然之補，不會是強奪硬取再重新分配。

　　柔弱而不爭　自然作為中心價值是一個總的德目，為了實現自然的原則，老子還強調道的其他一些價值內涵，比如柔弱不爭、虛而不盈等。這些道德標準也都是為了實現和維持自然的秩序。最能代表這種品德的是水，老子說：

> 上善若水，水善利萬物而不爭。處眾人之所惡，故幾於道……
> 夫唯不爭，故無尤。(8 章)

　　這裡歌頌「水善利萬物」，說明老子哲學並不是提倡自私自利，但是，僅僅有「利萬物」的願望並不是最高的境界，人人都要「利萬物」，結果卻會引起無窮的爭鬥，甚至是殘酷的殺戮，因為各種人都可以在「利萬物」的神聖旗幟下一爭短長，因為有了「利萬物」的口號，似乎多少生靈塗炭都不必顧惜。人類歷史上的慘案，哪一

次沒有「利萬物」之類的動人口號,如果沒有自然的價值和柔弱不爭的精神制約口號之戰,漂亮就會變成血腥,神聖就會變成殘忍。「夫唯不爭,故無尤」,這不是個人的貪生怕死,而是悲天憫人的道家情懷。

《老子》中提到「不爭」有八、九次之多。如「天之道不爭而善勝」(73 章)、「不爭之德……是謂配天」(68 章)、「天之道利而不害,聖人之道為而不爭」(81 章) 等,這些對「不爭」的強調不是為了取消一切努力和競爭,而是要求把努力和競爭納入自然和諧的軌道之中。老子還說「以其不爭,故天下莫能與之爭」(66 章),這種深刻的因反而得正的道理是一般人難以理解的。其實,自然的成功才是真正的成功,搶奪而來的成功總有危險潛伏著。所謂瓜熟蒂落,味道自然甜美,強扭的瓜,自然生澀不堪。老子的智慧和百姓質樸的生活經驗也可一脈相通。

老子還講過「保此道者不欲盈」(15 章)、「知其雄,守其雌」(28 章)、「聖人去甚,去奢,去泰」(29 章)、「天下之至柔,馳騁天下之至堅」(43 章)、「聖人常無心,以百姓心為心」(49 章)、「聖人被褐懷玉」(70 章),這些也都是提倡柔弱不爭、虛而不盈等品德,這些品德也都是為了實現和維持世界的自然的平衡與和諧。

淳樸之政治 為了維持社會的整體的秩序,老子不僅主張個人的謙柔和讓,更主張社會管理者的無為之治,聖人「以無事取天下」(57 章)、「聖人處無為之事,行不言之教」(2 章),這早已是人所共知的常識。這裡只來簡單介紹一下「為道者」以「不智」治國的主張。《老子》第六十五章說:

古之善為道者,非以明民,將以愚之。民之難治,以其智多。

故以智治國，國之賊，以不智治國❹❻，國之福。知此兩者亦
稽式。常知稽式是謂玄德。玄德深矣遠矣，與物反矣，然後
乃至大順。

這一段常被解釋成愚民政策，這當然是錯誤的。愚民政策是統治者
愚弄百姓以利於欺騙的統治方法，是以統治者之智謀來蒙蔽百姓。
老子卻從來不主張統治者欺騙任何人。為道者「非以明民，將以愚
之」的愚不是愚弄，而是「大智若愚」的愚，是淳樸之愚。以「不
智」治國是統治者自己首先不玩弄權謀，不玩弄權謀才能維持自然
的秩序。老子說「我愚人之心也哉，沌沌哉」（20 章），「沌沌哉」
也是愚樸渾沌之義。又說「聖人常無心，以百姓心為心」（49 章）、
「聖人欲不欲」（64 章）。這都說明老子不是要以統治者之智來欺蒙
被統治者，而是真誠地希望樹立純樸的社會風氣，建立自然的和諧。
統治者運用智謀，可以一時欺騙百姓，達到維持統治的目的，但很
快就會出現道高一尺，魔高一丈的局面，統治者不得不以新的計謀
去欺騙人民，從而陷入無休無止的惡性循環，所以說「以智治國，
國之賊」。老子主張「無為」、「不智」也是為了實現自然的和諧和自
然的秩序。

　　在討論老子之無為的時候，我們已經提到老子的反戰思想，反
戰思想也是以道為根據的。老子說：

夫兵者不祥之器❹❼。物或惡之，故有道者不處。兵者不祥之
器，非君子之器。不得已而用之，恬淡為上，勝而不美。而

---

❹❻　「以不智治國」一句據帛書本校改。
❹❼　「夫兵者不祥之器」一句據帛書本刪「佳」字。

> 美之者，是樂殺人。夫樂殺人者，則不可以得志於天下矣。
> 吉事尚左，凶事尚右。偏將軍居左，上將軍居右，言以喪禮
> 處之。殺人之眾，以哀悲泣之。戰勝以喪禮處之。(31 章)

老子直截了當地宣布戰爭是不祥之事，這在諸侯以武力爭雄稱霸的時代實在需要截斷眾流的勇氣。老子主張「戰勝以喪禮處之」完全是從全人類的立場出發的，是從人類最基本的相互同情和尊重出發的。戰爭是人類的最壞的發明，自從有了戰爭，戰爭規模越來越大，武器越來越精良。近代以來，戰爭越來越殘酷，核武器的發明與製造更使人類面臨可怕的自我毀滅，因此拼命生產核武器的人又面臨如何控制和銷毀核武器的問題。在這種背景下來看老子的反戰立場，就會感嘆老子思想的敏銳與深刻。墨子是從行動上制止具體的戰爭，老子則從理論上提出了反戰的根本理由。老子的立場是徹底的和平主義和人道主義。

諸德之價值 「道生之，德畜之」說明老子之德是與道關係最密切的概念，確有體現道之生存與發展的作用。雖然德是道的功能和品性的表現，但德更多更具體地指明了老子哲學的價值內涵。「孔德之容，唯道是從」(21 章)，德的內容往往就是道所代表的價值。上文提到的第十章和第五十一章都提到「生而弗有，為而弗恃，長而弗宰，是謂玄德」，玄德是最高之德，它既是對道之實然特點的描述，又是聖人所體現的社會行為規範。玄德不有、不宰、不恃，其精神也是柔讓不爭，從而實現自然之原則。在第四十一章老子還講到上德、廣德、建德，「上德若谷……廣德若不足，建德若偷」，簡而言之，上德、廣德、建德都是柔弱謙讓、以反彰正或以反養正之義。

《老子》第二十八章還反覆講到常德：

> 知其雄，守其雌，為天下谿。為天下谿，恆德不離。恆德不
> 離，復歸於嬰兒。
> 知其白，守其辱，為天下谷。為天下谷，恆德乃足。恆德乃
> 足，復歸於樸。
> 知其白，守其黑，為天下式。為天下式，恆德不忒。恆德不
> 忒，復歸於無極。❹

第一節講守雌，為天下谿，復歸於嬰兒，第二節講守辱，為天下谷，
復歸於樸，其精神也都是自居於柔弱、謙讓、質樸之地位，這就是
常德，具有這種常德，也就可以為「天下式」、「復歸於無極」。「無
極」就是自然和諧之境界，實現了自然之和諧，也就達到了最高至
善之境，是老子所追求和嚮往之極致。此外第五十五章「含德之厚，
比於赤子」，第三十八章「上德無為而無以為」等等都表達了濡弱謙
下，無心不爭之義。所以這些都體現了「弱者道之用」，都是通過無
為而實現自然之途。

　　老子的柔弱謙讓之精神常被誤會為只顧個人的明哲保身，其實
老子講柔弱、淳樸、不爭都是為了實現社會整體的自然平衡和和諧。
不過，這種理想狀態的實現一方面要靠聖人式的無為的社會管理方
法，另一方面也要靠個人的謙和柔讓，否則不可能有整體的和平與
秩序。老子說：

> 修之於身，其德乃真；修之於家，其德乃餘；修之於鄉，其
> 德乃長；修之於國，其德乃豐；修之於天下，其德乃普。故
> 以身觀身，以家觀家，以鄉觀鄉，以國觀國，以天下觀天下。

---

❹　引文據帛書本。

吾何以知天下之然哉？以此。（54 章）

「修之於身，其德乃真」說明真正的德要通過個人來體現，也就是道之價值取向要落實於個人的修身，沒有通過個人體現的德還是抽象之德，道作為萬物之根據可以通過「德畜之」生養萬物，卻不能把價值規範必然地賦予一切個體，個體要獲得真德，要體現道之價值取向，必須進行個人修養，通過個人修養而獲得的德才是真實的，可靠的，在此基礎上，修養有餘，才可以影響到家、鄉、國，直至天下。老子哲學並不是只為個人安逸的自利取巧之道。

　　總起來看，道所支持的根本價值是自然，自然既是道之實然又是道所要求的應然，它既是對道之特性的客觀描述，也是聖人之德的體現，同時也是對一般人的要求。

第三節　關於老子之道的現代意義

　　道是一個相當古老的概念，然而道的意義並沒有消失，隨著現代社會的發展，面對現代化所帶來的一些問題，道的意義反而日益彰顯了。學者們已經從多方面探討過道的現代意義，本章則試圖通過道與基督教之上帝和科學之新發展的比較探討道之概念的合理性及現代意義。

道與基督教之上帝

　　在研究道之特點時，我們發現道的特點、功能或作用與基督教的上帝有很多相似之處，但道的性質和上帝又有一些根本不同。比

較這兩者的關係是有趣而又有啟示意義的。

首先，我們發現許多可以用於描述上帝的詞彙都可以用於描寫道，比如，

上帝是唯一的 (one)，道也是獨一無二的，《老子》第三十九章索性以一代道。

上帝是純粹之有 (pure being)，道也是無規定性的存在，所以說「天下萬物生於有，有生於無」（40 章）。

上帝代表了世界的整體性 (wholeness)，道也是不可分割的，「不可致詰，故混而為一」（14 章），並代表著世界的統一性。

上帝是永恆的 (eternal)，道也是從天地之始以來就其名不去，故曰「天乃道，道乃久，沒身不殆」（16 章）。

上帝是不朽的 (immortal)，道也「用之或不盈」（4 章）、「周行而不殆」（25 章），永遠不會有變化或損害。

上帝是絕對的 (absolute)，是不受任何影響的 (impervious)，道也是無條件的，「獨立而不改」（25 章），它是一切事物存在的條件，任何事物都不可能成為它的條件。

上帝是不為任何事物所動的 (impervious)，道也是獨立於萬物的意志之外的。

上帝是無限深遠的 (the infinite abyss)，道也淵兮似萬物之宗，綿綿若存，用之不盡。

上帝是無所不在，或內在於萬物的 (immanence)，道也是廣大而普遍的並貫通於萬物的，其作用從宇宙到人生，無所不及，所以說「道生之，德畜之，物形之，器成之」（51 章）。

上帝是超越的 (transcendent)，道也是人類的智力和才能永遠無法企及的，故曰「道可道，非常道」（1 章）。

　　上帝是不可言說的 (ineffable)，道也是無法形容無法命名的，道本身不過是無可奈何的勉強之名，所以說「不知其名」、「強為之名」（25 章）。

　　上帝只能用比喻的語言 (analogical) 或遮詮式的語言 (about what god is not) 來描述，道也只能有比喻式的名稱，如「似萬物之宗」（4 章）、「天下母」（25 章）、「玄牝」、「天地根」（6 章）；對道的描述也大多是否定式的，如「無狀之狀，無物之象」（14 章）、「大象無形，道隱無名」（41 章）。

　　除了上述關於上帝與道的特性方面的相似之外，上帝的概念曾引起過無數的紛爭和不同的解釋，老子之道也同樣引發了各種各樣的理論和學說，對道的理解和詮釋更是數不勝數，這種情況也是極為相似的。

　　不過，上帝的概念與道又有一些根本性的不同。某些專門形容上帝的詞彙是完全不適用於道的。如全知 (omniscience)、全能 (omnipotence)、人格性 (person or person-like)、博愛 (all-loving) 等等。基督教說上帝是宇宙的創造者、設計者 (cosmic creator, designer)，而道則只能說是宇宙的起源，卻絕不能說是創造者和設計者，因為道的一切功能和作用都是自然的，所謂「道常無為而無不為」（37 章）、「道恆無名」（帛書本 37 章）、「天道無親，常與善人」（79 章）、「天地不仁，以萬物為芻狗」（5 章），道之一切似乎有利於人類的功能和作用都不是有意而為的，道本身無意志，無情感，無目的，這是道與上帝的最根本的不同。此外，上帝擁有一切，人類全體都是上帝的創造，但道卻「生而不有，為而不恃，長而不宰」，從不佔有任何存在。

　　總之，就世界的根源和根據來說，上帝的偉大之處、上帝的功

能和作用與道都有類似之處，但一涉及人格問題或精神問題，上帝與道就毫無共性可言。我們似乎可以說，道是非人格非精神的上帝，而上帝是人格化或精神化的道。如果此說大體成立，那麼我們就可以進一步推論，如果上帝的人格色彩或精神色彩淡化了，上帝的概念與老子之道就沒有重要區別了 ❹。

事實上，基督教神學已經受到了現代化的衝擊和「腐蝕」，面對現代科學和社會變遷的挑戰，神學家們對上帝和上帝的功能不斷尋找新解釋，在這種新解釋中，已經出現了被批評為背離了《聖經》的非人格化的學說，儘管被批評者不一定接受這種批評，上帝的人格化形象已經開始淡化則是一個可以感覺到、也可以預見的趨勢。有的學者對於永恆的上帝是否可能是人格的，表示懷疑，有些神學家則認為上帝僅僅是最合格的道德的代理者。

著名基督教神學家蒂利希（田立刻，Paul Tillich, 1886–1965）認為宗教信念的本質不是對人格化的上帝的信仰，而是一種超越有限之存在的終極關懷。過去把上帝稱為「主」或「父」都是一種象徵的意義，由於條件的改變，我們可以用表達終極關懷的對象的符號來代表上帝。在蒂利希看來，上帝是存在的無條件的動態的力。其實，早在上個世紀，施萊爾馬赫 (Friedrich Schleiermacher, 1768–1834) 就提出，上帝僅僅是一種意向的，幾乎不可能是人格的。

上帝可能只是一種宗教的符號，這種對上帝的解釋在當代基督

---

❹　這裡需要附帶說明的是，上帝是人間道德的源泉和裁判，但道沒有這樣強烈的道德色彩，然而，道也不像一般人所想像的那樣只是對傳統道德或儒家道德的否定。事實上，老子之道也為人類世界的道德和秩序提出了建設性的根據，這就是自然的和諧與秩序。這一點尚未引起注意，需要專文討論。

教神學中未必是主流，今後是否可以成為主流也很難講，這些說法也沒有完全取消上帝的概念中原有的宗教色彩，但是，這些新的神學理論和傾向畢竟透露了一種信息，說明在現代化的過程中，在科學的衝擊下，宗教中上帝的人格性正在淡化，這是宗教發展中值得注意的動向，這種動向暗示了老子以非人格、非精神的道作為世界的根源與根據來解釋世界的統一性，作為超越人類及一切有限之存在的最高的象徵，作為人類的終極關懷之對象，有更高的合理性，更能經受現代性的衝擊和考驗。

道與科學精神

　　老子之道與科學的關係也很值得注意。西方科學傳統，特別是以牛頓經典力學為代表的近代自然科學似乎與老子之道毫不相干或完全相反，似乎自然科學徹底否定了道的概念，於是不少人認為道家傳統阻礙了科學的發展，似乎道家精神與科學完全是南轅北轍的。

　　但是，二十世紀以來的自然科學、科學哲學和科學史研究的成果，卻使許多科學家越來越重視道家精神，這方面的重要著作和暢銷書也不時出現。雖然這種情況還沒有引起科學家及人文學界的足夠廣泛的注意，我們也不應過分高估這一現象的歷史意義，也不需要對道家思想廉價的吹噓和捧場，但是，這一現象的確在提醒我們應該重新思考老子之道與科學的關係，重新發掘老子之道中的科學精神❺⓿。

　　對道的概念的一個有力支持是現代宇宙學，特別是宇宙創生於無的理論。如大爆炸宇宙論 (big-bang cosmology) 認為宇宙萬物來自

❺⓿　本節主要參考了董光璧的《當代新道家》。

於二百億年以前的一次大爆炸，大爆炸之後，宇宙逐步降溫，基本粒子開始結合成重氫和氦等元素，在溫度從最初的一百億度下降到幾千度時，宇宙主要是氣態物質，氣體逐漸凝聚成氣雲，再進一步形成各種各樣的恆星體系，成為我們今天看到的宇宙。大爆炸宇宙論能夠說明較多的觀測事實，但也還留下一些困難的問題。美國宇宙學家古斯 (A. H. Gus) 又提出一個修正大爆炸理論的「膨脹宇宙模型」，並認為這一模型最徹底的改革就是認為可觀測宇宙中的物質和能量可能是從虛空中產生的。儘管這些理論都還不是關於宇宙發生學的最後定論，但毫無疑問的是，這些理論都是當代最優秀的科學家的嚴肅的探索，絕不是玄想或猜測的產物。這些科學研究的最新成果說明我們不能把老子之道的概念看做是無端的猜測或過時的概念。顯然，在關於宇宙起源的問題上，在上帝、精神、理念、物質、道等諸概念中，道的概念毫無疑問地比其他概念更接近現代科學對宇宙發生過程的解釋。

　　現代科學的發展也肯定了道所體現的理性思考與直覺體認相結合的精神。一般認為，老子之道是主觀親證的產物，其他人要認識道，也只有通過個人的直覺體認。這樣說固然不錯。但是，這種說法忽略了老子哲學中的理性思考的一面。事實上，僅靠直覺體認是不能得出道這樣的概念的。「道可道，非常道；名可名，非常名」，這是深刻的思辨；「反者道之動，弱者道之用」，這是理性的抽象；「功成、名遂、身退，天之道」，這是經驗的概括。這些關於道的說明顯然不是來自於直覺的。在強調老子哲學的直覺特點的同時，忽略或否定老子哲學的理性思考和經驗積累的一面顯然不符合老子哲學的實際，因而是不妥當的。

　　從另一方面來看，老子的直覺思維也並不是一種負面的特點，

不應輕視或否定之。對老子的直覺特點的貶低來自於近代西方哲學
與科學的傳統。從笛卡爾以來的現代科學與哲學總是強調理性與感
性、物質與精神的對立，理性取得了高於一切的地位，這在與中世
紀神學信仰相抗爭的時代顯然是有不可抹殺的積極意義的，但是，
由於提倡理性而完全忽略或否定直覺的作用和意義則是一種偏頗。
二十世紀的科學家已經認識到這一問題，並且開始呼籲重視直覺在
科學發展中的作用。如諾貝爾物理學獎的獲得者、日本著名科學家
湯川秀樹反覆談到他的親身體驗和見解。他認為理性的抽象不能單
獨起作用，在任何富有成果的科學思維中，直覺和抽象總是交互為
用的。那些數學式的抽象的理論體系只是科學思維的最後產物，在
實際的科學思維中，直覺所起的作用比通常人們所注意到的情況要
重要得多。

　　人類任何重大的思想成就都不可能是純粹的理性抽象的結果，
經驗、類比、聯想、直覺都有重要作用。事實上，人類的任何活動
都不可能沒有直覺的參與。開汽車就不能靠數學公式計算方向盤要
轉多少度才能準確地駛進車庫。愛因斯坦的相對論是以公式推理的
方式表達出來的，但最初想到這些公式卻不是光靠推理的結果。如
果單靠公式和推理就可以解決一切問題，那麼所有上過中學的人就
都可以成為發明家了。高揚理性精神是人類的進步與成就，但貶低
和忘記直覺的作用則是人類的淺薄和不幸。道的概念並不是純粹直
覺的產物，而是理性精神和直覺體驗相結合的結果。對道的體認既
需要直覺的功能，也需要理性的思考。道是凝聚著理性與直覺的智
慧的結晶，體現了當代科學思維的新趨向。

　　著名粒子物理學家卡普拉 (Fritjof Capra) 曾經把現代物理學的
發展和轉變總結為五種範式 (paradigm) 的轉換。首先是從部分到整

體的轉換，不再期待從部分的屬性了解整體的動態原理，而是強調部分的性質只有通過整體的動態原理才能解釋。其次是結構到過程的轉換，不再把過程看做是由基本結構之間的相互作用決定的，而是把每種結構都看做是一個內在過程的表現。第三，不再把科學描述看做是完全獨立於觀察者和認知過程的純客觀的活動，而是強調對自然的描述中也必然包括著對知識過程的理解。第四，從「建築」觀念到「網絡」觀念的轉換，不再把知識看做是由基本定律、基本原理、基本概念等構成的建築，而是看做一個概念和模型相互聯繫的網絡，其中並沒有基礎的存在。第五，從真理到似真描述的轉換，不再追求科學知識的確實性，不再追求描述與被描述對象之間精確對應意義上的真理，只討論對實在的有限度的和近似的描述，認為科學並不能提供最後的完備而確定的理解。

　　老子之道和上述科學範式的轉換有什麼關係呢？應該說，沒有任何直接的關係。然而，老子之道不僅對某些科學家有直接的啟示，而且在精神上與這種轉換也是相通的，至少是相容的。從這種轉換的角度來看，老子之道就不再與科學精神相反或無關。老子之道是從整體的動態的角度來概括世界的統一性的，它不是通過部分來解釋整體，而是通過根源和整體來認識部分和個體，這和上述第一點轉換相通。老子之道不是從結構的角度解釋世界的本質，而是從生成過程解釋世界的發生和運動，這和上述第二點轉換相通。老子之道代表的是超越二元對立的一元論，沒有主觀與客觀的對立和分離，這和上述第三點轉換相合。老子之道沒有結構的觀念，沒有固定不變的基質，這和上述第四點轉換相容。老子對道的描述體現了嚴肅的懷疑精神和謹慎的推斷的態度，沒有獨斷論或教條化的氣息，這和上述第五點轉換相一致。

　　總起來看，至少我們可以說，老子之道所體現的精神或方向與最新的科學趨勢不但沒有必然的衝突，反而有許多相通、相似或相容之處。我們應該改變那種老子之道與科學無關或違背科學精神的舊觀念。

兼容科學與宗教之神韻

　　總結上文，老子之道與宗教和科學都有某種相通的關係，特別是與宗教和科學中的新趨勢相一致，反過來也可以說，宗教和科學的最新發展都透露了向道的價值或方法靠近的趨勢。道和宗教相比，沒有人格化或精神性的信仰，較少教條的色彩，沒有自封為真理的傾向。道和傳統的近代科學相比，沒有二元對立的思維框架，沒有分割世界的有機聯繫的傾向。和宗教相比，道體現了理性的懷疑精神，更接近科學的探索和推測，不像宗教那樣把主體的信仰放在第一位；和科學相比，道更接近宗教悲天憫人的情懷，重視宇宙、世界、社會與人生的統一和終極狀態，不像傳統的科學那樣只追求可以凝固為永恆的冰冷的規律和公式。

　　從科學的立場來看，我們不妨把道的存在當作一種理論假設，各科的科學家與學者都可以以道——貫穿於宇宙、世界、社會與人生中之統一性的根據——為共同的研究課題，探索道這種概念所指有沒有實在的基礎，其具體內容可能是什麼，那或許會為人類認識的發展帶來巨大的變革與突破。

　　從宗教學的立場來看，道相當於脫下了人格外衣和褪去精神光圈的上帝，既不嚴厲冷酷，也不慈祥可親。既不給人類以絕對的律令，也不會讓人類長期為所欲為而不面對任何懲罰性的後果。針對

「上帝死了」，我們可以說：「不，還有道」，人類還是不應該、不可以為所欲為。

總之，道是老子對世界的統一性的根本性解釋，在人類文明史上與上帝、理念、精神、物質、本體等概念具有同等的地位，卻有更高的合理性。道的概念介於科學與宗教之間。它否定創世說，不同於宗教而接近科學；它提倡終極的關懷和直覺體驗，不同於科學而接近宗教。它一方面體現了科學的探索精神，另一方面也體現了宗教對宇宙及人生的終極關懷。可以說，老子之道有科學與宗教最新發展之長，沒有傳統科學與傳統宗教之弊，在一定程度上體現了科學精神和人文關懷的統一。

當然，我們不是說老子之道可以代替宗教或科學，也不是說道家高於科學和宗教。本章只是強調，從宗教和科學的角度來看，老子之道有一些我們過去沒有認識到的合理的意義。我們應該發掘和發展老子之道的可能的現代意義，為現代社會提供一些新的精神資源。

後 記

　　每寫完一本書都會感到一陣輕鬆，這次卻不同，心裡始終沉甸甸的。

　　傅偉勳先生過去了。

　　這本書是他約我寫的，就在書稿即將完成的時候他卻等不及了……

　　雖然我們知道他得過難以痊癒的淋巴癌，可是當年手術後他精神煥發的樣子和大展鴻圖的雄心使我忘了癌症還有可能回來。我知道他去世的消息太晚了。那是十一月四號，新加坡的報紙只報導了很短的消息，說傅偉勳的生命三部曲無法完成了。太突然了，我第一次感到生命受到這樣大的衝擊，他不是……？

　　我最後一次收到他的電傳是九月十日。他在幾個月前曾給我發電傳，要我為他主編的兩套英文叢書再寫兩本書，一本是 *Essentials of Taoism*，一本是 *Source Book in Taoism*，他幾次來電傳要我答應他，我因這本中文書尚未完稿，不願意再背文債，所以回他說等這本關於老子的書寫完再說，他再次來電，勸我先簽一本書的合同，並提到他在九月十六日要住院做一次手術，手術後休息一下，十月二十日左右到臺灣教書。我慌忙發電傳問他為什麼做手術，他馬上回電告訴我發現問題的經過，並說明沒有告訴朋友們，免得大家惦

念，還特意說明與原來的癌症無關。我竟然絲毫沒有多想。只等著傅大俠的新消息，沒想到卻是這樣突然，這樣意外。

又是動手術。我終生難忘的一件事是一九九二年五月在普林斯頓，我手術後在家休息。他突然來電話催我為他主編的《西方漢學家論中國》一書寫孟旦 (Donald Munro) 一章，我理直氣壯地說剛做完手術，不能寫。他突然說，你做手術算什麼，我得了癌症，手術後剛好⋯⋯我沒話說了，就在床上趕完了文稿，他收到後非常高興。他也看過這部書中關於《老子》年代部分的初稿，並說等全稿完成後要為它專門作序⋯⋯這本書拖了這麼久，除了人生多舛、教務繁重以外，部分原因也是不想草率交稿，辜負他對我的信任與期望，沒想到他走得竟如此匆忙。

感謝傅先生對我的信任，感謝劉振強先生和三民書局的朋友們耐心地等了這麼久，也感謝幫助我處理過許多技術性問題的楊梅枝同學。

這本書終於完成了，願傅先生能聽到我心底的聲音。

劉　笑　敢

一九九六年十一月二十日

於新加坡

代年表:〈老子列傳〉導讀

按:《世界哲學家叢書》的體例要求每本書都要附一個年表,然而為老子作年表是不可能的,因此只能以司馬遷所作列傳代之。到目前為止,司馬遷為老子所作的傳記還是最早、最完整的歷史記載。我們不應該指望這一記載的每個字、每個細節都是可靠的,也不應因司馬遷給我們留下了一些疑問而以為這些記載全不可信。根據本書的考證,《老子》完全有可能是春秋末年的作品,這與司馬遷所作列傳的主要部分相合。當然,這並不排斥《老子》中有後人增加、修改的文字。

這裡所引〈老子列傳〉原文據北京中華書局標點本《史記》卷六十三〈老子韓非列傳〉,評注參考了張揚明《老子考證》、王蘧常《中國歷代思想家傳記匯注》、馬持盈《史記今注》等書。評注以讀法為主,而不以考證、訓詁為目的。

老子者,楚苦縣屬鄉曲仁里人也❶,姓李氏,名耳,字聃,周守藏室之史也❷。

❶ 苦縣本屬陳國,楚滅陳,故有楚苦縣之說,今屬河南鹿邑縣。

❷ 關於老子官職,史籍記載另有柱下史、徵藏史等不同,大體說來都是管理文書檔案之官。

　　孔子適周，將問禮於老子❸。老子曰：「子所言者，其人與骨皆已朽矣，獨其言在耳。且君子得其時則駕，不得其時則蓬累而行。吾聞之，良賈深藏若虛，君子盛德，容貌若愚。去子之驕氣與多欲，態色與淫志，是皆無益於子之身。吾所以告子，若是而已。」❹孔子去，謂弟子曰：「鳥，吾知其能飛；魚，吾知其能游；獸，吾知其能走。走者可以為罔，游者可以為綸，飛者可以為矰。至於龍吾不能知，其乘風雲而上天。吾今日見老子，其猶龍邪！」

❸　孔子向老子問禮一事，歷來懷疑者甚多，然《禮記‧曾子問》中四處提到孔子說「吾聞諸老聃曰」，而且所言都是有關葬禮之事，當非空穴來風，茲附錄此四節於後，供讀者對照思考。

❹　這裡老子對孔子所說的話與〈孔子世家〉中記載老子送孔子之言詞句不同而內容一致。老子為孔子送行時說：「吾聞富貴者送人以財，仁人者送人以言。吾不能富貴，竊仁人之號，送子以言，曰『聰明深察而近於死者，好議人者也。博辯廣大危其身者，發人之惡者也。為人子者毋以有己，為人臣者毋以有己』。」

　　老子脩道德，其學以自隱無名為務。居周久之，見周之衰，迺遂去。至關，關令尹喜曰❺：「子將隱矣，彊為我著書。」於是老子迺著書上下篇，言道德之意五千餘言而去，莫知其所終。

❺　此句歧讀甚多，或曰「令」字衍誤，關尹本為官名，但因其名無考，遂以官名代人。驗之《莊子》、《呂氏春秋》、《漢書‧藝文志》，此說似乎可從。要而言之，我們肯定史遷所記大體有據，但不必字字無誤，不能因某些文句的疑誤之處而根本否定基本事實的可靠性。以上可看作〈老子列傳〉的「主傳」部分。

　　或曰：老萊子亦楚人也，著書十五篇，言道家之用，與孔子同時云❻。

❻　以上司馬遷已將他認為可靠的資料撰成主傳，「或曰」則記錄其他傳說，
　　這正是「信以傳信，疑以傳疑」的嚴肅的史家風範。然史遷清楚地知道老
　　子與老萊子實為二人，他在〈仲尼弟子列傳〉中說：「孔子之所嚴事：於
　　周則老子……於楚則老萊子。」文中老子、老萊子一起與鄭之子產、衛之
　　蘧伯玉、齊之晏平仲等並列，絲毫沒有游移之處。再則「著書十五篇」與
　　上文「著書上下篇」，與今傳《老子》或帛書《老子》均明顯齟齬。假定
　　《老子》的作者是老萊子更乏證據。

　　蓋老子百有六十餘歲，或言二百餘歲，以其脩道而養壽也❼。

❼　這也是史遷以「疑則傳疑」的態度記錄下來的傳聞。我們不能信之並據此
　　來推斷老子的年歲，也不能因不信之而否認主傳部分仍有較可靠的依據。

　　自孔子死之後百二十九年❽，而史記周太史儋見秦獻公曰：「始秦與周合，
　　合五百歲而離，離七十歲而霸王者出焉。」❾或曰儋即老子，或曰非也，世莫
　　知其然否❿。老子，隱君子也⓫。

❽　「百二十九年」有誤。據王蘧常考當為「百零五年」。然此與老子年代無
　　關。
❾　此處太史儋之言與《老子》原文或其他有關老子傳說的記載均無關係。
❿　當時的人就不能肯定《老子》的作者是太史儋，今人在沒有任何新史料的
　　情況下妄加猜測更是不慎。
⓫　此說大體可信，關於老子記載之少也可從此得到解釋。

　　老子之子名宗，宗為魏將，封於段干。宗子注，注子宮，宮玄孫假，假仕於漢孝文帝。而假之子解為膠西王卬太傅，因家於齊焉❶❷。

❶❷　關於老子的家系又引出許多考證，然而這與《老子》的作者是不是老聃並無關係。

　　世之學老子者則絀儒學，儒學亦絀老子。「道不同不相為謀」，豈謂是邪？李耳無為自化，清靜自正❶❸。

❶❸　這一段是每一篇列傳後都有的總評。在記述了一些有疑問的傳說之後，司馬遷明確地回到了「主傳」的立場，明確肯定老子就是李耳。「無為自化，清靜自正」正是從《老子》第五十七章「我無為而民自化，我好靜而民自正」簡縮而來。這說明司馬遷確是以李耳為《老子》的作者，這一點並不含糊。我們不能因為司馬遷記載了相關的不同傳說就認為司馬遷也不清楚《老子》的作者是誰。

　　按：平心靜氣地閱讀〈老子列傳〉，我們不難發現，《老子》的作者就是老子、老聃、李耳這種記載與其他各種傳說、假說相比較為可信，因為其他假說更缺少史料依據，所依據的文獻疑問更大。

附：《禮記·曾子問》中有關孔子與老子關係的記載

　　按：《禮記·曾子問》大體可分為三十二段。其中二十七段都是曾子提問，孔子回答，另外有兩段記載孔子答「子游問」和「子夏問」，其餘三段直接記述孔子言論。在回答曾子提問的三段中和回答子夏提問的一段中，孔子多次提到「吾聞諸老聃曰」或「老聃曰」，這些提到老聃的段落與其他各段內容、風格相當一致，沒有理由認為這些段提到老聃就不可靠。

　　另外值得注意的一個「巧合」是，這四段都是關於葬禮的，而《老子》中正面提到禮的第三十一章也是談喪禮的。如果沒有事實的依據，為什麼會有這種巧合呢？

　　曾子問曰：古者師行，必以遷廟主行乎？孔子曰……吾聞諸老聃曰：天子崩，國君薨，則祝取群廟之主而藏諸祖廟，禮也。……主，出廟入廟必蹕，老聃云。

　　曾子問曰：葬引至于堩，日有食之，則有變乎？且不乎？孔子曰：昔者，吾從老聃助葬於巷黨及堩，日有食之，老聃曰：丘！止柩，就道右，止哭以聽變，既明反而後行，曰禮也。反葬，而丘問之曰：夫柩不可以反者也，日有食之，不知其已之遲數，則豈如行哉？老聃曰：諸侯朝天子，見日而行，逮日而舍，奠；大夫使，見日而行，逮日而舍。夫柩不蚤出，不暮宿。見星而行者，唯罪人與奔父母之喪者乎？日有食之，安知其不見星也。……吾聞諸老聃云。

　　曾子問曰：下殤，土周葬于園，遂輿機而往，塗邇故也。今墓遠，則其葬也如之何？孔子曰：吾聞諸老聃曰：昔者史佚有子而死，下殤也。墓遠，召公謂之曰：何以不棺殮於宮中？史佚曰：吾敢乎哉？召公言於周公，周公曰：豈不可？史佚行之。

　　子夏曰：金革之事無闢也者，非與？孔子曰：吾聞諸老聃曰：昔者魯公伯禽有為為之也，今以三年之喪從其利者，吾弗知也。

主要參考引用書目*

（按作者或書名篇名筆劃排列）

中文書目

┌三　劃┐

小川環樹、森三樹三郎《「世界の名著」4・老子・莊子》，中央公論
　　社，1968。

┌四　劃┐

尹振環〈道家的「無為」論〉，《中國史研究》，北京：中國社會科學
　　院，1993 年第四期。

孔子《孔子家語》，臺北：世界書局再版，1967。

方東美《生生之德》，臺灣：黎明文化事業公司，1979。

方穎嫻《先秦道家與玄學佛學》，臺灣：學生書局，1986。

王力《楚辭韻讀》，上海：上海古籍出版社，1980。

---

*本書目原則上只收書中提到或引用的書或文章，《說文》類不收。因多年輾
　轉遷徙，所用書目或有遺忘，或有重複，望讀者諒之正之。

王力《詩經韻讀》，上海：上海古籍出版社，1980。

《王力文集》（六），濟南：山東教育出版社，1988。

王卡點校《老子道德經河上公章句》，北京：中華書局出版，1993
　　年8月。

王玉樑《價值哲學新探》，西安：陝西人民出版社，1995。

王安石〈論老子〉，嚴靈峰《無求備齋老子集成》初編三函，臺灣：
　　藝文印書館，1965。

王邦雄《老子的哲學》，臺灣：東大圖書公司，1980, 1988五版。

王明《道家和道教思想研究》，北京：中國社會科學出版社，1984。

王泛森《古史辨運動的興起》，臺灣：允晨文化實業公司，1987。

王博《老子思想的史官特色》，臺灣：文津出版社，1993。

王夢鷗《禮記今注今譯》，臺灣：商務印書館，1969。

王德有《道旨論》，濟南：齊魯書社，1987。

王蘧常　《中國歷代思想家傳記匯注》，上海：復旦大學出版社，
　　1993。

五　劃

北京大學《荀子》注釋組《荀子新注》，北京：中華書局，1979。

古棣《老子通》（下），長春：吉林人民出版社，1991。

司馬遷《史記》，北京：中華書局，1959。

田耕滋〈老子生存哲學與自然無為〉，見張岱年等著、李中華等編
　　《文化的回顧與展望》，北京：北京大學出版社，1994，12。

白光大師《老子別裁──真的自由人》sunny books，臺北：武陵出
　　版社，1982。

石元康〈自發的秩序與無為而治〉，《國立臺灣大學創校四十周年國際

中國哲學研討會論文集》，臺灣：臺灣大學哲學系，1985，11。

六　劃

任繼愈主編《中國哲學史》第一冊，北京：人民出版社，1966。

任繼愈主編《中國哲學史簡編》，北京：人民出版社，1973。

任繼愈主編《中國哲學發展史・先秦》，北京：人民出版社，1983。

《列子》，臺灣：臺灣商務印書館影印《文淵閣四庫全書》，1983，
　　第一〇五五冊。

吉川幸次郎著，劉向仁譯《中國詩史》，臺灣：明文書局，1983。

成玄英〈道德經開題序訣義疏〉，嚴靈峰《無求備齋老子集成》初編
　　二函，臺灣：藝文印書館，1965。

朱熹《四書章句集注》，臺灣商務印書館影印《文淵閣四庫全書》，
　　1983，第一九七冊。

《朱子語類》卷一二五，北京：中華書局，1986，第八冊。

朱謙之《老子校釋》，上海：龍門聯合書局，1958。

朱謙之〈老子韻例〉，見《老子校釋》附錄，上海：龍門聯合書局，
　　1958。

池田知久〈中國思想史中的「自然」概念〉，周昌龍主編《中國人的
　　價值觀國際研討會論文集》下冊，臺灣：漢學研究中心，1992。

牟宗三《中國哲學十九講》，臺灣：學生書局，1991。

牟宗三《才性與玄理》，臺灣：學生書局，1985。

牟鐘鑒等《道教通論——兼論道家學說》，濟南：齊魯書社，1991。

老子《馬王堆漢墓帛書老子》，北京：文物出版社，1976。

七　劃

何健章《戰國策注釋》，北京：中華書局，1992。

余明光〈黃帝四經書名及成書年代考〉，陳鼓應主編《道家文化研究》第一輯，上海：上海古籍出版社，1992。

余明光《黃帝四經與黃老思想》，哈爾濱：黑龍江人民出版社，1989。

吳毓江《墨子校釋》，北京：中華書局，1993。

呂不韋《呂氏春秋》，臺灣商務印書館影印《文淵閣四庫全書》，1983，第八四八冊。

呂淑湘《馬氏文通讀本》，上海：上海教育出版社，1986。

宋葉適《習學記言序目》，北京：中華書局，1977。

李佐豐〈「左傳」的「語」「言」和「謂」「曰」「云」〉，北京大學中文系《語言學論叢》第十六輯，北京：商務印書館，1991。

李邦國〈「老子」考〉，見蕭捷父等編《眾妙之門》，長沙：湖南教育出版社，1991。

李榮《老子注》，嚴靈峰《無求備齋老子集成》初編二函，臺灣：藝文印書館，1965。

汪中《述學‧補遺‧老子考異》，同治八年揚州書局重刊本。

八　劃

林聰舜〈「莊子」無為政治思想的幾層意義〉，《漢學研究》，卷一一，第一期，臺灣：漢學研究中心，1993，6。

武內義雄《老子原始‧武內義雄全集》第五卷，東京：角川書店，1980。

河上公《老子道德經注》，嚴靈峰《無求備齋老子集成》初編一函，
　　臺灣：藝文印書館，1965。

邵東方〈崔述學術中的幾個問題〉，《中國文化》第九期，北京：中
　　國文化雜誌社，1994 年 2 月。

金容沃《老子「自然」哲學中「無為」之功能》，見於美國加州大學（伯
　　克利）圖書館，未注出版事項，或於 1970 年前後印於臺灣。

金景芳《古史論集》，濟南：齊魯書社，1982。

金開誠《詩經》（知識叢書），北京：中華書局，1963。

九　劃

胡適《中國哲學史大綱》卷上，上海：商務印書館，1926。

十　劃

唐君毅《中國哲學原論・導論篇》，臺灣：學生書局，1986。

唐蘭〈馬王堆出土「老子」乙本卷前古逸書的研究〉，《考古學報》，
　　北京：中國社會科學院，1975 年，第一期。

《哲學研究》編輯部編：《老子哲學討論集》，北京：中華書局，
　　1959。

孫子《銀雀山漢墓竹簡——孫子兵法》，北京：文物出版社，1976。

孫臏《銀雀山漢墓竹簡——孫臏兵法》，北京：文物出版社，1975。

徐復觀《中國思想史論集》，臺灣：學生書局，1988。

徐復觀〈關於老子其人其書的再檢討〉、〈有關老子其人其書的再探
　　討〉，見《中國人性論史》，臺灣：臺灣商務印書館，1988，第
　　九版。

袁保新《老子哲學之詮釋與重建》，臺灣：文津出版社，1991。

高亨《重訂老子正詁》，北京：古籍出版社，1957，第二次印刷。

高亨《詩經今注》，上海：上海古籍出版社，1980。

高明《帛書老子校注》，北京：中華書局，1996。

高本漢〈老子韻考〉，《說文月刊》，上海：說文月刊社，1940，Vol. 1。

涂又光〈道家注重個體說〉，陳鼓應（主編）《道家文化研究》第一
　　輯，上海：上海古籍出版社，1992。

馬持盈《史記今注》，臺灣：臺灣商務印書館，1979。

十一劃

崔述《崔東壁遺書‧洙泗考信錄》，古書流通處影印本。

張岱年《中國古典哲學概念範疇要論》，北京：中國社會科學出版
　　社，1989。

張岱年《中國哲學大綱》，北京：中國社會科學出版社，1982。

張岱年《中國哲學史史料學》，北京：三聯書店，1982。

張岱年《中國哲學發微》，太原：山西人民出版社，1981。

張岱年《求真集》，長沙：湖南人民出版社，1985。

張岱年《張岱年文集》第一卷，北京：清華大學出版社，1989。

張岱年〈論老子在哲學史上的地位〉，陳鼓應（主編）《道家文化研
　　究》第一輯，上海：上海古籍出版社，1992。

張松如《老子校讀》，長春：吉林大學出版社，1981。

張松如主編《中國詩歌史（先秦兩漢)》，長春：吉林大學出版社，
　　1988。

張松如等《老莊論集》，香港：中華書局，1987。

張海燕〈先秦諸子無為思想的演進〉，《學人》第六輯，南京：江蘇
　　文藝出版社，1994。

張揚明《老子考證》，臺灣：黎明文化事業公司，1985 初版。

張揚明《老子學術思想》，臺灣：黎明文化事業公司，1977。

張揚明《老子驗證》，臺灣：新文豐出版公司，1994。

張敬文《中國詩歌史》，臺灣：幼獅文化事業公司，1970。

畢沅《老子道德經考異·序》，「經訓堂叢書」第一函，臺灣：臺灣
　　藝文印書館印《百部叢書集成》之二八。

許抗生《帛書老子注譯與研究（增定本）》，杭州：浙江人民出版社，
　　1985 年 3 月第二版。

許倬雲《西周史》，臺北：聯經出版事業公司，1984。

許結、許永璋《老子詩學宇宙》，合肥：黃山書社，1992。

郭慶藩《莊子集釋》，北京：中華書局，1978。

陳啟天《增訂韓非子校釋》，臺灣：臺灣商務印書館，1969。

陳鼓應《老子註釋及評介》，北京：中華書局，1984。

陳鼓應《老莊新論》，香港：中華書局，1991。

陳鼓應〈論「老子」晚出說在考證方法上常見的謬誤〉，陳鼓應（主
　　編）《道家文化研究》第四輯，上海：上海古籍出版社，1994。

陳鼓應〈墨子與「老子」思想上的聯繫——「老子」早出說新證〉，
　　陳鼓應（主編）《道家文化研究》第五輯，上海：上海古籍出版
　　社，1994。

陳鐘凡《中國韻文通論》，臺灣：中華書局，1959。

章太炎《章太炎全集》（四），上海：上海人民出版社，1985。

麥古邦夫〈老子について〉（關於老子），藤堂明保監修《中國的古
　　典 2·老子·列子》，東京：學習研究社，1983。

十二劃

勞思光《中國哲學史》卷一，臺灣：三民書局，1993，增訂七版。

勞思光《新編中國哲學史》，臺灣：三民書局，1993，增訂七版。

湯用彤《湯用彤學術論文集》，北京：中華書局，1983。

湯漳平、陸永品《楚辭論析》，太原：山西教育出版社，1990。

程毅中《不絕如縷的歌聲：中國詩體流變》，香港：中華書局（香港）有限公司，1989。

馮友蘭《三松堂自序》，北京：三聯書店，1984。

馮友蘭《中國哲學史》上冊，1931年上海出版，北京中華書局重印，1984。

馮友蘭《中國哲學史新編》上冊，北京：人民出版社，1965。

馮友蘭《中國哲學史論文二集》，上海：上海人民出版社，1962。

馮友蘭〈「張岱年文集」序〉，《張岱年文集》（一），北京：清華大學出版社，1989。

馮契《中國古代哲學的邏輯發展》上冊，上海：上海人民出版社，1983。

黃登山《老子釋義》，臺灣：學生書局，1987。

黃藿譯（Riseri Frondizi 著）《價值是什麼──價值學導論》，臺北：聯經出版事業公司，1988。

逯欽立《先秦漢魏晉南北朝詩》，北京：中華書局，1983。

嵇哲《中國歷代詩詞史》，臺灣：力行書局，1958。

十三劃

楊伯峻《春秋左傳注》，北京：中華書局，1990。

楊伯峻《孟子譯注》，北京：中華書局，1960。

楊伯峻《論語譯注》，北京：中華書局，1980。

楊榮國主編《簡明中國哲學史》，北京：人民出版社，1973。

楊儒賓《先秦道家「道」的觀念的發展》，臺灣大學文史叢刊之七十七，1987。

葛玄《老子節解》，嚴靈峰《無求備齋老子集成》初編一函，臺灣：藝文印書館，1965。

董光璧《當代新道家》，北京：華夏出版社，1991。

董光璧〈道家思想的現代性和世界意義〉，陳鼓應（主編）《道家文化研究》第一輯，上海古籍出版社，1992。

詹同章《中國韻文之演變》，臺北，編著者出版，1984。

詹劍峰《老子其人其書及其道論》，武漢：湖北人民出版社，1982。

十四劃

《管子》，臺灣：臺灣商務印書館影印《文淵閣四庫全書》，1983，第七二九冊。

十五劃

劉向《說苑》，臺北：世界書局再版，增補「中國思想名著」第四冊。

劉安《淮南子》，臺灣：臺灣商務印書館影印《文淵閣四庫全書》，1983，第八四八冊。

劉笑敢《莊子哲學及其演變》，北京：中國社會科學出版社，1987。

劉笑敢《兩極化與分寸感——近代中國精英思潮的病態心理分析》，臺灣：東大圖書公司，1994。

劉笑敢〈關於老子考證的歷史考查與分析〉，《中國文哲研究通訊》

第二十輯（第五卷第四期），臺灣：中央研究院，1995，12。

樓宇烈《老子、周易王弼注校釋》，臺北：華正書局，1981。

蔣錫昌《老子校詁》，成都古籍書店據商務印書館 1937 年版影印。

鄭良樹《老子論集》，臺灣：世界書局，1983。

十六劃

《戰國策》，上海：上海古籍出版社，1978。

澤田多喜男〈帛書老子考〉，東大中國學會《中國──社會と文化》。

錢穆《先秦諸子繫年》，香港：香港大學出版社，1956。

錢穆《莊老通辨》，香港：新亞研究所，1957。

十七劃

戴璉璋〈阮籍的自然觀〉，《中國文哲研究集刊》第三期，臺灣：中
　　央研究院，1993。

鍾應梅《老子新詮》，香港中文大學崇基學院，1967。

十九劃

龐樸〈說「無」〉，見深圳大學國學研究所主編《中國文化與中國哲
　　學》，北京：東方出版社，1986。

羅尚賢《老子通解──唯道主義研究》，廣州：廣東高等教育出版
　　社，1989。

羅根澤《古史辨》（四），（六），臺灣：明倫出版社，1970 年重印。

羅璧《識疑‧孔子師》，臺灣：臺灣商務印書館影印《文淵閣四庫全
　　書》，1983，第八五四冊。

關鋒《春秋哲學史論文集》，北京：人民出版社，1963。

二十劃

嚴尊《道德指歸論》，嚴靈峰《無求備齋老子集成》初編一函，臺灣：藝文印書館，1965。

嚴靈峰《老莊研究》，臺灣：中華書局，1966。

饒宗頤《老子想爾注校箋》（敦煌六朝寫本張天師道著），選堂叢書之二，Jao Tsung-I, printed in Hong Kong by Tong Nam Printers & Publishers, 1956。

英文書目

Wing-tsit Chan （陳榮捷）, *The Way of Lao Tzu*, NY: Bobbs-Merrill Company, 1963. or *A Source Book in Chinese Philosophy*, NJ: Princeton University Press, 1963.

Thomé H. Fang （方東美）, *Chinese Philosophy: Its Spirit and Its Development*, Taiwan: Linking Publishing, 1981.

Thomé H. Fang, *The Chinese View of Life*, Hong Kong: The Union Press, 1957.

Charles Wei-hsun Fu （傅偉勳）, "Lao Tzu's Conception of Tao," *Inquiry*, Vol. 16, Islo University Press, 1973.

A. C. Graham（葛瑞翰）, *Disputers of the Tao: Philosophical Argument in Ancient China*, LaSalle, Illinois: Open Court, 1989.

A. C. Graham, *Studies in Chinese Philosophy and Philosophical Literature*, Albany: State University of New York Press, 1990.

A. C. Graham, trans., *Chuang-tzu: The Inner Chapters*, London: George Allen & Unwin, 1981.

Chad Hansen, *A Daoist Theory of Chinese Thought: A Philosophical Interpretation*, Oxford University Press, 1992.

Robert Henricks, trans., *Tao Te Ching*, New York: Ballantine Books, 1989.

D. C. Lau, *Tao Te Ching*, Hong Kong: The Chinese University Press, 1963.

Liu Xiaogan（劉笑敢）, *Classifying the Zhuangzi Chapters*, Ann Arbor, MI: Center for Chinese Studies Publications, The University of Michigan, 1994.

Liu Xiaogan, "Wuwei (Non-Action): From Laozi to Huainanzi," *Taoist Resources*, Vol. 3, No. 1, July 1991.

Lin Yutang（林語堂）, *The Saying of Lao Tzu*──老子，臺灣：文致出版社，1988。

A. H. Maslow, *The Farther Reaches of Human Nature*, New York: Pengu Arkana, 1993.

Donald Munro, *The Concept of Man in Contemporary China*, Ann Arbor, MI: The University of Michigan Press, 1977.

Anne Seidle, *Chronicle of Taoist Studies in the West 1950–1990*, Cahiers d'Extreme-Asie, Vol. 5 (1989–1990).

B. Schwartz, *The World of Thought in Ancient China*, Cambridge, MA: Harvard University Press, 1985.

Holmes Welch, *Taoism: The Parting of the Way*, Boston: Beacon Press, 1966.

Erik Zurcher, "Lao-Tzu in East and West"，見《中國人的價值觀國際研討會論文集》（上），臺灣：漢學研究中心，1992。

索　引

五　劃

柏拉圖　　　　　　　傅佩榮　編著

在傅佩榮教授深入淺出的介紹中，柏拉圖《對話錄》的各類題旨愈發清晰，而文雅又精鍊的原文翻譯，也讓讀者得以欣賞柏拉圖行文風格與敏銳心智，並且跟隨柏拉圖的腳步，進入深刻的人生思辨。本書乃作者精心力作，以最淺白易懂的文字，帶領您進入兩千四百年前柏拉圖的世界，是中文世界裡掌握柏拉圖的最佳讀本！

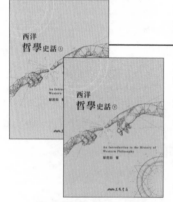

西洋哲學史話（上／下）　　　鄔昆如　著

本書以編年史的形式，將西洋哲學歷史分為希臘哲學、中世哲學、近代哲學和現代哲學四個部分，清楚地解說每一時期的沿革發展，並選擇數個具代表性的哲學家或思想流派來介紹。以深入淺出的文筆，從繁榮到哲學之死，從黑暗到迎接曙光，帶你一起找到進入西洋哲學的門徑，一窺哲學世界的萬千風貌及深厚底蘊。

哲學概論　　　　　　冀劍制　著

不同於傳統以訓練哲學專業為目標，本書作為哲學入門教科書，著重在引發學生興趣與思考。希望透過與哲學的簡單接觸，就能吸收養分，轉換成生活的智慧。本書另一項特點是廣泛介紹各種哲學議題，不偏重於任何特定主題的方式來規劃內容，並且在篇末設計了一些值得討論的問題，訓練學生的思考能力。

德勒茲

羅貴祥　著

德勒茲是法國戰後最重要的思想理論家之一。但德勒茲有別於傳統的哲學家，因為他關心的不只是典型的形上學的問題，他視哲學為觀念的創造，任務是創作新思想，引外來的新鮮空氣，因此他同樣關注科學與文藝，並平等地把它們看作是創造新觀念的領域。德勒茲儘管是法國極具影響力的思想家，但在國內仍未被一般人所熟悉，本書藉此機會希望向讀者提供德勒茲的思想脈絡。

國家圖書館出版品預行編目資料

老子：年代新考與思想新詮／劉笑敢著.——四版一
刷.——臺北市：東大，2021
　　面；　公分.——（世界哲學家叢書）

　ISBN 978－957－19－3255－2　（平裝）
　1. 老子 2. 研究考訂

121.317　　　　　　　　　　　110000852

世界哲學家叢書

老子──年代新考與思想新詮

作　　者	劉笑敢
發 行 人	劉仲傑
出 版 者	東大圖書股份有限公司
地　　址	臺北市復興北路 386 號 (復北門市)
	臺北市重慶南路一段 61 號 (重南門市)
電　　話	(02)25006600
網　　址	三民網路書店 https://www.sanmin.com.tw
出版日期	初版一刷 1997 年 4 月
	三版一刷 2015 年 6 月
	四版一刷 2021 年 5 月
書籍編號	E121110
I S B N	978-957-19-3255-2

東大圖書公司